极简
鲜卑
史

A Brief History of
THE XIANBEI

水木森 ◎ 著

团结出版社
UNITY PRESS

图书在版编目（CIP）数据

极简鲜卑史 / 水木森著 . -- 北京：团结出版社，
2023.9

ISBN 978-7-5234-0231-3

Ⅰ . ①极… Ⅱ . ①水… Ⅲ . ①鲜卑 - 民族历史 Ⅳ .
① K289

中国国家版本馆 CIP 数据核字（2023）第 113571 号

出　　版：团结出版社
　　　　　（北京市东城区东皇城根南街 84 号　邮编：100006）
电　　话：（010）65228880 65244790（出版社）
　　　　　（010）65238766 85113874 65133603（发行部）
　　　　　（010）65133603（邮购）
网　　址：http://www.tjpress.com
E-mail：zb65244790@vip.163.com
　　　　　tjcbsfxb@163.com（发行部邮购）
经　　销：全国新华书店
印　　装：三河市东方印刷有限公司

开　　本：170mm×240mm　　16 开
印　　张：15.75
字　　数：213 千字
版　　次：2023 年 9 月　第 1 版
印　　次：2023 年 9 月　第 1 次印刷

书　　号：978-7-5234-0231-3
定　　价：48.00 元

序言　上承西晋乱世，下启隋唐盛世

在古代游牧民族中，鲜卑知名度没匈奴高，但它对历史的影响丝毫不比匈奴逊色。继匈奴之后，鲜卑在蒙古高原崛起，兴起于大兴安岭，属东胡族群。在魏晋南北朝时，它不仅影响着中原历史走向，同时也为隋唐盛世奠定了坚实基础。

在秦汉交替之际，北方草原从东到西有三强：东胡、匈奴、大月氏。匈奴冒顿单于训练了一支战斗力强盛的骑兵，以迅雷不及掩耳之势击败大月氏和东胡，统一北方草原，建立强大的游牧帝国。大月氏被打败后，不断向西迁移；而东胡被打败后，残部向东撤退，分别到乌桓山和鲜卑山，后来分别形成乌桓和鲜卑。由于匈奴过于强大，乌桓和鲜卑后来都臣服于匈奴。

鲜卑有很多部落，各部落在历史发展中都有亮点。在众多部落中，从东到西，在历史上表现突出的分别为宇文部、段部、慕容部、拓跋部、柔然部、吐谷浑部、乞伏部、秃发部等。其中，最杰出的是慕容部、拓跋部、宇文部。在南北朝不同阶段，这三部都创造过辉煌。

慕容鲜卑率先崛起，并在中原建立政权。在五胡十六国时期，慕容鲜卑人在慕容廆、慕容皝、慕容俊等人率领下，强势崛起，乘中原混乱之机，率部进入中原，建立前燕。在慕容俊时代，慕容家族强者并起，发生内讧，前燕势力被削弱。

中原历经匈奴人血腥屠杀和统治后，氏族人在中原西部建立前秦。

前秦天王苻坚推崇汉化，重用汉族人，高举民族包容和解旗帜，迅速发展壮大。前秦势力席卷中原，前燕内讧，慕容垂投靠前秦。苻坚趁机发兵灭掉前燕。

拓跋鲜卑人建国稍晚，向东与前燕战略竞争，向西有死敌匈奴铁弗部。在前秦突起年代，强敌环绕的拓跋鲜卑，因内讧丧失天时、地利、人和，被前秦兼并。

淝水之战，前秦惨败，鲜卑各部再次掀起建国浪潮，逐鹿中原。慕容鲜卑人先后建立西燕、后燕、南燕。西燕被后燕吞并。后燕被北魏打败后，中途分出南燕。后燕被汉族人冯跋建立的北燕取代，南燕被刘裕率东晋军灭掉，而北燕最终被北魏消灭。

乞伏鲜卑人趁机建西秦。西秦几起几落，生存不易，虽然也攻灭南凉，但最终被匈奴铁弗部残余力量建立的大夏灭亡。南凉是秃发鲜卑人所建，与西秦以及大夏征战多年。乞伏鲜卑人、秃发鲜卑人、匈奴铁弗部之间的恩恩怨怨，最终都因北魏统一北方而消失在历史中。

在淝水之战后，拓跋鲜卑人是时代天骄，是各族复国浪潮最终胜利者。拓跋珪复国，迁都盛乐，改国号魏，逐步建立汉化的强大北魏。他加强中央集权，大兴农业，开立屯田，稳固北魏经济基础，同时使各民族部民成为北魏编民，加速拓跋鲜卑封建化进程。

拓跋珪孙子拓跋焘率北魏先消灭宿敌大夏，再消灭从后燕残余力量演化而来的北燕，最后消灭匈奴别部后裔建立的北凉，再次统一中原。而拓跋焘死后，拓跋濬、拓跋弘、拓跋宏相继登基，逐步实施汉化改革，社会经济由游牧经济转变为农业经济。

为缓和阶级矛盾，限制地方豪强势力，在冯太后辅佐下，拓跋宏进行大范围改革，极大地促进了北魏经济社会发展和民族大融合。他迁都洛阳，大多数鲜卑上层家族定居洛阳一带，都改汉姓，进一步促进汉化。

拓跋宏以后的北魏统治者日趋腐化，吏治逐步败坏，大多数农民家破人亡。胡太后执政后，北魏统治继续下滑。六镇起义爆发，北魏统治已经摇摇欲坠。尔朱荣发动河阴之变，将朝中文武百官以及主要宗室全部杀死，然后掌控朝政，进行武力统治。

随后，北魏历经一番杀戮，尔朱荣被杀，皇帝元子攸被杀，尔朱集团被消灭。胡化汉族人高欢掌握北魏政权。北魏皇帝元修为摆脱高欢所控，从洛阳出逃，投奔镇守关中的宇文鲜卑人宇文泰。北魏分裂成汉族人高欢及其子孙控制的东魏和宇文鲜卑人宇文泰及其子孙控制的西魏，后来分别演变成北齐和北周。

宇文鲜卑人取代拓跋鲜卑人登上历史舞台后，他们在与北齐以及南朝梁竞争中，逐渐由劣势转为优势。宇文毓成功除掉权臣宇文护后，充分发挥才干，采取一些经济政治重大举措，令北周在短暂几年内国势强大，成功消灭北齐，重新统一中原。

宇文邕英年早逝，宇文赟昏庸残暴，人心尽失。此时，北朝已经全面实现汉化。赢得人心的汉族人杨坚，趁着宇文赟暴死机会，掌控北周朝廷，消灭各种反对势力，在公元581年受禅代周称帝，改国号隋。北周灭亡，以鲜卑族为主体建立的鲜卑政权不复存在。

本书以通俗语言讲述复杂纷繁的鲜卑历史，深入浅出，重点突出，是多年研究鲜卑历史的综述。敬请读者朋友一起交流学习！

水木森

2022年5月于武汉

目 录

第一章 成功跨越，塞外部落到中原争霸……………001

  1. 强邻匈奴，鲜卑绕不过的记忆 …………………001

  2. 统一鲜卑，檀石槐创造新历史 …………………006

  3. 再度复兴，轲比能势力空前坐大 ………………010

  4. 借势发展，拓跋部实现历史跨越 ………………014

  5. 依附中原，慕容部借势迅速崛起 ………………018

  6. 三方围攻，慕容部遭遇空前危机 ………………022

  7. 坚持亲晋，拓跋部从部落发展成王国 …………025

第二章 逐鹿中原，鲜卑各部略输前秦一步……………032

  1. 借势崛起，慕容皝强势即燕王位 ………………032

  2. 威震四方，慕容皝征服相邻各部 ………………036

  3. 灭魏称帝，慕容鲜卑人挺进中原 ………………042

  4. 辉煌岁月，前燕成为中原强国 …………………045

  5. 诸王辅政，前燕内部矛盾重重 …………………050

  6. 吴王投秦，敲响前燕灭亡的丧钟 ………………054

  7. 趁乱建国，拓跋部在混乱中崛起 ………………060

第三章　前秦崩溃，鲜卑诸雄纷纷趁机复国·················065

1. 淝水之战，点燃慕容垂复国梦想·················065
2. 正统之争，慕容垂带病消灭西燕·················073
3. 魏燕对战，拓跋珪出其不意击败慕容宝·················078
4. 后燕内讧，慕容宝被迫逃归龙城·················084
5. 柴壁之战，北魏吊打崛起中的后秦·················090
6. 另建政权，南燕难续慕容雄风·················094
7. 河西争雄，秃发鲜卑四处碰壁·················099

第四章　一统中原，北魏成为北方之主·················106

1. 攻灭大夏，北魏彻底征服世仇·················106
2. 击败柔然，北魏摆脱统一中原羁绊·················112
3. 攻灭北燕，北魏统一慕容鲜卑故地·················117
4. 歼灭北凉，北魏占领河西走廊·················121
5. 抗击南朝，北魏扭转南北对峙局势·················125
6. 国史之狱，拓跋焘怒杀北魏重臣·················130

第五章　南北对峙，北魏改革走向富强·················136

1. 稳定乱局，拓跋濬全面整顿北魏·················136
2. 扳倒权臣，冯太后奠定改革基础·················140
3. 太和改制，冯太后大力推行汉化·················145
4. 迁都洛阳，拓跋宏促进各民族融合·················148
5. 惩处太子，断绝反对改革者念想·················152
6. 南北对决，北朝从此走向优势地位·················155

第六章 内讧频起，北魏从盛世走向分裂 160

1．任性执政，胡太后激化各阶层矛盾 160

2．六镇起义，北魏从繁荣走向危机 164

3．河阴之变，鲜卑统治阶层元气大伤 168

4．镇压义军，尔朱荣再度统一天下 172

5．袭杀权臣，北魏再次爆发内战 177

6．消灭权臣，另一个权臣趁机崛起 181

7．皇帝西逃，北魏走上分裂道路 185

第七章 三足鼎立，北朝依然占据战略优势 189

1．数次对决，东西魏形成均势 189

2．潜心改革，宇文泰奠定扭转劣势基础 194

3．抢先继任，高澄掌控了险恶形势 197

4．权臣遭杀，北齐成功取代东魏 200

5．侯景之乱，搞乱了南朝，成就了北朝 206

6．削弱南朝，西魏趁机掌控险要之地 208

第八章 宇文北周，鲜卑最耀眼的辉煌 214

1．开国傀儡，宇文觉为自主而亡 214

2．讨好仇人，天子也是保命要紧 217

3．如期惨败，宇文护代天子出征丢尽脸面 220

4．借助太后，宇文邕一举除掉权臣 224

5．一统中原，宇文邕再造鲜卑辉煌 228

6．叛逆治国，宇文赟的疯狂丧尽人心 231

7．主少国危，深得民心的汉人建隋代周 235

第一章　成功跨越，塞外部落到中原争霸

鲜卑是一个长期受匈奴影响的游牧民族。在东汉突击匈奴后，鲜卑获得发展空间。不过，鲜卑的发展之路并不平坦，几起几落。晋朝八王之乱后，他们进入中原，才迎来了发展壮大的曙光。

1. 强邻匈奴，鲜卑绕不过的记忆

继匈奴之后，鲜卑是又一个在蒙古高原崛起的游牧民族。这个民族起初不起眼，但在魏晋南北朝时期大放异彩，对中国历史产生过深远的影响。

鲜卑族起源于哪里？史学界有东胡说、东夷说、山戎说、逃亡汉族人说四种。历史记载最多的，最为人所接受的，是东胡说，即鲜卑族由东胡残部发展而来。

东胡是北方靠东部的游牧部落。战国时，东胡居住在燕国和赵国北部。燕国东北从上谷到辽东一带，经常遭东胡侵扰。那时，东胡势力强大，号称能动员 20 万军队。

面对巨大威胁，要想生存下去，燕国和赵国都必须发愤图强，壮大实力。赵武灵王积极向包括东胡人在内的胡人学习，通过"胡服骑射"，改革军队，使赵军成为一支铁军。随后，他率赵军驱逐林胡、楼烦，在

北部开疆辟土，设置代郡、云中、雁门三郡。林胡、楼烦等部落被迫北迁，后来被匈奴兼并。

在赵国驱逐胡人时，燕国也决定向北拓展疆土。燕国面对的主要对手是东胡。东胡对燕国威胁非常大。双方经常打仗，也不时议和。秦开早年被送到东胡做人质。他学会了东胡语，善于揣摩东胡人的心理，虽说是做人质，但他在东胡过得还不错——不仅东胡人善待他，东胡王也很信任他。

东胡虽好，毕竟不是家乡，而是时刻威胁着家乡的敌人。得知燕昭王在广求贤才，念念不忘故土的秦开潜逃回燕国。他向燕昭王讲东胡地理、军队战斗力等情况，建议出兵收复辽东，并愿意充当向导。

燕军针对东胡人特点进行作战训练。公元前300年，秦开率燕军袭击东胡。东胡人没准备，且被针对其弱点进行猛击，连战连败，仓皇逃遁，后退了1千多里。燕军收复辽东故地，趁机设置上谷、渔阳、右北平、辽西、辽东五郡，修建西起造阳（今张家口），东到襄平（今辽阳）长达1千多里的燕长城。

秦汉之际，秦军先强势进入漠南草原，赶走匈奴，后因内乱撤出漠南草原。匈奴从漠北逐渐回到漠南草原。东胡也获得发展机会，成为与大月氏、匈奴并列的草原三强。

大月氏曾经因人质事件，与匈奴撕破脸皮，且被匈奴打败，被迫向西迁移。能与匈奴争夺草原的强大对手，只剩下了东胡。匈奴人被蒙恬打败，被迫北迁漠北草原后，东胡人趁机占领了不少匈奴故地。匈奴人回到漠南草原后，东胡人没半点要归还的意思。此时东胡远比匈奴强大，东胡王根本没把匈奴人放在眼里，时刻准备再一次把匈奴人赶出漠南草原。

双方还未来得及开战，冒顿就杀死头曼单于及其反对者，自立为单于，成为匈奴最高统治者。东胡王听说冒顿弑父自立，认为机会来临了，派使者去匈奴，向冒顿索要头曼单于的千里马，以试探冒顿单于。冒顿单于知道东胡国力强盛，兵强马壮，匈奴刚刚发生过政变，内部不稳定，双方打起来，匈奴要吃亏，便采取隐忍策略，满足东胡王的要求。

东胡王不费吹灰之力就得到宝马，实现不战而屈匈奴之兵的目的，认为冒顿怕他，好欺负，又得寸进尺，进一步索要匈奴单于的妻子阏氏。冒顿继续采取隐忍策略，满足东胡王的要求。

东胡王见无理要求接连得手，认为冒顿软弱可欺，又派人去要双方有争议的一块领土。他信心十足，认为冒顿会像往常一样满足他。没想到，东胡王在等待捷报时，冒顿率领匈奴人杀了过来。

没有军事防备，也没心理准备，直到匈奴人杀入东胡境内，东胡王才被迫仓促应战，结果，东胡王被打了个措手不及，兵败被杀。冒顿趁机把东胡领土、残余部众和牲畜并入匈奴，并对其进行相应管制和安抚。

东胡灭亡了，一部分残部成为匈奴部族奴隶，一部分残部逃到乌桓山和鲜卑山，发展成乌桓族和鲜卑族，后成为匈奴臣属部落。

鲜卑祖先东胡亡于匈奴，鲜卑部落也被迫臣属匈奴，在匈奴人光辉掩盖下生存了几百年。在此期间，匈奴超级强大，与汉朝在长城内外时战时和。鲜卑人实力微小，在历史中甚至没有记录。汉匈对峙、竞争，着眼点逐步转移到西北部后，地处东部的乌桓和鲜卑才获得发展空间。

乌桓更靠近中原，发展得比较快，成为汉朝和匈奴争相拉拢的对象。后来，匈奴分裂，南匈奴臣属于汉朝，北匈奴与汉朝继续为敌，最终在西域被消灭。汉朝成为长城内外各民族宗主国。匈奴和乌桓都臣属于汉朝。但此时，鲜卑尚未作为独立部落出现在历史记载中。

王莽篡夺汉朝后，各种矛盾激化，西域诸国趁机反叛。匈奴联合西域诸国以及草原上的其他游牧部落，与王莽新朝对决。新朝在各阶层反对中灭亡。皇族后裔刘秀重建汉朝，但实力仅限于中原。匈奴在北方草原横行，又成为北方游牧民族名副其实的霸主。匈奴经常胁迫西域诸国、乌桓、诸羌等南下骚扰中原。在这种历史条件下，鲜卑人登上历史舞台。

公元45年，匈奴人带着鲜卑部落南下侵扰中原。东汉军抗击匈奴人入侵时，首次抓捕鲜卑俘虏，才知道受匈奴人胁迫民族中有个鲜卑族。有了这个新发现后，东汉便想方设法了解和拉拢鲜卑人。正好匈奴发生内讧，出现数个单于混战局面。鲜卑人作出了影响其民族发展历史方向的决定。它不仅成功地从匈奴控制下独立出来，归附东汉，还成为匈奴分裂灭亡后最大的受益者。

公元49年，鲜卑首领偏何率部归附东汉。这个举动具有历史决定意义。偏何归附东汉，东汉给予优厚待遇，让鲜卑人感受到臣属中原的好处。公元54年，鲜卑首领满头、於仇贲率部到洛阳朝贺。东汉皇帝封他们为王侯，负责管辖鲜卑、乌桓各部。就这样，鲜卑人承担协助东汉在东部牵制北匈奴人的重任。

匈奴分裂后，南匈奴臣属汉朝，北匈奴继续与汉朝为敌，处境艰难，经济陷入窘境。周边的丁零、乌桓、鲜卑、南匈奴等，还不时趁机攻击北匈奴。为了生存和发展，北匈奴势力逐渐向西转移，加强对西域诸国控制，以保障北匈奴经济来源。这样，处于东部的鲜卑等游牧部落，就具备了进一步发展的空间。

鲜卑人坚持实行亲汉政策。公元72年，北匈奴征发西域诸国军队，一起入侵河西走廊。东汉皇帝刘庄组织联军向北匈奴发起进攻时，鲜卑与南匈奴、乌桓等少数民族一样，积极派出骑兵协助作战。面对围攻北匈奴的不利局势，平时不可一世的北匈奴单于得知消息，充分认识到形势严峻，望风而逃。

这一战后，鲜卑人受到极大鼓舞。他们几百年臣服于匈奴，没跟中原人接触，在臣服东汉后，他们发现，东汉无论是军队战斗力，还是财力，都是远非匈奴可比的。匈奴分裂为南北匈奴后，北匈奴遭到围攻，鲜卑人参与其中，夺取草原生存空间，这是一个历史发展机遇。于是，他们将归附东汉，跟北匈奴抢夺草原，作为接下来数十年的既定策略。

北匈奴不仅遭到群殴，还遭遇特大蝗灾，人祸不断，内部离心离德，许多部落都想南下投降东汉。东汉接纳北匈奴投降者，给予优厚待遇，对其进行分化。鲜卑人抓住时机，联合乌桓、丁零、南匈奴和西域各国趁机抢掠北匈奴。北匈奴逐渐衰落，鲜卑抢到很多领土。

公元 87 年，鲜卑人再次侵入北匈奴东部，大破北匈奴。北单于优留被杀死。一时间，北匈奴大乱，许多北匈奴人南下归降东汉。鲜卑等游牧部落获得了大片草原。北匈奴残部拥立了几个单于，内部非常混乱。

第二年，南匈奴单于屯屠何上书汉朝皇帝，请求趁北匈奴连年天灾内部大乱之际，出兵讨伐。鲜卑人也积极拥护东汉出兵北匈奴。东汉窦太后召集群臣讨论此事后，同意出兵，派窦宪率军出击北匈奴。

窦宪率领大军出塞，在稽落山遇上北单于率领的匈奴主力军。他派阎盘、耿夔等人与左谷蠡王师子各自率领 1 万精锐骑兵迎战。东汉远征军大败北匈奴军主力。北匈奴部众四处溃散，北单于率领残部逃跑。窦宪率军紧紧追赶，接连打败北匈奴诸部，一直追到私渠比鞮海。

北单于逃走，窦宪派军司马吴汜、梁讽等人率军继续寻找北单于下落，力图将北单于抓获或者杀死。吴汜和梁讽在西海找到失魂落魄的北单于。北单于在归附东汉这件事上犹豫不决。

见北匈奴要归附东汉，南匈奴统治者心慌了。南单于积极鼓动东汉趁机消灭北匈奴。窦太后竟然同意了南单于的提议。公元 90 年春，窦宪派班固与梁讽迎接北单于归附，与此同时，南单于悄悄出兵，配合中郎将耿谭所率汉军，突袭北匈奴，将其打得惨败。

窦宪认为北匈奴微弱，已经没有对它进行政治争取的必要，应趁势将它彻底消灭，派军进行追击。东汉军长途奔袭 5 千里，再次将北单于所部打得溃不成军。

北单于又一次跑掉了，率领身边数人逃到了乌孙。北匈奴复兴本钱输得精光，再也无法在漠北生存下去。北单于统率的军队被彻底摧毁后，匈奴残部各奔生路。公元 93 年，东汉军再次击败北匈奴残余力量，在蒲类海边一举打垮北匈奴军，杀死北匈奴于涂鞬单于。

鲜卑趁势占据漠北草原，收编北匈奴残部。东汉默许了鲜卑人的举动。第二年，北匈奴归降汉朝的 20 几万人叛变。东汉为防止匈奴复兴，派汉军以及乌桓兵、鲜卑兵共 4 万人全力追杀。鲜卑人积极参与，充当制约北匈奴残部复兴的重要力量。

此时，南匈奴、乌桓因势力相对强大，东汉对他们防范得比较严密。鲜卑趁此机会，逐步占领北匈奴故地。

2. 统一鲜卑，檀石槐创造新历史

借助东汉灭北匈奴东风，鲜卑人获得空前发展的空间。几十年后，东汉进入衰落期。实力有所发展的鲜卑人，开始试图独立发展。

公元 121 年，东汉正忙于解决西域争端问题，鲜卑首领其至鞬率领部众反叛东汉。东汉朝廷派邓遵、马续等人率军镇压。南匈奴万氏尸逐鞬单于率领南匈奴军配合作战。公元 123 年，在曼柏（今准格尔旗西北），其至鞬率 1 万精锐鲜卑骑兵，击败了万氏尸逐鞬单于率领的南匈奴军。

鲜卑人赢得这一战，彰显他们已经成为一股不可小觑的力量。战后，鲜卑人选择向东汉示好，率部向马续投降。马续上奏东汉朝廷饶恕了鲜卑人，接受他们再次归顺，因为此时东汉没有足够精力去镇压鲜卑反叛，将主要精力用在加强管控南匈奴上。

北匈奴灭亡后，南匈奴认为它理所当然应该回到漠北草原，继承北匈奴故土，实现南北匈奴统一。东汉为防范草原再次出现巨大威胁，加强对南匈奴、乌桓两个势力较强游牧民族的防范和管控，听凭势力较小的鲜卑去填补北匈奴被消灭后草原上的势力真空。

鲜卑人击败南匈奴军，投降东汉，而东汉未给予惩罚。南匈奴人看穿其目的，开始试图摆脱东汉管控。公元 140 年，南匈奴句龙吾斯与句龙王车纽举兵反叛东汉。这件事给东汉造成了巨大影响。

东汉朝廷命令马续、梁并和乌桓校尉王元率汉军以及乌桓、鲜卑、羌胡兵力前去镇压，打败句龙吾斯所部。鲜卑一如既往地协从东汉军作战。

当年秋季，南匈奴人车纽被立为单于。车纽单于笼络了东部的乌桓人，以及西部的羌、戎诸胡数万人。随后，南匈奴反军攻破京兆虎牙营，杀上郡都尉及军司马，还抢掠了并州、凉州、幽州、冀州。

大将军梁商认为羌胡新近反叛，反众刚刚聚合，最好用招降的办法，派马续等人去招降。一部分南匈奴人投降后，公元 141 年春天，马续率 5 千鲜卑骑兵到谷城（今准格尔旗西南）攻打句龙吾斯所部，杀死数百人。

随后，马续频繁征召各部族人马。东汉与各民族关系日趋紧张，反叛不断。趁此机会，鲜卑人也不再跟随东汉去镇压匈奴人，而是开始有意识地发展自己的力量。鲜卑人这一战略，直接导致他们历史上第一个英雄檀石槐崛起。

檀石槐生于公元 137 年，他父亲叫投鹿侯。投鹿侯长时间在军中没回家，他的妻子生了檀石槐。投鹿侯回家后，发现妻子生了个孩子，认为被戴了绿帽子，想杀掉孩子。妻子解释说："我一天走路时，突然听到雷响，抬头朝天上看了看，正好有冰雹掉进我嘴里，我不小心吞了下去，不久就怀孕了。十个月后，我便生下这个孩子。这个孩子必有过人的地方。我们要抚养他长大。"投鹿侯根本不相信，偷偷将孩子丢掉了。没想到，妻子私下告诉娘家人，娘家人悄悄收养了那个孩子。

檀石槐自幼在外祖父家长大。他勇敢健壮，富有谋略。檀石槐十四五岁时，有个部族首领掠夺走他外祖父家的牛羊。檀石槐只身骑马追去，所向无敌，将被抢去的牛马全部追了回来。这件事后，部落中的人都敬畏和信服他。他制定法令，审理诉讼，没人敢违犯。

公元 156 年，鲜卑部落选首领，檀石槐当选。他统一鲜卑各部，为方便管理，按照地域分为三部，三部各设大人管理，三部大人直接听令于檀石槐。鲜卑三部分别为右北平东北的东部，右北平到上谷北边的中部，上谷西北的西部。

统一鲜卑后，檀石槐进行了一系列整顿措施。他下令在弹汗山仇水上建立王庭，然后率军侵扰东汉边境，率军向北进攻丁零，向东击退夫余，向西进攻乌孙，将匈奴故地全部占据。此时，鲜卑地盘空前广大，东西有 1 万 4 千多里，南北有 7 千多里，境内有山川水泽盐池。

鲜卑似乎有了当年匈奴强大的气势。他们集中力量连年侵扰东汉边境，已经陷入衰败之中的东汉疲于应对。

公元 163 年，张奂出任度辽将军，驻扎在曼柏，全权代表朝廷处理鲜卑、乌桓事务。张奂深得人心，整顿军务，加强防守。檀石槐不敢轻易派出鲜卑军侵扰东汉边境，边境暂时安定下来。

公元 166 年春，张奂出任大司农，掌管国家经济。鲜卑首领檀石槐得知张奂调离消息，便勾结南匈奴、乌桓，派出几万骑兵，或五六千一队，或者三四千一股，同时进攻东汉边界的 9 个郡，大肆杀害掳掠官吏百姓。同年秋，鲜卑又率八九千骑兵入塞，联合东羌、沈氏、先零等一起进攻张掖、酒泉等地。

在这种情况下，张奂出任护匈奴中郎将，监督幽州、并州、凉州军事以及度辽、乌桓的所属军队。匈奴人和乌桓人得知张奂率兵到前线，便投降东汉。张奂杀掉首恶，安抚其他降众，很快安定了边境。檀石槐率鲜卑人逃到塞外，继续与东汉为敌。

东汉对鲜卑长期侵犯感到忧虑，派使者带着印绶，准备封檀石槐为王，与他和亲。见东汉态度软弱可欺，檀石槐不肯接受东汉封赏，反而更频繁地侵犯和劫掠东汉边塞。鲜卑东部、中部、西部，每部大人都率鲜卑军进攻东汉。

当时，东羌与先零羌骑兵攻掠关中。张奂派尹端、董卓率兵反击羌人，维护关中稳定。鲜卑人趁机进攻东汉时，张奂无法调集主要兵力进行抗击。到公元 168 年时，东汉幽州、并州、凉州的边塞诸郡都遭到鲜卑人攻击，被杀死的、被抢掠的人，不可胜数。

这一年，党锢之祸发生，刚从前线回到洛阳的张奂不明就里，成为宦官捕杀党人工具。张奂事后明白缘由，感到后悔，便辞官了，彻底退出官场。鲜卑侵扰中原少了一个劲敌，更加肆无忌惮。

此时，东汉掌握朝政大权的宦官也无法容忍鲜卑人侵扰。他们全力支持皇帝派兵抵御鲜卑人。公元 177 年八月，东汉皇帝刘宏派乌桓校尉夏育率军从高柳出发，鲜卑中郎将田晏率军从云中出发，匈奴中郎将臧旻率南匈奴屠特若尸逐就单于以及南匈奴军从雁门出发，各路军都有 1 万多骑兵，从三个方向出塞，计划攻入鲜卑境内 2 千里，对其进行纵深打击。檀石槐命东、中、西三部大人各自率部众迎战。夏育等人惨败，甚至连符节和辎重全都丧失，各自带领数十骑兵逃回。

鲜卑人趁机反攻，抢掠无数。这一战后，鲜卑人口日益增多，农业、畜牧和射猎都满足不了百姓生存。檀石槐巡视各地，解决各地百姓生存问题。他发现，乌集秦水有几百里宽，水不流动，水中有鱼，但没办法捕捉到。他听说倭国（《魏书》作汗国）人善于用网捕鱼，率军向东进攻倭国，俘获 1 千多户倭国人，将他们迁到乌集秦水边居住，命令他们捕鱼，以弥补鲜卑人的粮食不足。

檀石槐此举促进了鲜卑社会的发展。不过，鲜卑尚不是一个统一的民族，既没有强大凝聚力，也没有完善的继承制。公元 181 年，檀石槐率领鲜卑军再次侵犯幽州与并州时病死，他儿子和连继任首领。

和连不仅才干和能力不如檀石槐，还贪财好色。和连率鲜卑军进攻北地时，被北地人射死。鲜卑分裂，从云中以东的漠南草原，鲜卑人分为三部分：步度根集团、轲比能集团、鲜卑东部领属若干个小集团。各部互不统属，各自独立发展，有时还相互攻击。

3. 再度复兴，轲比能势力空前坐大

鲜卑分裂成三个部分，轲比能趁着机会登上历史舞台。

轲比能本是鲜卑一个小部落的普通部民。鲜卑与东汉作战期间，轲比能勇敢作战，赢得同部落人敬佩。因战功，他获得一个职务，负责处理部落成员之间纠纷。在这个岗位上，他执法公平，不贪财物，深得同部落人信赖。后来，在选举新部落首领时，轲比能被众人推举为首领。

轲比能从一个普通部民成为部落首领后，他所在部落获得长足发展。东汉末年，中原频频发生战争，不少中原人逃到塞外。轲比能所在部落靠近东汉边塞，成为中原人避难的首选地。轲比能非常有长远眼光，不仅收留那些人，教那些人骑马射箭，还向那些中原人学习中原文化。

轲比能从相互学习中，学会用中原的法令统管鲜卑部落。他外出打猎时，高举军旗，令部民跟着旗帜，听到鼓声就前进，听到锣声就撤退。不仅如此，通过向那些中原人学习，轲比能还学会了蓄势。他志在统一鲜卑各部，全力搞好与中原政权的关系。虽然此时东汉混乱不堪，鲜卑人入侵抢掠，是一个不错的机遇，但是，他坚定认为，只有真正统一鲜卑，将鲜卑各部落形成整体，才是当务之急。他通过护乌桓校尉阎柔向朝廷进贡，在政治上依附中原实力最大的曹操。

公元211年，挟天子以令诸侯的曹操率军西征关中十一路诸侯。田银、苏伯等人趁机在河间反叛，攻击曹操后方。轲比能时刻关注着中原局势。此时，他作出一个非常英明的决定，没趁火打劫去攻击曹操，相反雪中送炭帮助曹操，亲自率3千精锐鲜卑骑兵，随护乌桓校尉阎柔一起去平定叛乱。曹操非常感激鲜卑人的帮助。后来，他将匈奴分为五部，下令内迁。鲜卑人趁机占领南匈奴内迁后留下的空地，获得曹操默许。

在中原，曹操逐渐统一北方。在草原上，轲比能也逐渐统一鲜卑，实力强大起来。随着势力壮大，轲比能逐渐不像以前那样敬畏中原政权，

但很快遭到惩罚。

公元 218 年四月，代北的乌桓首领无臣氏等人率部反叛东汉，请求归顺另一个鲜卑部落首领扶罗韩。扶罗韩非常高兴，率 1 万多鲜卑骑兵前往迎接。到桑乾县时，无臣氏等人商议说，扶罗韩威信并不很高，恐怕不能成就事业，还不如改投轲比能。于是，他们派人给轲比能送信，请求接纳他们。

轲比能虽然也意识到，接纳他们就等同跟东汉为敌，但他急于扩张势力，顾不了那么多，派 1 万多骑兵前去迎接，并与无臣氏等人一起对天盟誓。在盟誓大会上，轲比能特意请来扶罗韩，并在宴会上杀死了他。随后，轲比能率军袭击扶罗韩部落，取得空前胜利。扶罗韩儿子泄归泥及众部下都被迫归顺。考虑到杀死了泄归泥父亲扶罗韩，轲比能对他特别友善。此举引起扶罗韩弟弟步度根强烈不满。

步度根比较亲中原，反感轲比能为扩充实力不择手段。步度根将鲜卑发生的事报告给东汉丞相曹操。

轲比能率军协助乌桓侵扰中原，曹操非常生气，派他儿子曹彰率军北征乌桓和鲜卑，打击轲比能和无臣氏联盟。

曹彰武功高强，从小随曹操南征北战，是不可多得的青年猛将。他率汉军攻打乌桓和鲜卑时，采取猛攻猛打策略，大败鲜卑和乌桓联军。轲比能所部损失惨重，不得不退到塞外休整。

轲比能痛定思痛，发现挑战中原时机不成熟，鲜卑实力还远远不够，还不如称臣纳贡。公元 220 年，轲比能派人向朝廷献马。当时，魏王曹丕正急于建魏代汉，非常高兴，封轲比能为附义王。轲比能又恢复了跟中原的友好关系。

曹丕建魏代汉后，田豫出任乌桓校尉，并持节护鲜卑。步度根多次率部与轲比能所部打仗。两个鲜卑部落作战的结果是，步度根所部吃了些亏，率领 1 万残部到太原郡和雁门郡边境，寻求魏朝保护。

步度根派人去劝说泄归泥："你父亲被轲比能所杀，你不想着报仇，反而投靠仇家。轲比能厚待你，只不过是在想体面杀你的计谋罢了。你不如回来归顺我，我跟你是骨肉至亲，难道能像对待仇人那样对你吗？"于是，泄归泥率部下逃归步度根。

魏朝乐得鲜卑部落之间混战，见步度根率部来投靠，接纳了他们，令他率鲜卑部落在靠近边境一带游牧，负责为魏朝守边，而魏朝为他们提供保护。

轲比能见魏朝招纳死敌步度根所部，而步度根还从他手下挖走泄归泥所部鲜卑人，非常气愤。公元221年，轲比能将住在他部落的500余户中原人赶走，逼迫他们回代郡居住。轲比能与魏朝刚刚缓和的关系又紧张起来。

公元222年，轲比能率3千多鲜卑骑兵，驱赶7万多头牛马，浩浩荡荡地与中原人通商，同时驱赶他部落内的1千多户中原人到上谷。轲比能展示实力的举动引起东部鲜卑首领素利的惊慌。素利认为轲比能会率军兼并他，便向乌桓校尉田豫求救。田豫担心轲比能部落实力进一步坐大，造成更大危害，认为应该救助善良，惩治凶恶，向鲜卑各部显示威信。于是，他派出精锐军队打击轲比能所部。

乌桓校尉田豫率精兵深入鲜卑境内作战，轲比能所部鲜卑军在魏军前后进行抄掠，截断退兵之路。田豫率军到距轲比能所部十余里时，扎下营寨，收集牛马粪便烧起火来迷惑轲比能，然后迅速率军从另一条路撤走。

轲比能见烟火不断，以为田豫所部还在，不以为意，田豫率军撤走数十里后才发现上当了。轲比能率军追田豫所部到马城，将他们重重围困。田豫下令严密防守，让司马竖立起旗帜，奏起鼓乐，然后率步骑兵从南门杀出，轲比能所部鲜卑军把注意力集中到哪里，便向哪里攻击。与此同时，田豫亲自率精锐骑兵从北门冲了出来，擂鼓呼叫冲杀。两面发起冲击，轲比能所部措手不及，阵脚大乱，丢弃弓马逃走。田豫率军追击了20多里。轲比能所部鲜卑军尸体布满原野。

战后，雁门太守牵招命令步度根、泄归泥等率鲜卑人追击轲比能所部。他们杀死了轲比能的弟弟苴罗侯。轲比能因与乌桓归义侯王同、王寄等人结下怨仇，无法获得援助。雁门太守牵招又亲自率领泄归泥等人攻打轲比能，获得胜利。

轲比能所部惨败，并不服气。公元 224 年，轲比能率所部再次入侵素利所部。两个鲜卑部落打了起来。素利向乌桓校尉田豫求救。田豫率轻骑兵去牵制轲比能所部。轲比能派琐奴率军对抗。田豫出奇兵击退琐奴。第二年，轲比能想出其不意攻击并州报仇雪恨。结果，并州刺史梁习率军痛打轲比能所部。

轲比能因兼并各部战争多次遭到乌桓校尉田豫等人干预，决定跟魏朝敌对，但频频被痛打，实力遭到挫折。他觉得自己受了不公平待遇，给魏朝辅国将军鲜于辅写信，请求他代向魏朝皇帝为自己反叛辩解。鲜于辅收到书信后，上报朝廷。皇帝曹丕令乌桓校尉田豫去招纳、安慰轲比能所部。田豫不得不听从皇命，一改武力征服轲比能所部政策，对他进行招纳安慰。

轲比能势力因此更强盛，部属达到十多万人。部下抢掠所得的财物，他都平均分配给部下，当着众人面处理完毕，从不私贪，部下都愿意为他效力。其余部落首领都很敬畏他。

公元 228 年，乌桓校尉田豫派夏舍到轲比能女婿郁筑革建的部落。郁筑革建杀害夏舍。这年秋天，田豫率西部鲜卑蒲头、泄归泥所部，一起出塞讨伐郁筑革建，大获全胜。

轲比能一直对乌桓校尉田豫心存芥蒂，认为田豫率军攻打郁筑革建，是针对他。因此，田豫率军返回到马城时，轲比能率 3 万鲜卑兵，把田豫所部围困了 7 天。上谷太守阎志历来为鲜卑人所信任，前往解释劝说，才为田豫所部解围。

事后，曹丕并未追究轲比能责任，下令幽州刺史王雄兼任乌桓校尉，直接将田豫撤职。王雄对轲比能所部实行安抚政策。轲比能多次入塞，到幽州进贡，深受魏朝皇帝宠信，一时间风光无限。其他鲜卑部落首领没有一人有他势力强大。

公元231年，蜀国丞相诸葛亮率军出祁山，北征魏朝，派人与轲比能联系。轲比能出兵响应蜀军，与蜀军遥相呼应。时任魏朝皇帝曹叡命令牵招率军攻打轲比能所部。诸葛亮退兵后，轲比能只好率部回漠南草原。

轲比能此举激怒魏朝。魏朝上下不再有人信任他，大多主张消灭他。公元233年，轲比能诱使步度根所部依附，让步度根背叛魏朝并州刺史毕轨，并和他结亲，又率1万人在陉北迎接步度根所部。步度根一时糊涂，同意率部归顺。并州刺史毕轨派苏尚、董弼等人率军阻击。轲比能派兵在楼烦与苏尚等人会战，将苏尚、董弼等人杀死。魏朝皇帝曹叡大怒，派秦朗领军征讨轲比能和步度根。轲比能和步度根战败逃到漠北。步度根侄子泄归泥再度归降魏朝。不久，轲比能杀了步度根。

轲比能兼并步度根所部后，势力空前坐大。乌桓校尉王雄意识到此前田豫的策略是正确的，但又没信心武力消灭轲比能，就派韩龙去刺杀了轲比能，改立轲比能的弟弟为王。

鲜卑部落离散，互相征伐，各部进入独立发展时期。在魏灭燕之战中，慕容鲜卑因协助讨灭公孙渊的功劳，得到辽西之地。东部鲜卑先后形成慕容部、宇文部、段部三部，占据辽西；拓跋部也在拓跋力微率领下，第三次南迁来到云中；秃发部从拓跋部中分离出去，由塞北迁居到河西；乞伏部在西晋建立以前，已经大规模迁入。鲜卑进入中原局面逐渐形成。

4. 借势发展，拓跋部实现历史跨越

拓跋部是鲜卑重要一支。在拓跋部历史传说中，有很多英雄之主，但真正有历史记载的，只能从拓跋力微开始。拓跋力微是拓跋鲜卑公认

始祖，被后世尊称为神元皇帝。

当初，鲜卑人脱离匈奴控制，向东汉称臣，开始走出高山深谷。拓跋力微父亲拓跋诘汾带领拓跋部也走出高山深谷，往草原发展。

一路上，拓跋鲜卑人经历"九难八阻"，费尽心思，耗费大量精力，却总在深谷和群山之间打转，走不出去。后来，传说在一头形状像马、叫声像牛的神兽引导下，他们才走出高山深谷。迁出高山深谷后，他们来到匈奴故地，在云中一带游牧。在茫茫大草原上，他们开阔了视野，有了更多生存空间，日子比以前好过多了。因这次迁徙成功，拓跋诘汾声望很高，深受部众拥戴。拓跋诘汾经常在部属前呼后拥下去围猎。

在围猎途中，拓跋诘汾有了一次浪漫艳遇。他率骑兵在山泽间围猎时，忽然看见有一队辎车从天而降。进入他们视线后，有一位姿容美丽的女子缓缓朝他们走来，后面跟着很多侍卫和庞大仪仗队。拓跋诘汾感到好奇，上前问话。那女子说："我是天上的仙女，现在奉天帝之命，前来与你成亲。"

两人当晚成亲，住在一起。第二天清晨，女子向拓跋诘汾辞别，说："明年此时，在此相会。"说完，她便转身离去，像一阵风，转眼不见身影。

在第二年约定的日子，拓跋诘汾来到当初围猎的地方，果然又遇到那个女子。那个女子把一个男孩交给拓跋诘汾，说："这是你儿子，好好抚养照顾他，让他的子孙相续，世世代代成为帝王。"说完，女子又转身离去，不过从此再也没出现过。这个男孩就是拓跋力微。

当然，这只是鲜卑人的美丽传说，神化了拓跋部的先祖。

拓跋力微出生不平凡。拓跋诘汾也精心培养他。拓跋力微长大后，英明和睿智日渐显露，表现也超过普通人。公元 219 年，在一片歌功颂德中，拓跋诘汾死了，46 岁的拓跋力微子承父业，当上拓跋部大首领，登上历史舞台。

拓跋力微是拓跋诘汾的二儿子，还有个哥哥拓跋匹孤。拓跋匹孤在拓跋力微继位后，率部众从塞北阴山、河套一带，沿黄河两岸，顺贺兰山脉东麓南下，到河西、陇西以北游牧，后来形成秃发鲜卑。

拓跋力微继位时，已经过了血气方刚的年龄，遇事非常冷静。他刚继位时，拓跋部内部不稳定，需要安抚。长期活动在拓跋部西面的不友好部落（简称"西部"）也趁火打劫，突然袭击拓跋部。拓跋力微率部应战，被打败。拓跋部大量部众战死、离散。拓跋力微不得已，只好率领残部，前往投靠没鹿回部首领窦宾。

拓跋力微颇有气度和涵养，战场上的失败并没使他丧失斗志，他也不想长期在寄人篱下中苟且偷生，一直想要重振鲜卑拓跋部，成为草原雄鹰。他雄心勃勃，但并不张扬，深谙韬光养晦之术。在没鹿回部，他认认真真做人，勤勤恳恳干事，处世低调。虽然是同族人，但没鹿回部人都不拿他当回事，尤其是窦宾的两个儿子，认为拓跋力微活该被"西部"打败。事实上，并不是拓跋力微不行，而是当时"西部"确实太强大。

窦宾也想成为草原"众王之王"。"西部"打败鲜卑拓跋部，也对鲜卑没鹿回部造成威胁。没鹿回部想要变成草原上强大部落，就必须打败"西部"，确立没鹿回部的强者地位。拓跋力微积极支持窦宾，率部跟随他攻打"西部"，借助窦宾的势力，为拓跋部报一箭之仇。

"西部"当时确实强大。一番较量后，先挑起战端的鲜卑没鹿回部被打败，极为狼狈。首领窦宾战马被"西部"人射杀，被迫徒步逃跑。在慌乱之中，没鹿回部人只顾自己逃命，谁也不管首领的死活。在窦宾孤独无助之时，拓跋力微将所骑的马让给他。窦宾得到骏马，死里逃生，捡得一条命。

窦宾回营后，命人寻求赠马人，准备重赏。拓跋力微沉默不语。他是拓跋部首领，虽然依附于没鹿回部，但依然认为自己应该是颁赏的人，去领赏掉身价。他坚持做无名英雄，但过了很长时间，窦宾还是知道了这件事。他非常感动，决定"涌泉相报"，准备将一半领土分给拓跋力微。拓跋力微决定把做好事不图回报形象更彻底地展示给所有没鹿回部人，坚决拒绝窦宾裂土分地。

窦宾很欣赏拓跋力微的人品和气度，最终决定把最心爱的女儿嫁给他。拓跋力微并没拒绝，欣然接受。窦宾的女儿很漂亮。更重要的是，他娶了窦宾的女儿，就是鲜卑没鹿回部首领的女婿。作为窦宾救命恩人和女婿，没鹿回部人就不会再把他当外人看。

窦宾一再问拓跋力微有何要求，态度非常诚恳。见时机成熟，拓跋力微向窦宾请求率部到长川居住。窦宾欣然答应。在没鹿回部领地中，长川相对偏僻。拓跋力微移居此地，相对安定，不引人注目，不会成为被征服的首选目标。于是，他率部属在长川休养生息，励精图治，政治修明，德化普及。

渐渐地，长川热闹起来。那些在与"西部"作战中离散的拓跋部旧部纷纷前来投奔旧主，邻近一些部落也前来投奔。经过十几年生聚、繁衍，拓跋部的力量得到发展壮大。

窦宾意识到拓跋力微将成为大有作为的人，担心两个儿子不服他，与之发生武力冲突。公元248年，窦宾临死前告诫两个儿子说："一定要恭敬地侍奉拓跋力微，千万不要有异心。"遗憾的是，他两个儿子并未将窦宾临终的话当回事，表面上服从拓跋力微，暗地里却集结力量，图谋不轨。

他们的一举一动早已处于拓跋力微监控之下。窦宾已死，拓跋力微不再投鼠忌器。他佯装不知窦宾的两个儿子在暗地里集结力量准备造反，派人盛情相邀，请他们前来商议大事。他们如约前来后，拓跋力微毫不留情地将他们俩杀死。随即，拓跋力微宣布兼并没鹿回部。

没鹿回部是鲜卑族各部中势力较强的。拓跋力微不费吹灰之力兼并了没鹿回部，鲜卑其他各部落首领见此，都诚心归服拓跋部。拓跋力微的势力迅速膨胀，有20多万骑兵可以指挥。

拓跋部在草原上迅速崛起后，拓跋力微全力整合各部落，以便形成统一体。公元258年，他将统治中心迁到定襄盛乐城（今内蒙古和林格尔）。这里是漠南草原中心地带，既便于统摄四方，号令各部落，也便于向南发展。

迁都之后，他加强在各部落首领心目中大首领至高无上的权威。公元258年四月，拓跋力微在盛乐城举行祭天大典。事前，他向各部落首领发出邀请。大家都应邀前来参加祭典，唯有白部首领未来。拓跋力微大怒，借口白部首领对上天不敬，将其杀掉。在草原民族心目中，上天至高无上，谁敢藐视上天，就是草原人的公敌。白部首领公然不愿意参加祭天大典，就是对上天不敬。

这件事后，其他部落首领对拓跋力微肃然起敬。拓跋力微从此确立了对各个部落的绝对权威。

5. 依附中原，慕容部借势迅速崛起

在稍晚时，慕容鲜卑也逐渐发展起来。慕容鲜卑人祖先属于白部鲜卑。最初，他们分布在西拉木伦河上游。魏朝建立时，白部鲜卑首领莫护跋率部入居辽西北的大凌河流域。因配合司马懿消灭公孙渊有巨大功劳，莫护跋被封为鲜卑率义王。他们在棘城北部建国。当时，燕代一带人喜欢戴步摇冠，莫护跋见后非常喜欢，也令族人模仿。其他鲜卑部人称呼白部鲜卑为步摇，后来因音讹，转为称慕容。白部鲜卑从此改称慕容鲜卑。

莫护跋死后，他儿子慕容木延继任首领。慕容木延采取亲魏策略。公元244年至公元245年间，慕容木延率领慕容部跟随魏将毋丘俭一起讨伐过高句丽，建立了巨大功勋。

慕容木延之后，他儿子慕容涉归继任慕容鲜卑首领。不久，慕容涉归将根据地从棘城迁到辽东郡（今辽阳）北部，世代归附中原政权，且多次协助中原军队出征作战，建立功勋，受封大单于。

公元281年十月，慕容涉归率部攻击晋朝昌黎郡，开始向中原发展

势力。这次莽撞的举动，给慕容鲜卑带来巨大灾难。第二年三月，晋朝安北将军严询率军反击占领昌黎郡城的慕容鲜卑部，将他们打败，杀死、俘虏超过 1 万人。

惨败后，慕容涉归痛定思痛，分给庶长子慕容吐谷浑 1700 户做部众，意图让他作为慕容部屏障，将首领之位传给慕容廆，同时防范仇敌宇文鲜卑进攻。不过，慕容涉归并没有想到慕容鲜卑的最大危机，不是来自外部，而是来自他的弟弟慕容耐。公元 283 年底，慕容涉归死后，慕容耐篡夺政权，慕容廆被迫逃亡。

不过，慕容廆在慕容部非常得人心。慕容廆年少时身材魁梧，容貌非常俊美，身高八尺，雄伟出众有气度，深受部众信赖。慕容耐篡夺政权时，企图杀害慕容廆。有部众提前告知慕容廆消息，慕容廆才有机会成功出逃。相反，慕容耐无才无德，残暴杀戮，在当了 2 年大单于后就被部众杀死。部众将慕容廆迎回当大单于。

慕容廆当上大单于后，与另外统率 1700 户的慕容吐谷浑不和。慕容吐谷浑不忍心看到慕容部再次发生内讧，率所部西迁到枹罕。他们以枹罕为据点，子孙相承，侵逼氏羌，发展成为强部。后来，慕容吐谷浑孙子慕容叶延以吐谷浑为族名，在沙州建立政权，设置司马、长史等官。

慕容耐被杀死，慕容吐谷浑率部出走，慕容廆内部威胁不存在了。他父亲慕容涉归与鲜卑宇文部有仇，他想报先君的怨仇。于是，他上表宗主国晋朝，请求出兵讨伐宇文部。晋朝皇帝司马炎没答应，认为天下刚刚安定，不应该再挑起战争。

慕容廆十分愤怒，率军侵犯晋朝辽西郡，杀戮劫掠很多百姓。慕容部反晋，司马炎非常愤怒，派幽州诸军讨伐慕容部。晋军和慕容部在肥如（今迁安）决战，一举打败了慕容部。

慕容廆见打不过晋军，改为以骚扰为主。他从此年年派兵劫掠昌黎郡。不仅如此，他还将扩张对象转向周边势力比较小的部落。

公元 285 年，慕容廆率慕容部向东讨伐扶余。扶余战败，扶余王依虑自杀，扶余王子依罗逃往沃沮（今朝鲜咸兴市）。慕容廆趁机俘获了 1 万扶余人，全部带回慕容部。

公元 286 年五月，慕容廆再次率慕容部进攻辽东。扶余王子依罗向东夷校尉何龛求援，想趁机率余部兴复扶余。东夷校尉何龛派贾沈率晋军护送依罗回扶余，帮助他复国。慕容廆派孙丁率骑兵在途中截击晋军。贾沈率晋军奋力迎战，大破鲜卑骑兵，杀死孙丁，成功帮助依罗光复扶余。慕容廆在辽东遭到当头一击。

慕容廆不得不重新思考生存和发展战略。一番思考后，他决定改变对晋朝的态度。他与众人商议，劝导大家说："自我们祖先以来，世代侍奉中原王朝，华夏族与塞外民族风俗礼仪也各不相同，强弱有别。我们怎能与晋朝为敌呢？我们为什么不能跟晋朝讲和，反而伤害我们百姓呢！"众人认为他的话有道理。

公元 289 年，慕容廆派使者去向晋朝投降。晋朝皇帝司马炎也不想与慕容部处在战争状态，见慕容部主动归降，非常高兴地接纳了，授慕容廆为鲜卑都督。议和成功后，慕容廆身穿束巾衣，亲自到东夷府表达对晋朝的敬意，在门口行士大夫之礼。

东夷校尉何龛列兵引见。慕容廆改穿戎衣，才进入东夷府。有人问慕容廆为什么这样做。慕容廆淡然回答道："主人不以礼相见，宾客还能做什么呢？"何龛听说此话后，更加敬畏慕容廆。

当时，段部见慕容廆威德日增，担心被慕容部吞并，采取以攻为守战略，经常派兵侵扰慕容部。在这件事上，慕容廆非常理智，采取忍让政策，用谦卑言辞、丰厚礼物来安抚段部鲜卑。段部首领段阶将女儿下嫁慕容廆。通过联姻，慕容部和段部暂时实现了和平。

考虑到辽东郡过于僻远，为了慕容部进一步发展，慕容廆便率部迁往辽西郡徒河县境内青山（今辽宁省义县）。公元 294 年，慕容廆又率部迁居大棘城。在大棘城，他教导百姓从事农业生产，学习和实行与晋朝相同的法律制度。从此，慕容部开始定居生活，逐渐接受汉文化，有力推进了封建化进程。

慕容廆还非常重视争取附近汉族人的民心。公元302年，兖州、豫州、徐州、冀州发生水灾，幽州也受到影响。慕容部与幽州为邻。慕容廆不仅接纳了从幽州逃过来的灾民，还开仓赈灾，帮助那些灾民渡过困境。此时慕容部已把农耕作为主要生产形式，储存了不少粮草。

慕容廆救济幽州难民，引起宇文部首领宇文莫圭警觉。他认为，如果慕容廆接纳那些逃难的汉族人，那么实力将会进一步壮大。宇文部和慕容部有旧仇，且一直受晋朝保护。公元302年，宇文部首领宇文莫圭先发制人，派弟弟宇文屈云率军攻打慕容部。

慕容廆得知消息后，从容应对。他率慕容部避其主力，先示弱，诱敌深入，再寻机反击。宇文部将领宇文素延所率军队被慕容部重创，损兵折将，十分羞愤。他发誓报仇，动员10万人包围慕容部大棘城。大棘城内慕容部部众十分恐惧，丧失抵抗意志。

面临生死大战时，慕容廆非常镇定，鼓励众人说："虽然宇文素延手下的人多如蚂蚁，但他缺乏军事谋略，一切都在我计谋的掌控之中。你们不要多想，只需奋力作战，其他的不值得忧虑。"

慕容廆亲自领军出击宇文部。他们再度重创宇文素延所率宇文部兵马，追击100多里，斩杀和俘虏了1万多人。当时，辽东人孟晖原在宇文部。此战后，他率数千户归降慕容部。慕容廆任命他为建威将军。

这一战，慕容部实力大大提高，但慕容廆依然比较理智，公元307年，趁中原"八王之乱"，慕容廆自称大单于。公元309年，东夷校尉李臻被人杀死。东夷校尉是管理鲜卑各部的官方机构。事后，边塞鲜卑素连、木津等人假托为东夷校尉李臻报仇起兵，趁机作乱，率军攻陷辽东诸县，杀掠百姓。袁谦率晋军镇压，屡战失利。校尉封释心中畏惧，想请求与素连、木津等人和解。

慕容廆冷静观察着时局发展，并未介入这些事。因连年劫掠，百姓失去家业，流亡异地。不少百姓逃到慕容部，前来归附。慕容部想置身事外，都已经不可能了。儿子慕容翰劝慕容廆为百姓请命，谴责和宣布素连、木津等人罪行，帮助晋军攻打素连、木津等人，兼并他们的领土和部众。

慕容廆采纳慕容翰的建议，率领骑兵征讨素连、木津等人。慕容部骑兵大败素连、木津所部，斩杀素连和木津，趁机兼并他们的部众，并将他们迁到大棘城。

慕容部已经成为辽东一股强大的军事势力。不过，慕容廆一直保持着与晋朝的臣属关系，虽然晋朝内部混战，对慕容部实际控制力已几乎成为摆设。

公元 313 年，晋怀帝司马炽在平阳蒙难。大司马王浚趁机任命慕容廆为散骑常侍、冠军将军、前锋大都督、大单于。慕容廆认为王浚是反贼，推辞不受。后来，晋愍帝司马邺派使者封慕容廆为镇军将军、辽东国公，慕容廆恭敬地接受。公元 317 年，司马睿称制，授慕容廆假节、散骑常侍、都督辽左杂夷流人诸军事、龙骧将军、大单于、昌黎公。慕容廆推辞不受。司马睿登基后，再次派人授其平北将军、大单于，慕容廆依然坚决辞让封授。

他想观察局势再做决定，但没想到，他这一决定，给慕容部带来巨大危机。

6. 三方围攻，慕容部遭遇空前危机

趁着中原混战，慕容部发展壮大起来。当时，晋朝洛阳和长安都被匈奴人攻下，幽州和冀州也沦陷。慕容廆打着勤王名义兼并素连和木津所在部落，与晋朝保持着臣属关系，对中原局势持观望态度。

慕容廆政令法纪严明，虚心纳贤，大量招纳中原携带家小流亡的士族庶人，充实慕容部。为安置因战乱逃到鲜卑的中原流民，他特意设立

郡。例如，冀州流民归冀阳郡管辖，豫州流民归成周郡管辖，青州流民归营丘郡管辖，并州流民归唐国郡管辖。

同时，慕容廆推举贤才，任用贤才处理政务。他重用裴嶷、鲁昌、阳耽、逢羡、裴开、缪恺等人，还任用精通儒学的刘赞当东庠祭酒（类似如今干部学校校长），教授慕容皝等贵族子弟读书。在处理完政事空闲时，慕容廆还亲自去学堂听课，和贵族子弟一起读书。

慕容廆的一些举动促进了慕容部经济发展，也引起一些人误解。平州刺史、东夷校尉崔毖自认是名望之士，有心怀柔聚集流亡民众，但没人前去归附他。崔毖误认为，慕容廆强留逃亡慕容部的流民，长期下去，会对晋朝造成严重威胁。他悄悄联络高句丽及宇文部、段部等部，商议消灭慕容部，瓜分慕容部土地。

公元 319 年，东夷校尉崔毖率领东晋军、高句丽军、宇文部、段部联军，一起进攻慕容部。面对联军进攻，慕容廆激励部将说："高句丽、宇文部、段部，都是被东夷校尉崔毖欺骗，贪求个人利益，汇集成一群乌合之众。他们缺乏统一指挥，互不顺服，我们只要战略得当，就一定会打败他们。然而，他们的军队刚会合，锋芒还相当锐利，希望我们跟他们马上决战。如果我们立即率军迎击，便陷入他们的计谋。我们要稳住阵脚，等待战机。时间长了，他们定会心生疑惑，互相猜疑。高句丽、宇文部、段部可能会怀疑我们与崔毖设计消灭他们。等到他们人心沮丧，我们适时主动出击，战胜他们就必定无疑。"

联军攻打大棘城时，慕容廆下令城门紧闭而不应战，单独派使者送牛送酒去犒赏宇文部，故意大声对众人说："东夷校尉已派使者来了。"高句丽和段部怀疑宇文部与慕容部勾结，各自率军撤退。

宇文部首领宇文悉独官说："高句丽和段部虽然撤军回去了，但我要独自率军击败慕容部。兼并慕容部，哪里还用得着别人帮忙？"宇文部有数十万将士。宇文悉独官率全部人马逼近城池，营寨相连有 40 里。

慕容廆派人到徒河征召慕容翰，想集中兵力决战。慕容翰派使者告诉慕容廆："宇文悉独官倾国来犯，敌众我寡，易于智取，难以力敌。现在城中的军队已足以防御，我请求作为外面的奇兵，伺机攻击，内外同时发兵，使他们惊骇而不知道如何防备，这样一定能打败他们。如果现在把兵力集中在一处，他们便能专心攻城，没有其他顾虑，这不是合适的对策。而且，这是向民众表示内心的怯惧，恐怕还没作战士气就要先丧失了。"

慕容廆犹疑不决，韩寿劝谏慕容廆："宇义悉独官有侵凌进逼的志向，将领骄纵，士兵疲惫懒惰，军队组织松散，如果使用奇兵突然发难，在他们没有防备时实施攻击，必定能取胜。"慕容廆想了想，决定采纳慕容翰的计策，让他留守徒河。

宇文悉独官得知慕容翰留守在徒河，对部将说："慕容翰素来骁勇果敢，现在他不进城，或许会成为我们的祸患，我们应当先攻取他，城里那些人就不足为患。"于是，他分出数千骑兵，去攻击慕容翰所部。

慕容翰得知相关消息，派人假扮成段部使者，在路上遇上宇文部骑兵，欺骗他们说："慕容部长久以来就是我们段部的心头之患，听说你们将要进攻慕容部，我们已严阵以待，做好了配合你们的准备。你们应该快速前进，尽快与我们实现合围。"那支宇文部骑兵的将领对此深信不疑，加速进军速度。

在使者离开时，慕容翰就率军出城，设下埋伏，等待宇文部军队到达。宇文部骑兵驰行，不再防备，很快进入慕容部的伏击圈中。慕容翰率军突然攻击，将宇文部骑兵全部俘获。随后，他又乘胜进军，同时派密使告诉慕容廆，让他率军出城反击。见战机来临，慕容廆命令慕容皝和裴嶷率精锐骑兵充当前锋，亲自率大军为后援。

宇文悉独官原先没有设防，得知慕容廆亲自率军反击，大吃一惊，率军倾巢而出，准备与他决战。两军前锋刚刚交战，慕容翰率千余骑兵从旁侧直冲入宇文悉独官的军营，纵火焚烧。宇文部将士都惶恐不安，不知所措，结果大败。宇文悉独官只身逃脱。慕容廆尽数俘获宇文部来不及逃走的人。

慕容部有人在宇文部军营瞭望台上缴获了皇帝玉玺。慕容廆派裴嶷将它送到建康。崔毖害怕慕容廆仇恨自己，派侄子崔焘假装来祝贺慕容部获胜。高句丽、宇文部、段部使者也来慕容部请和，都说他们本来并不想与慕容部为敌，都是东夷校尉崔毖让他们那样做的。慕容廆让崔焘见高句丽、宇文部、段部使者，在他面前摆开兵阵，说："你叔父叫高句丽、宇文部、段部消灭我，为什么假装来祝贺我呢？"崔焘心中恐惧，坦白服罪。慕容廆让崔焘回去对东夷校尉崔毖说："投降是上策，逃跑是下策。"慕容廆还派兵跟随崔焘。

东夷校尉崔毖与数十名骑兵丢弃家室逃往高句丽。慕容廆降服东夷校尉崔毖属下全部东晋军，把崔焘和高瞻等带到大棘城，用宾客礼节对待他们。第二年，高句丽军侵犯辽东。慕容廆派军打败他们。不久，慕容廆趁段部首领段末波刚继任首领，不重视武力防备之际，派慕容皝率军袭击段部，抢掠了不少名马宝物。

事后，慕容廆派裴嶷到建康去解释他驱逐东夷校尉崔毖的事。东晋皇帝司马睿只好接受，派人任命慕容廆为监平州诸军事、安北将军、平州刺史，加任使持节，都督幽、平二州东夷诸军事，车骑将军，平州牧，晋封辽东郡公，统辖海东一带，设置百官，设平州守宰。

公元 323 年，后赵天王石勒派人出使慕容部，慕容廆拒绝。石勒大怒，派宇文乞得龟率军攻打慕容部。慕容廆派慕容皝率军抵挡，取得巨大胜利。此后，慕容廆一直坚持对东晋称臣。他积极活动，让东晋皇帝封他为燕王。封王愿望还没实现，公元 333 年，慕容廆死去。其子慕容皝稳定局势后，自称燕王，建立前燕。慕容部从此成为完全独立的王朝。

7. 坚持亲晋，拓跋部从部落发展成王国

拓跋部一直采取亲中原政权策略，趁着晋朝爆发八王之乱，内部诸

王混战，顺利从部落发展成王国。

公元261年，拓跋力微派大儿子拓跋沙漠汗到魏朝进贡，并负责观察魏朝风土人情。魏朝将拓跋沙漠汗留下做人质。拓跋沙漠汗以质子身份留在洛阳。魏朝将他当作最为尊贵的宾客，每年赠送他的黄金、布帛、缯絮数以万计。

公元265年，司马炎受禅登基，建晋代魏。拓跋力微与晋朝依然保持友好关系。拓跋沙漠汗继续在洛阳当人质。他长得高，英俊魁梧，跟晋朝很多高官和文化精英都保持友好关系。他向晋朝皇帝司马炎请求，说父亲拓跋力微年事已高，请让他回拓跋部去尽孝。司马炎同意了。公元267年，司马炎准备很多礼物，派人将他送回拓跋部。

拓跋力微年龄虽然大，但身体特别好，非常长寿。公元275年六月，他再次派拓跋沙漠汗到洛阳进献贡品。司马炎留拓跋沙漠汗在洛阳住到冬季。到冬季，司马炎赠送给拓跋沙漠汗绵、绢等各种物品，十分丰厚。拓跋沙漠汗带着装满100辆牛车的物品返回拓跋部。经过并州时，晋朝征北将军、幽州刺史卫瓘请求将拓跋沙漠汗扣留，不让他返回拓跋部，以免成为晋朝后患。

司马炎对失信感到为难，没同意。卫瓘又请求用黄金、锦缎贿赂拓跋部各将领，挑拨他们与拓跋沙漠汗的关系，让他们互相伤害。司马炎同意了，下令留下拓跋沙漠汗。与此同时，卫瓘派人分别送给拓跋部各位将领财物。直到公元277年，卫瓘才将拓跋沙漠汗送回拓跋部。

拓跋力微听说拓跋沙漠汗从晋朝返回，非常高兴，派各位将领前往塞南迎接。

酒兴正浓时，拓跋沙漠汗望着天空中飞的鸟，对各位将领说："看我射下它。"随后，他拿起从洛阳带回的弹弓，将鸟射下来。当时，拓跋部没有弹弓，众人大为惊奇，说："世子的风度和服饰与中原人相同，他奇特法术举世无双，如果继承国家大位，将会改变我们的旧习俗。我们一定不能让他实现这个愿望。他不如在国内当王子，遵守本分，淳厚朴实。"

因接受了卫瓘的贿赂，各位将领图谋加害拓跋沙漠汗，就先行赶回去。拓跋力微问他们："沙漠汗已游历中原，德行有没有明显长进呢？"各位将领回答说："世子武艺不同凡响，拉开空弓就能射落飞鸟。这似乎是学到晋朝人怪异法术。这是乱国害民征兆，希望您明察。"

拓跋沙漠汗在洛阳做人质，拓跋力微身边的儿子们大多受宠爱。当时，他已年过百岁，颇受迷惑，听到所有将领都那样说，心中产生怀疑。他非常气愤地说："如果他确实不可容忍，就应当除掉他。"各位将领立即行动，派人快马加鞭赶到塞南，矫诏杀死拓跋沙漠汗。不久，拓跋力微醒悟过来，十分后悔此事，但已经来不及了。

同年，拓跋力微病重。乌桓首领库贤与拓跋部各位将领关系亲近。他接受过卫瓘的贿赂，想在拓跋力微将死之际离散拓跋部，就挑拨拓跋部各位将领："大单于深恨听信你们谗言杀害了世子。现在，他想抓捕各位的长子杀掉。"各位将领相信了他的话，率领各自部众逃走。

不久，拓跋力微病死，拓跋悉鹿继任鲜卑大单于。此时，拓跋部势力大不如以前。他苦撑几年后，在公元 286 年死去。他弟弟拓跋绰继任鲜卑大单于。

拓跋绰英勇有智谋，拓跋部又展现壮大趋势。公元 293 年，宇文部首领宇文莫槐被部下杀死。宇文普拨继任宇文部首领。拓跋绰将女儿嫁给宇文普拨的儿子宇文丘不勤。拓跋部和宇文部成为盟友。同年，拓跋绰死去，拓跋沙漠汗的儿子拓跋弗继任鲜卑大单于。

拓跋弗在位不到一年死去，拓跋力微的另一个儿子拓跋禄官继任鲜卑大单于。公元 295 年，拓跋禄官将拓跋部领土划分为东、中、西三部。拓跋禄官亲自兼任拓跋部东部大人，率部众居住在上谷以北、濡源以西一带，东面与宇文部接壤；拓跋猗迤出任拓跋部中部大人，率部众居住在代郡参合陂以北；拓跋猗卢出任拓跋部西部大人，率部众居住在定襄盛乐。此时，拓跋部的三个首领，都在北魏建立后被追封为皇帝。

自拓跋力微继任大单于以来，拓跋部便与晋朝交好，百姓安居乐业，财物牲畜富足。拓跋禄官继位时，拓跋部已拥有多达 40 万骑兵。因此，拓跋部即使分为三部分，依然是草原上势力最强大的。公元 299 年，宇文部首领宇文逊昵延被慕容部击败，向拓跋禄官朝贡，寻求庇护。拓跋禄官接纳宇文部，将大女儿嫁给宇文逊昵延，与宇文部结成姻亲。

拓跋猗迤出任拓跋部中部大人后，采纳卫操建议，召集接纳流亡的汉族人。汉族人依附拓跋部中部的人数逐渐增多。拓跋猗迤任命卫操出任辅相，负责处理部落中大事。在卫操辅佐下，拓跋部中部势力获得长足发展。公元 297 年，拓跋猗迤率军越过沙漠向北巡视，借此机会向西征服各部落。公元 301 年，拓跋猗迤才从西征前线返回。经过五年征战，拓跋部中部降服西部 20 多个部落。

公元 304 年，晋朝八王之乱，皇帝司马衷遭成都王司马颖逼迫，滞留在邺城。匈奴首领刘渊在离石起兵反晋，自称汉王，建立汉赵政权。并州刺史司马腾前来拓跋部请求出兵。拓跋部在一番思考后，东、中、西三部都决定支持晋朝，一起去帮忙晋朝镇压匈奴人。

拓跋猗迤率十多万骑兵出征，到西河郡、上党郡一带抗击匈奴军；拓跋猗卢也率拓跋部西部朝西河郡、上党郡进攻；拓跋禄官同时率拓跋部东部相助，朝西河郡、上党郡的匈奴军进攻。在三路鲜卑军支援下，东晋军出乎意料地击败了匈奴军。

晋朝皇帝司马衷返回洛阳，司马腾辞谢拓跋部援军。拓跋猗迤、拓跋猗卢、拓跋禄官和司马腾在汾河东岸结盟后，各自率部返回原驻地。

第二年，刘渊又派兵攻打司马腾。司马腾再次向拓跋猗迤求援。卫操再次劝拓跋猗迤率军帮助司马腾。拓跋猗迤率几千轻骑兵前往救援司马腾，杀死刘渊部将綦母豚，迫使其残部向南逃到蒲子。这一战后，晋朝授予拓跋猗迤大单于。同年，拓跋猗迤死去，其长子拓跋普根继承大单于，统领拓跋鲜卑中部。

公元 295 年，拓跋猗卢出任拓跋部西部大人后，率部众北迁到云中、五原、朔方，又西渡黄河攻打匈奴、乌桓各部落，取得巨大胜利。在谋臣建议下，拓跋猗卢招纳中原逃避战乱的汉族人。公元 297 年，拓跋猗迤率军越过沙漠向北巡视，借此机会向西征服各部落时，拓跋猗卢也率拓跋部西部参与。经过五年征战，归附拓跋鲜卑西部的有 30 多个部落。公元 304 年，拓跋猗卢也参与了援救司马腾的战争。

公元 305 年，拓跋猗迤死了；公元 307 年，拓跋禄官死了；拓跋猗卢一人总管三部，将其统一，并与慕容部建立友好关系。

公元 310 年，白部大人反叛，率部进攻晋朝西河郡，匈奴铁弗部首领刘虎在雁门郡聚众响应，趁机率军进攻刘琨所辖的新兴郡、雁门郡。晋朝并州刺史刘琨派儿子刘遵到拓跋部做人质，请求拓跋部支援。拓跋猗卢派拓跋郁律率 2 万鲜卑骑兵，协助刘琨作战，攻破匈奴铁弗部、白部军营，在军营中大肆屠杀。

事后，刘琨与拓跋猗卢结拜为兄弟，表奏拓跋猗卢为大单于，封代公，以代郡作为他的食邑。当时，代郡属于幽州，幽州刺史王浚不同意，派兵攻打拓跋部。拓跋猗卢率拓跋部打败王浚所部。

拓跋猗卢因代郡离所居住地过远，不能与部众连为一体，遂率 1 万多户从云中进入雁门，向刘琨索求句注陉以北地区。刘琨便把楼烦、马邑、阴馆、繁畤、崞县等 5 个县的百姓迁到句注陉以南，重建城镇，将东接代郡，西连西河、朔方，方圆数百里土地给拓跋猗卢。拓跋猗卢迁来 10 万户部民，在这块土地上繁衍生息。拓跋部从此更加强盛。

刘琨又派人求援。拓跋猗卢派 2 万步骑兵赴援。西晋太傅司马越以洛阳饥馑为由，谢绝拓跋部援助。拓跋猗卢下令撤军而回。

公元 310 年，刘渊死去，第二年，刘琨部下邢延占据新兴郡叛乱，并勾结刘聪进犯晋朝。拓跋猗卢派军去征讨，将刘聪所部逼走。一年后，刘琨又派使者请求拓跋猗卢率拓跋鲜部一起去征讨刘聪、石勒。拓跋猗卢因刘琨心怀忠义，便答应帮他。恰逢刘聪派刘粲率军袭击晋阳，杀了刘琨父母，占据晋阳城。刘琨派人向拓跋猗卢通报这一消息。拓跋猗卢大怒，派拓跋六修、拓跋普根、卫雄、范班、姬澹等人，率几万人作为前锋，去攻打晋阳，并亲自率 20 万大军作后援。

刘粲得知消息，极为恐惧，焚毁辎重，突围逃走。拓跋部骑兵纵马猛追，斩杀刘聪部将刘儒、刘丰、简令、张平、邢延等人，杀死的匈奴人横尸数百里。刘琨亲自前来拓跋部感谢。拓跋猗卢以礼相待。刘琨一再请求拓跋猗卢继续率军攻打汉赵军。拓跋猗卢说："我没能早来，致使你父母被杀害，我心里确实感到惭愧。现在，你已收复并州。我远道来此，将士马匹都已疲惫，暂且等待以后再举事吧！汉赵不是一下子就能消灭的。"

拓跋猗卢送给刘琨 1 千多匹马，牛羊各 1 千多头和 100 辆车，率拓跋部回师，让姬澹、段繁等人率军留下来，协助刘琨戍守晋阳。

这一年秋，秦王司马邺在长安称帝。拓跋猗卢下令戒严，与刘琨策划大举进军，让刘琨组建晋朝临时朝廷，统率诸军。拓跋猗卢计划派 10 万骑兵从西河郡的鉴谷南下，东晋军由蒲坂东进，在平阳会师，消灭汉赵军。不过，这一计划未能实现。

第二年五月，王浚派枣嵩督领各军在易水驻扎，召见段部首领段疾陆眷，想与他一起攻打石勒所部汉赵军。段疾陆眷不来，王浚发怒，用重金贿赂鲜卑大单于拓跋猗卢，并向慕容部大单于慕容廆等人传发檄文，声称要共同讨伐段部鲜卑。拓跋猗卢派拓跋六修率军与王浚所部会合，被段疾陆眷率军打败。拓跋猗卢遭受重大挫折。

公元 313 年六月，拓跋猗卢与刘琨在泾北会合，商议一起攻打后赵。七月，刘琨率晋军占据蓝谷，拓跋猗卢派拓跋普根率拓跋部驻扎在北屈。刘琨派监军韩据率晋军从西河往南，准备攻打西平。刘粲等人率汉赵军阻击刘琨所部，刘易等人率军阻击拓跋普根所部，兰阳等人率军协助守卫西平。刘琨等人得知此消息，带兵回师。

同年冬季，拓跋猗卢修建盛乐城作为北都，修整平城旧城作为南都。拓跋猗卢登上平城西面山岭，观望地势，又在平城以南 100 里、灅水北岸黄瓜堆修筑新平城，命令拓跋六修率军镇守。

公元 314 年，刘琨又向拓跋猗卢求援。拓跋猗卢与刘琨约定日期，在平阳会师。恰逢石勒擒获王浚，拓跋猗卢所辖 1 万多户成分复杂的胡人，得知石勒所部攻破幽州，密谋叛乱，以响应石勒。事情泄露后，拓跋猗卢把他们全部杀掉。征讨汉赵计划被迫中止。

公元 315 年，晋朝皇帝诏令封拓跋猗卢为代王，设置属下各级官僚机构，以代郡、常山郡为食邑。拓跋猗卢向刘琨索要并州从事莫含。刘琨派莫含前往。拓跋猗卢重用莫含，常常让他参与制定大计。

拓跋猗卢偏爱小儿子拓跋比延，想让他当继承人，公元 316 年，让长子拓跋六修到新平城居住，废黜拓跋六修母亲王后之位。拓跋猗卢还把拓跋六修的马送给拓跋比延。拓跋六修来朝见时，拓跋猗卢让他给拓跋比延行礼，拓跋六修不答应。拓跋猗卢又让拓跋比延使用自己的辇乘，派人当先导和随从，出去巡游。拓跋六修远远看见，以为是父王拓跋猗卢，在路左边伏首拜谒，走近一看发现原来是拓跋比延，感到羞耻又惭愧，愤怒地扬长而去。

拓跋猗卢召见拓跋六修，拓跋六修不来。拓跋猗卢勃然大怒，率军讨伐拓跋六修，却被拓跋六修率军打败。拓跋猗卢穿上百姓衣服逃走时被认出，最终被拓跋六修所杀。拓跋普根听说后，便率军攻打拓跋六修，把他消灭。不过，拓跋普根当年就死了。

拓跋普根死后，拓跋始生继位不久被废，拓跋郁律继位。拓跋郁律当了 5 年代王之后，拓跋贺傉继位。拓跋贺傉也只当了 4 年代王，拓跋纥那又继位当代王。拓跋翳槐跟他反复夺代王位，导致代王换来换去，直到拓跋什翼犍当上代王为止。这延缓了拓跋部进一步发展的步伐。

第二章　逐鹿中原，鲜卑各部略输前秦一步

在晋朝八王之乱后，无论是慕容鲜卑人，还是拓跋鲜卑人，都采取正确策略，实力大增。不过，在逐鹿中原过程中，他们遇到崛起更快的前秦，一统中原略输前秦一步，都被前秦兼并。慕容鲜卑人和拓跋鲜卑人的光辉历史却丝毫不输同时代任何一国。

1. 借势崛起，慕容皝强势即燕王位

公元 333 年，慕容廆死去，公元 337 年，慕容皝继位，慕容部进入一个新的历史时期。

慕容皝是慕容廆的三儿子，长相奇特，眉骨隆起，门牙整齐，身材高大，性格雄俊刚毅，富有权谋策略，崇尚经学，擅长天文。被立为世子后，他率军征讨，屡建战功，树立了一定声望。

公元 333 年，宇文部的宇文乞得龟遭首领宇文逸豆归驱逐，被迫外逃。慕容部与宇文部有旧仇。慕容皝趁机率慕容部骑兵讨伐宇文部。宇文部打不过慕容部，请求讲和。于是，慕容皝在占领土地上修筑榆阴城、安晋城，率军返回。

慕容皝遇到的最大对手，不是宇文部，而是他哥哥慕容翰。慕容翰是慕容廆的大儿子，不过他母亲出身卑贱。慕容翰才华过人，性情勇武

豪放，足智多谋，臂长过人，善于射箭，体力超群，多次建立战功，威声大震，远近的敌人都怕他。东夷校尉崔毖联合高句丽、宇文部进攻慕容部时，慕容翰建立过巨大功勋。不仅如此，慕容翰还不断安抚汉族人、胡人，对他们恩威并重，汉人和胡人从士大夫到军中士兵，无不乐于追随他。慕容部另一猛将慕容仁和慕容皝多才多艺的亲弟弟慕容昭也非常崇拜他。

慕容皝非常妒忌慕容翰。慕容翰叹息说："我从先父那里接受任职，不敢不尽力，有幸仰仗先父在天之灵，率军作战所向披靡，这是上天助我，并非人力所为的。别人却说是我个人的力量，认为我具有杰出的才能，难以制服。我怎能坐以待毙呢！"

公元 333 年十月，慕容翰带着儿子一起去投奔段部。段部首领段辽平素就听说慕容翰有才能，希望收为己用，非常宠信慕容翰父子。

几乎与此同时，慕容仁劝慕容昭起兵废黜慕容皝。慕容皝见兄弟们不服自己，就先下手为强，令人杀死慕容昭，派人探查慕容仁的虚实。使者在险渎与慕容仁遭遇。慕容仁发现事情已败露，就杀了使者，立马回到平郭率军自保。慕容皝派慕容幼、司马佟寿等人率军讨伐慕容仁。慕容仁率部奋起抵抗，慕容幼等人所率军队大败，几乎全被慕容仁俘虏。

这事引发连锁反应。襄平令王冰、将军孙机反叛慕容皝，东夷校尉封抽、护军乙逸、辽东相韩矫、玄菟太守高诩等人弃城逃回。慕容仁趁机率军攻占辽东，自称车骑将军、平州刺史、辽东公。宇文逸豆归、段辽及其他鲜卑部落都支持慕容仁。

公元 334 年，慕容皝派封弈率军到白狼攻打木堤所率的鲜卑部落，派淑虞率军在平冈攻打乌桓悉罗侯所部。这两战都非常顺利，木堤和悉罗侯都被杀死，周边部落都非常震惊。

同年二月，段部首领段辽派军袭击慕容部属地徒河，失败了。段辽又派段兰和慕容翰共同率军进攻柳城。柳城都尉石琮、城主慕舆泥合力据守，段兰等人没能取胜，只好退军。段辽发怒，斥责段兰等人，严令他们率军再攻柳城。段兰等人休息 20 天后，又率军攻柳城。当时，进攻柳城的段部鲜卑将士都穿着重重战袍，用盾牌保护，架上云梯，四面同时进攻，昼夜不停。

石琮、慕舆泥率慕容部加强防守，杀死段兰所率 1 千多人。段兰等人始终无法取胜。慕容皝派慕容汗、封弈等人率军去援救。慕容皝对慕容汗说："当前，敌人士气正盛，你不要和他们面对面决胜负。"然而，慕容汗骁勇果敢，争强好胜，要率 1 千多骑兵直赴柳城，与段部军队大战。

封弈劝阻慕容汗，慕容汗不听。结果，慕容汗所部和段部军队在牛尾谷遭遇。慕容汗所率军队大败，超过一半军士战死。在危急时刻，封弈整顿阵列，尽力苦战，才免遭全军覆没。

段部将领段兰想率军乘胜穷追，慕容翰担心就此灭掉慕容部，劝阻他说："作为一军统帅，应当行事慎重，作战要做到知己知彼，不到万全时不妄动。如今，敌人偏师被挫败，但主力还没被击败。慕容皝这个人狡诈多谋，喜欢深藏不露，如果他亲率举国之兵对战我们，而我们孤军深入的话，必然会寡不敌众。现在追击是危险做法啊！况且，我们接受命令时，战略目标是获得胜利，如果我们违背君命冒进追击，取胜了也没额外功劳，但万一作战失败了，我们当下到手的功劳和名望也会丧失。如果那样，我们有什么脸回去见君主呢！"

段兰看出了慕容翰的真实想法，直接回答说："慕容汗等人被擒已成定局，没别的道理。你只是忧虑我们趁势灭亡慕容部罢了！现在，慕容仁率军在东部，如果进军能实现愿望，我将迎接他充当慕容部继承人，终究不会有负于你的，不会让你的宗庙绝祀。"

慕容翰见段兰这样说，意识到自己的图谋已被看破，解释说："我既然投身依附段部，就没有再返回慕容部的道理。慕容部的存亡，与我有什么关系？我只是想为段部出谋划策，且珍惜你我的功名吧。"说完，他命令属下部众，准备返回。段兰不得已，也只好撤退。段部大好机会，就这样白白丧失了。

慕容皝的好运气，不仅是段部没有趁其失败时猛攻，还在于东晋皇帝司马衍在关键时刻派人持节授任他为镇军大将军、平州刺史、大单于、辽东公。获得东晋任命和册封后，慕容皝没了后顾之忧，重点放在对付慕容仁上。

慕容皝亲率慕容部众征讨辽东，并攻克襄平。慕容仁所任命的居就令刘程携城归降，新昌人张衡拘捕县宰投降。慕容皝斩杀慕容仁所任命的地方官吏，把辽东大姓迁到棘城，设置和阳、武次、西乐三县，进行安置。

公元 336 年，慕容皝派封弈率慕容部众袭击宇文部首领涉奕于，大胜而还。涉奕于率宇文部骑兵疯狂追击。双方在浑水交战，慕容部又一次打败他们。

慕容皝准备率军渡海去讨伐慕容仁时，部将都劝谏他，说海路危险，面临风险大，还是走陆路比较合适。慕容皝对部将说："以前，海水从没出现冰凌，自从慕容仁谋反以来，大海已经三次封冻。从前，汉光武帝凭借滹沱河结冰成就大业，上天或许想让我乘此良机而击败慕容仁吧！我主意已定，谁阻挠我，斩首！"说罢，慕容皝率慕容部众从昌黎踏上冰凌前进，对慕容仁所部发起攻击。

慕容仁没料到慕容皝会率军从海上对他发起进攻。直到慕容皝率军距离平郭 7 里时，瞭望侦察骑兵才向慕容仁报告消息。慕容仁仓促之间率军出击，被慕容皝擒获。慕容皝杀了慕容仁，率部返回。

公元 336 年，段部首领段辽派李咏率军夜袭武兴，遇到雨天，不得不撤回。武兴都尉张萌率军冒雨追击，擒获李咏。当时，段兰拥有数万士兵驻在曲水亭，准备攻打柳城。宇文部首领宇文逸豆归趁机率军入侵安晋，以策应段部将领段兰。

分析局势后，慕容皝决定率 5 万步骑兵迎战，将军队驻在柳城。段兰、宇文逸豆归都不敢与慕容皝对阵，闻风而逃。慕容皝派封弈率轻骑兵追击。封弈一举打败段兰、宇文逸豆归等人，缴获他们军中的资粮，在军中居住就食，20多天后返回。

慕容皝跟各位将领分析形势，说："段兰、宇文逸豆归都会为无功而归感到耻辱，他们一定会再次率军前来的。我们应在柳城左右设下伏兵，等候他们。"随后，他派封弈率骑兵在马儿山各条道路上潜伏。

不久，段辽果然率骑兵前来进攻。封弈率慕容部骑兵两路夹击，大获全胜，杀死段辽部将荣保。事后，慕容皝派慕容俊率军讨伐段部诸处城堡，同时派封弈率军攻打宇文部。慕容俊和封弈都取得巨大胜利。

为了广开直言之路，慕容皝竖立求谏言的木柱。投奔慕容部的人越来越多。公元337年，慕容皝率部迁到昌黎郡。三月，他下令在乙连城以东修筑好城墙，派兰勃率军防守那里，以威胁乙连城。他又命令慕容部民在曲水筑城，作为兰勃所部后援。乙连城遭逢严重饥荒。段部首领段辽派出数千辆车向乙连城运粮救济。慕容部将领兰勃率军伏击，拦劫得到数千辆车的粮食。

三个月后，段部首领段辽派段屈云率精锐骑兵，乘夜间偷袭防守兴国城的慕容遵所部。他们与慕容遵在五官水上激战，段部惨败。慕容遵斩杀段屈云，俘虏他的部众。趁这次胜利，封弈等人积极拥戴慕容皝称燕王，慕容皝采纳了。

公元337年九月，慕容皝下令设置官署，任封弈为国相，韩寿为司马，裴开为奉常，阳骛为司隶，王寓为太仆，李洪为大理，杜群为纳言令，宋该、刘瞻、石琮为常伯，皇甫真、阳协为冗骑常侍，宋晃、平熙、张泓为将军，封裕为记室监。同年十月，慕容皝即燕王位，史称前燕。慕容部完成从部落到王朝的转变，进入一个新的历史时期。

2. 威震四方，慕容皝征服相邻各部

慕容皝建立前燕后，不得不考虑国家发展战略。因为段部经常侵扰

慕容部，慕容皝称燕王后，将段部作为首要敌人。为了消灭段部，慕容皝决定与中原强权后赵联盟。

慕容皝派宋回出使后赵，向后赵皇帝石虎称臣，请求出兵，一起去讨伐段部。他让宋回告诉后赵皇帝石虎：燕王将亲率所有将士讨伐段部，将派亲弟弟慕容汗到后赵当人质，以表对后赵称臣的诚意。后赵皇帝石虎非常高兴，盛情抚慰和酬答宋回，谢绝慕容汗为人质，让宋回告诉慕容皝，约定第二年率军会合，一起消灭段部。

公元338年正月，慕容皝派赵盘前往后赵，打探出征日期。石虎准备攻击段部，招募了3万骁勇善战的士兵，全部授为龙腾中郎。适逢段部首领段辽派段屈云率军进攻后赵幽州，幽州刺史李孟战败，退保易京。石虎任命桃豹为横海将军，王华为渡辽将军，率领10万水军从漂渝津出发；又任命支雄为龙骧大将军，姚弋仲为冠军将军，率领7万步骑兵为前锋，前去讨伐段部。

公元338年三月，赵盘回到棘城。慕容皝率军攻掠令支以北各城镇。段部首领段辽准备追袭慕容皝所部，慕容翰劝他说："如今，后赵军在南边，应当集中力量抵御，却又要和慕容皝相斗。慕容皝亲自率军前来，士卒精锐，万一失利，又怎么能抵御南边强敌呢？"段兰怒斥慕容翰说："我前次被你所误，以至于造成了今天的祸患。我不会再上你的当了！"于是，段兰率军追击慕容皝所部。

慕容皝设下埋伏等候，大败段兰所率军队。慕容部杀死段部数千人，掳掠5千多户。石虎率后赵军到徐无后，因段兰已经战败，段部首领段辽根本不敢迎战，带领妻子、宗族和当地豪强1千多户，逃往密云山躲避。临行时，段辽拉着慕容翰的手，哭泣着说："没采纳您的建议，我自取败亡。我固然咎由自取，但让您丧失安身之处，我为此深感惭愧。"随后，慕容翰向北投奔宇文部。

后赵皇帝石虎率后赵军进入令支后，因慕容皝不来会师，非常生气，率军攻打慕容部，一直攻到大棘城。数十万后赵军四面进攻大棘城。在这种局势下，慕容皝所辖郡县各部有 36 城反叛归顺石虎。双方相持十多天后，诸将劝慕容皝向后赵投降。慕容皝说："我刚取得天下，怎能投降后赵呢？"他派儿子慕容恪等人率 2 千精锐骑兵，在清晨出城反击后赵军。石虎所率诸军惊恐混乱，丢盔弃甲而逃。慕容恪率军乘胜追击，斩杀、俘获 3 万多后赵军，修筑凡城，设下防守，然后率军凯旋。因慕容恪一举击败后赵军，前燕面临的局势转危为安。

这时，段部首领段辽派使者向后赵诈称投降，请求出兵接应，一起攻打慕容部。石虎信以为真，派麻秋率后赵军前去迎接段部。慕容皝得知相关消息，派慕容恪在密云山埋伏 7 千精锐骑兵。在麻秋率后赵军通过密云山时，慕容恪率军突然杀出，大败敌军，擒获后赵阳裕、鲜于亮等将领，裹挟段部首领段辽及其部众返回。

事后，东晋皇帝又派使者来晋封慕容皝为征北大将军、幽州牧、兼平州刺史，加散骑常侍，增加 1 万户食邑，持节、都督、大单于、公爵位依旧。慕容皝接受东晋册封，派兵全力对付后赵。不久，慕容评在辽西打败石成等人所率后赵军队，斩杀后赵将领呼延晃、张支，劫掠 1 千多户而归。段部首领段辽又阴谋反叛慕容鲜卑。慕容皝下令将其杀掉。段部不复存在。第二年，石虎又派石成率后赵军入侵攻打凡城，未能攻克，进兵攻陷广城。

公元 340 年，慕容皝因接受东晋册封的使持节、大将军、都督河北诸军事、幽州牧、大单于，燕王，派长史刘翔出使建康城，请求东晋出兵中原。同年慕容皝伐高句丽，高句丽王高钊请求结盟。

当初，段部失败时，慕容翰投奔了宇文部。宇文部首领宇文逸豆归妒忌慕容翰的才能、名望。慕容翰在宇文部过得非常不如意，佯装癫狂，终日酗饮，有时躺着就大小便，有时又披散头发，大声歌呼，跪拜乞食。宇文部众人都看不起他，对他不再检视省察。慕容翰因此可以来往自由，把宇文部的山川形势都默记在心。

慕容皝因为慕容翰当初并非叛乱，是因为心有猜忌才出逃，虽然住在别国，但经常悄悄地为前燕打算，派王车到宇文部，以经商为借口，观察慕容翰情况。慕容翰见到王车时不说话，只是捶击胸部，颔首而已。王车回前燕，将这些告诉慕容皝。慕容皝说："他想回来了。"慕容皝让王车再次去宇文部，想办法接慕容翰回前燕。

慕容翰拉弓的力量达三石多，箭身很长。慕容皝为慕容翰制造称手弓箭，让王车埋在道路旁边后，悄悄告诉慕容翰。慕容翰偷到宇文逸豆归的名马，带两个儿子逃往前燕，在途中路边取出弓箭，上马飞逃。宇文部首领宇文逸豆归派100多骁勇骑兵追赶。慕容翰对追赶的宇文部人说："我长久客居他国，现在想回乡，既然已经上马，就再无回去的道理。我每天佯装痴呆欺蒙你们，事实上我以往的技艺并未丢失，你们不要逼迫我，否则那将是自寻死路。"

追击的宇文部骑兵小看慕容翰，根本就不听他劝告，径直奔驰而来。慕容翰又对他们说："我长久居住在你们国家，心存依恋之情，不想杀死你们，你们离开我一百步把刀竖立起来，让我用箭射击，如果一发便射中，你们便可以返回了；如果射不中，你们便可以前来抓我。"

宇文部骑兵解下佩刀插在地上。慕容翰射出一支箭，正中刀环。宇文部骑兵四散逃走。

慕容皝得知慕容翰回来，大为喜悦，给他非常优厚的待遇。

慕容皝准备进攻后赵，对各位将领说："石虎自认为乐安诸城防守严密，城之南北必不设防，我们如果出其不意，从小路对他们发起攻击，就可以攻占冀州北部土地。"他率2万骑兵，从蠮螉钟出发，长驱直入攻到蓟城，率军渡过武遂津，进入高阳。前燕军所过之处，焚烧房舍，劫掠迁徙3万多户幽州人、冀州人。随后，慕容皝又派阳裕、唐柱等人负责修筑龙城，建造宫庙，改柳城为龙城县。除此之外，他还分封百余功臣。

公元342年十月，慕容皝迁都龙城。前燕与高句丽相邻。慕容皝常常担心高句丽军乘虚而入，视高句丽为心腹大患。慕容翰回前燕后，劝慕容皝先出其不意灭掉高句丽，再全力灭掉宇文部。慕容皝觉得有道理，采纳了慕容翰的计谋。

前燕通往高句丽有两条道路：一条是北道，地形平阔；一条是南道，地势险要狭窄。大家都想走北道。慕容翰建议派出精兵由南道攻击，同时派偏师由北道进发。慕容皝再次采纳慕容翰计谋。

这年十一月，慕容皝亲率4万前燕精锐军队从南道进发，同时命令慕容翰和慕容垂率军为先锋，另派王寓等人率1万5千人从北道进发，两路大军一起进攻高句丽。高句丽国王高钊派高武率5万精兵在北道迎战，亲自率赢弱士兵防备南道。

慕容翰等人率军最先到达，与高钊所部交战。慕容皝率大军陆续赶来。左常侍鲜于亮独自同数名骑兵先行冲击高句丽军战阵。所到之处，高句丽军均败。高句丽军阵骚动，前燕军乘势攻击，高句丽军大败。左长史韩寿率军斩杀高句丽将领阿佛和度加，各路军乘胜追袭，攻入丸都。

高钊独自骑马逃跑，轻车将军慕舆泥率军追击，抓获高钊的母亲周氏和他妻子。适逢王寓等人在北道与高句丽军作战失败。慕容皝不再穷追高钊，而是派使者招安他。高钊躲藏着不肯出来。

慕容皝准备返回时，又采纳韩寿的计策，挖掘高钊父亲高乙弗利的陵墓，收缴府库中历代积累的财宝，掳获5万多民众，焚毁高句丽王宫，又毁坏丸都城廓才率军返回。

公元343年二月，高句丽王高钊向前燕称臣。同月，宇文部首领宇文逸豆归派莫浅浑率军进攻前燕。前燕众将争着迎击，慕容皝不允许。莫浅浑认为慕容皝畏惧自己，酣饮纵猎，不再设防。慕容皝命令慕容翰率军攻打莫浅浑。莫浅浑大败，仅仅他一人幸免，将士全被俘获。

第二年二月，慕容皝亲率前燕军攻打宇文部，任命慕容翰为前锋将军，刘佩为副将；分别命令慕容军、慕容恪、慕容垂及慕舆根率前燕军，分三路同时进攻宇文部。宇文部首领宇文逸豆归派南罗城主涉夜干率精兵迎战。慕容皝派人急速告诉慕容翰："涉夜干勇冠三军，应当稍稍避让。"慕容翰回复说："宇文逸豆归尽数出动国内精兵交付给涉夜干，涉夜干素来有勇悍名声，被宇文部人所仰仗。现在，我打败他，宇文部便会不战自溃。我熟知涉夜干为人，徒有虚名，其实容易对付，不应当避让他，这会挫伤我军士气。"于是，慕容翰率前燕军迎战。

慕容翰亲自率军冲击敌阵，涉夜干出阵应战。慕容垂率军从侧面截击，一举斩杀涉夜干。宇文部见涉夜干被杀，不战自溃。前燕军乘胜追击，一鼓作气攻克宇文部都城紫蒙川。宇文逸豆归率少数人逃跑，死在漠北。宇文部由此离散灭亡，不再作为部落存在。慕容皝尽数收缴宇文部畜产、物资、钱财，把宇文部 5 千多个村落迁到昌黎，开辟国土 1 千多里。他下令把涉夜干原先居住的城镇改名为威德城。他举行祭告宗庙并饮酒庆功典礼，论功行赏所有人员。慕容皝把牧牛分给贫苦人家，在皇家园林中耕作，公家收取其八分，其余的二分收成归私家所有。有牛而无地的人家，也在苑中耕作，公家收取七成，三成归于私家。

在攻打宇文部战役中，慕容翰被乱箭射伤，此后便长期卧床养伤，不出家门。他的伤情逐渐痊愈后，在家中试着骑马。有人告发慕容翰假称有病却私下练习骑乘，怀疑他想作乱。慕容皝虽然仰仗慕容翰的勇悍和谋略，但心中终究有所忌惮，下令将他赐死。

公元 345 年，慕容皝命令慕容恪率军攻下高句丽的南苏；第二年，慕容俊与慕容恪率 1 万 7 千前燕骑兵突袭扶余。他们攻克扶余，俘虏扶余王及其部众 5 万多人。

在慕容皝率领下，前燕成功消灭或者征服周边敌对者，成为东北亚最强大政权。公元 348 年九月，慕容皝在西部边境狩猎时，从马上摔下来受伤。回宫不久，慕容皝召见慕容俊等托付后事，结束了他辉煌的一生。

3. 灭魏称帝，慕容鲜卑人挺进中原

公元 348 年九月，燕王慕容皝死，慕容俊继位，第二年改元，实施大赦。慕容俊是慕容皝的二儿子，从小为祖父慕容廆所看重。他长大后，身材高大魁伟，博览群书，有文才武略，在率军消灭段部战争中立下大功。公元 341 年，东晋册封慕容皝为燕王，慕容俊也被册封为东夷校尉、左贤王、燕王世子。

公元 349 年四月，后赵皇帝石虎死，诸子争位，国内大乱。燕王慕容俊图谋夺取中原的雄心壮志被进一步激发。他任命慕容恪为辅国将军，慕容评为辅弼将军，阳骛为辅义将军，慕容垂为前锋都督、建锋将军，挑选 20 余万精兵，准备进攻后赵。

同年，东晋皇帝派人册封慕容俊为使持节、侍中、大都督、都督河北诸军事、幽冀并平四州牧、大将军、大单于、燕王。慕容俊继承传统，承认东晋宗主国地位，集中精力发展自己势力，寻机夺取中原。

公元 350 年，慕容俊认为攻打后赵时机成熟，亲率前燕军南征后赵。他们从卢龙出发，到达无终。得知前燕军进攻，后赵幽州刺史王午弃城而逃，留下部将王他守蓟城。慕容俊率军攻下蓟城，杀死王他，迁都蓟城，同时下令把广宁、上谷的人迁到徐无，把代郡人迁到凡城。慕容部势力中心已到达中原边缘，占据了争夺中原的前沿阵地。

在这时，后赵大将军冉闵杀皇帝石祗，在邺城称帝，国号大魏，史称冉魏。冉闵派常炜到蓟城访问，探听消息。

慕容俊先派人把常炜请到宫门外双阙下，派封裕去质问他："冉闵是石虎养子，才能平庸，辜负恩德，篡位行逆，有什么祥瑞应兆让他越礼称帝呢？"

常炜说："上天要让帝王兴起，其深奥理由各不相同，三王时为狼乌，汉魏时为麟龙。我们君主顺应天命，主宰一国，能没有祥瑞吗？再

说，使用兵力实行杀伐，是贤明君主重要的典章制度。商汤放逐夏桀，周武王讨伐商纣王，孔子赞美他们。曹操是宦官养孙，没人确知他出身，起兵是千余士兵，最终也能成就大业。野蛮胡人残暴作乱，屠杀宰割百姓，我们君主拔剑消灭他们，解救百姓，称得上是'功高苍天，勋同高祖'。恭敬地顺承天命，为什么不可以？"

封裕说："去年，张举来请求救援，说传国玺留在襄国，这话是真的吗？我又听说冉闵铸造金像时，金像坏裂，一直铸不成，怎么能说有天命？"

常炜回答说："讨伐胡人时，邺城人几乎没剩下的。玺印由什么途径到襄国的？那只不过是求救托辞罢了。上天赋予的神玺，在我们君主手里。邪恶之徒想假借奇异来迷惑大众。有人编造各式各样说法来神化此事。我们君主已经握有受命于天的符瑞，祭上天，告天神，掌四海，大业集于一身，你们考虑什么呢？铸金像的事，我没听说过。"

在他们交谈时，慕容俊悄悄派人在常炜身旁堆柴点火，让封裕暗示常炜。常炜明白其用意，神色自若地说："自从成年后，我连普通人都不曾欺骗过，何况对千乘之主呢？利用谎言来挽救垂死之人，是我所不会做的事。如果我因直言而遭杀戮，那么也死得其所。添上柴薪加大火势，是君王对我的恩惠。"

左右劝慕容俊杀了常炜，慕容俊说："古代双方交战，使者来往，各为其主，也是常见的事。"慕容俊决定释放常炜。

见无法说服冉闵交出玉玺，慕容俊决定采取军事行动，武力消灭冉闵。因为冉闵曾下过丧失人心的"杀胡令"，慕容鲜卑人也是胡人，反冉闵，既是生存需要，也是挺进中原的发展需要。

公元 351 年，慕容俊派慕容恪率前燕军去攻占中山，派慕容评率前燕军到鲁口去攻打王午。慕容恪率前燕军到唐城时，冉闵部将白同、侯龛坚守顽抗，不能攻克。慕容恪留下慕容彪率军继续进攻中山，亲率大军进攻常山。慕容评率军到南安时，王午派郑生率魏军阻击前燕军。慕容评率军迎战，击杀了郑生。得知消息，侯龛越过中山城墙出来投降。慕容评趁机率军攻克中山城，杀死白同。

慕容俊军令严明，约束将士遵守军令。冉闵命令贾坚率魏军在高城截击慕容评所率领的前燕军。慕容评率前燕军在阵前俘获贾坚，斩杀3千多人，取得决定性胜利。不久，丁零部首领翟鼠、冉闵部将刘准等人率军向前燕投降。慕容俊封翟鼠为归义王，任刘准为左司马。前燕对冉魏优势进一步显现。

公元352年，段部首领段勤起初依附前燕，但后来又反叛。前燕皇帝慕容俊派慕容恪和封弈到安西，负责率军讨伐冉魏；同时派慕容垂到绎幕，负责率军讨伐段部；慕容俊亲自率军到中山，负责声援两路前燕军。面对前燕军进攻，冉闵非常恐惧，逃往常山避战。慕容恪率军追击，在泒水追上了。

冉闵素来享有威名，众人都害怕他。慕容恪鼓励诸将："魏军长久在外，将士疲惫不堪，实在难以持续作战。冉闵有勇无谋，只有匹夫之勇。他虽然拥有精兵，但不堪一击。我们把军队分成三部，形成掎角之势，等待战机，向魏军进攻。冉闵有轻捷精锐骑兵，又认为我们军队不足以与他们抗衡匹敌，一定会竭尽全力冲击我们中军。我们穿好铠甲，加固军阵，等待他们到来。大家只需激励士兵，从旁等待魏军与我们中军交战，然后夹击他们。我们将会无往而不胜。"

一番动员后，前燕将领畏敌情绪消除，勇猛作战，一举打败冉魏军，斩首7千多人，还擒获冉魏皇帝冉闵，将他遣送到龙城。慕容俊下令斩杀冉闵，冉魏灭亡。

慕容恪驻兵在呼沲时，冉闵部将苏亥派金光率数千骑兵袭击。慕容恪率前燕军迎战，斩杀金光。苏亥得知消息，大为恐惧，逃往并州。慕容恪率前燕军占据常山后，段部首领段勤畏惧，请求投降。慕容恪继而率前燕军攻打邺城。冉闵部将蒋干关闭城门坚守。慕容俊又派慕容评等人率1万骑兵，共同攻打邺城。

蒋干率 5 千精兵出城挑战。慕容评等人率前燕军迎战，并打败他们，斩杀 4 千多人。蒋干独自骑马返回邺城。趁此机会，群臣劝慕容俊称帝。慕容俊谦虚推辞了一番。

慕容恪、封弈等人率前燕军在鲁口进攻王午，王午投降。不久，慕容评率前燕军攻克邺城，把冉闵的妻子儿女、属下官吏及其财物送到中山。慕容俊趁机诈称冉闵妻子将传国玉玺献给他了，赐她奉玺君封号，在公元 352 年即皇帝位，设置百官，大赦境内，建年号元玺。随后，他给封弈、慕容恪、阳骛、皇甫真等人升官，追尊祖父慕容廆、父亲慕容皝为皇帝。

东晋派使者见慕容俊。慕容俊对使者说："你回去告诉你们天子，我承担了百姓困苦，被中原人推举，已经称帝了。"前燕在慕容俊手中进一步发展壮大，脱离东晋，正式在中原称帝。

4. 辉煌岁月，前燕成为中原强国

慕容俊击败冉魏称帝后，前燕迎来又一个发展黄金期。在一系列对外战争中，前燕取得一个又一个重大胜利。慕容俊的雄心壮志也逐渐强大起来。遗憾的是，他来不及实现梦想就病死了，无法继续领导前燕进一步发展壮大。

公元 353 年，慕容俊称帝第二年，东晋宁朔将军荣胡以彭城、鲁郡向前燕投降。常山人李犊聚集起数千人在普壁垒反叛。慕容俊派慕容恪率军讨伐，成功逼降了他们。

不久，前燕取得了一个更大胜利。当初，冉魏皇帝冉闵战败被俘，冉闵部将王午自封安国王。王午死后，吕护又沿袭安国王，率军驻守鲁口自保。冉魏这支残余军队，是前燕统一中原的巨大障碍。前燕皇帝慕容俊派慕容恪率军讨伐并赶跑吕护。不久，悦绾率前燕军在野王追上吕护所部，吕护被迫率部众投降前燕。前燕挺进中原的障碍进一步扫清。

第二年，前燕皇帝慕容俊任命慕容评为都督秦州、雍州、益州、梁州、江州、扬州、荆州、徐州、兖州、豫州十州河南诸军事，率军镇守在洛水；任命慕容强为前锋都督，都督荆州、徐州以及淮诸军事，率军进据黄河以南。

慕容俊亲自率军从和龙抵达蓟城时，幽州、冀州百姓误认为他将东迁，惊慌不安，在他们所在地集结。有人请求出军镇压他们。慕容俊说："他们误认为我去东部巡视，所以产生疑惑。现在我既然已经到这里，不久他们就会自行安定。当然，我们应该做好发生意外的准备。"随后，慕容俊宣布内外戒严。

公元355年，前秦河内太守王会、黎阳太守韩高率所辖郡归附前燕。东晋兰陵太守孙黑、济北太守高柱、建兴太守高瓮各率所辖郡归附前燕。当初，前燕车骑大将军、范阳公刘宁在茌城驻兵，向前秦投降。此时，他率2千户人到蓟城归附，向前燕皇帝慕容俊谢罪。慕容俊不计前嫌，任命刘宁为后将军。高句丽王高钊派使者来谢恩，贡献地方特产。慕容俊任命高钊为都督营州诸军事、征东大将军、营州刺史，封乐浪公、高句丽王。

当初，段部将领段兰的儿子段龛趁冉魏与前燕打仗机会，集聚部众到东部广固防守，自称齐王，对东晋称臣，送文书呈上宫廷内外礼仪，指责前燕非正统合法政权。前燕皇帝慕容俊大怒，派慕容恪、慕容尘等人率军讨伐他。慕容恪率前燕军渡过黄河后，段罴骁勇有智谋，对段龛说："慕容恪善于用兵，加上他所率军队人多气盛，恐怕我们抵抗不住。如果他们在城下聚兵围困后，尽管我们再次请求投降，恐怕他终究不会同意。大王只需率军固守，我率精锐军队去抵御。如果此战打赢了，大王可以率军驰马追击而来，杀得他们连一匹马都回不去。如果这一战打败了，大王马上率军出城请求投降，也不失得个千户侯身份。"

段龛不听，段罴执意要出兵，段龛一怒之下杀了他，率领3万将士抵御前燕军。

慕容恪率前燕军与段部在济水南遭遇，把他们打得惨败，斩杀大将段钦，俘虏了这支段部鲜卑军。慕容恪率军趁机包围广固。诸位将领劝他率军攻城，慕容恪说："作战之势，有时需要以等待来制服敌人，有时需要迅速战胜他们。如果对方和我方势均力敌，且他们有强大后援，考虑到腹背受敌的困难形势，我们就必须急速进攻，迅速决出胜负。如果我强敌弱，敌人又没有外来的增援，我们力量足以制胜的话，就需要以防守遏制他们，等待他们自己困乏。《孙子兵法》上有十围五攻的说法，就是这意思。段龛靠小恩小惠集结起党羽，众人并没离散之心。济南一战，并非他们兵力不精锐，只是用兵方法有误，而导致失败。现在，他们固守天险，上下同心，攻守都会力量倍增，这是军事常用的方法。如果我们急速进攻，不过几十天，必定可以攻克广固，但恐怕我们士兵会造成较大死伤。自从发生战事以来，将士们不得安宁。想到这些，我常常无法安睡。为什么如此轻视人的生命呢？我们应用持久之法来取得胜利。"诸将惭愧地说："这是我们所不曾考虑到的啊！"

慕容恪命令前燕军就地筑造房屋屯田耕种，严密加固包围的壁垒。段部首领段龛所任命的徐州刺史王腾、索头单于薛云相继向慕容恪投降。段龛被围困后，派使者到建康向东晋请求救援。东晋皇帝派北中郎将荀羡率军赶赴广固救援。荀羡害怕前燕军势力强大，徘徊不敢前进，便率军攻克阳都，斩杀王腾后率军返回。慕容恪于是攻克广固，任命投降的段部首领段龛为伏顺将军，把段部鲜卑3千多户迁到蓟。留下慕容尘率军镇守广固后，慕容恪撤军。

公元356年，前燕太子慕容晔死去。第二年二月，慕容暐被册立为太子。慕容俊在境内实行大赦，改元光寿。两个月后，他派慕容垂、慕容虔、平熙等人，率8万步骑兵到塞北讨伐丁零敕勒部。他们大败敌方，斩杀俘获10多万人，缴获13万匹马，牛羊不计其数。随后，匈奴单于贺赖头率3万5千人向前燕投降。慕容俊任命贺赖头为宁西将军、云中郡公，将他的部下安置在代郡平舒城。

公元358年十月，诸葛攸率东晋军进攻东郡。慕容俊派慕容恪率前燕军迎战，大败东晋军。东晋谢万据守梁州和宋州，得知相关消息，因惧怕前燕军而率军逃跑。慕容恪趁机率前燕军进攻黄河以南地区。没多久，前燕军攻克汝州、颍州、谯州、沛州等，设置统治机构后率军返回。

前燕发展形势一片大好。廷尉监常炜向慕容俊进言务求充分利用当代贤才。慕容俊一听，觉得有道理，表示叛乱还未平息，又正值搜寻提拔非凡人才时，不可能才能和品行兼备，应减少选择人才的条条框框，以便真正做到唯才是举。

当初，冉闵称皇帝时，石虎部将李历、张平、高昌等人都率军向前燕称藩属，派各自儿子到前燕都城做人质。不过，他们也向东晋称臣，也与前秦天王苻坚结交，接受前秦天王授予的爵位和官职。这些举动显得对前燕极不忠诚。见前燕势力蒸蒸日上后，他们又纷纷对前燕表示忠诚。

安国王吕护逃到野王后，派人手捧奏表向前燕谢罪。慕容俊任命吕护为宁南将军、河内太守。冯鸯自任上党太守，依附张平。张平多次为他说话，慕容俊因为张平的缘故，赦免冯鸯的罪过，任命他为京兆太守。吕护和冯鸯暗中与东晋军有联系。张平占有新兴、雁门、西河、太原、上党、上郡，拥有300多处防守工事，手下有10多万户胡人和汉族人。

慕容俊派慕容评率前燕军讨伐张平，派慕舆根讨伐冯鸯，派阳骛讨伐高昌，派慕容臧攻打李历。并州投降的防御堡垒有100多处。慕容俊任命尚书右仆射悦绾为安西将军兼护匈奴中郎将、并州刺史，专门负责安抚他们。张平部将诸葛骧、苏象、乔庶、石贤等人，以138处防御堡垒投降前燕。慕容俊非常高兴，让他们都恢复官职和爵位。不久，张平率3千人逃到平阳，冯鸯逃到野王，李历逃到荥阳，高昌逃到邵陵，他们的部众投降前燕。

公元359年，慕容俊图谋再度进攻东晋，并企图消灭前秦，下令各州郡清点检查现有将士，检查核实户口，命令各家各户一律留一成年人，其他全部征发入伍，想将军队扩大到150万，准备第二年会合所有兵力，进军洛阳。刘贵上书极力劝谏慕容俊，说百姓生活困乏，征兵不合乎法律，恐怕百姓不堪承受，发生土崩瓦解的大祸，且陈述13件不适合时势的政治事务。慕容俊读完谏书，同意刘贵的意见，交给公卿广泛商议。刘贵所言之事多数采用。于是，慕容俊下令改为五丁抽三制，放宽一周战备时间，命令他们在第二年冬末赶赴邺都集结。

这一年，慕容俊在蒲池宴请群臣，谈到东周太子晋时，潸然泪下，说："有才华的儿子难得。自从慕容晔死后，我的鬓发已经白了一大半。你们说，慕容晔怎么样？"

司徒左长史李绩说："前太子慕容晔在东宫时，我出任中庶子，他的志向业绩，我怎么不清楚呢！他的大德表现在至孝、聪明敏锐、沉着坚毅、痛恨阿谀、喜欢刚直、好学、多才多艺、谦恭、喜欢施惠于人这些方面。"

慕容俊听后，说："你的赞誉虽说有点过，但如果他健在，我便死而无忧。慕容暐怎么样？"

当时，慕容暐正陪侍在慕容俊旁边。李绩说："现太子天资聪慧，虽然已具备八德声誉，但尚有缺憾未能弥补，喜欢游玩、打猎和丝竹器乐，是导致他有所不如的原因。"

慕容俊看着慕容暐，说："李绩的话是苦口良药，你要引以为戒。"

慕容暐愤愤不平。慕容俊见此，意识到他的心胸不足以做皇帝，对他继承皇位不放心，便有了其他考虑。

慕容俊病重后，对慕容恪说："我的身体虚弱，这次恐怕不行了。人生的长短是命中注定的，还有什么遗憾呢！只是两方敌寇还未消灭，太子慕容暐年幼，恐怕无力承受过多苦难。我想远追宋宣公后尘，把国家交给你。"

慕容恪听到此话，大吃一惊，说："太子虽然年幼，但天性聪慧，必定能遏制凶残敌人，不能乱了正统。"

见慕容恪拒绝继承皇位，慕容俊生气地说："兄弟之间哪里用得着说客气话！"

慕容恪吓得战战兢兢的，说："您如果认为我能承担天下重任，我怎能不辅佐少主呢？"

慕容俊听罢此话，心里感到非常欣慰，对慕容恪说："如果你如周公那样辅政，我还忧虑什么呢？李绩清廉方正，忠诚坦荡，能胜任大事，你要善待他。"

公元 360 年正月二十日，慕容俊在邺城检阅前燕军，命令慕容恪、阳骛率军准备进攻东晋。当天，他病情加重，叫来慕容恪、阳骛、慕容评、慕舆根等人，命令他们接受遗诏，辅佐朝政。第二天，慕容俊死，在慕容恪、阳骛、慕容评、慕舆根等人辅佐下，慕容暐继位。前燕进入幼主治国时期。

5. 诸王辅政，前燕内部矛盾重重

皇太子慕容暐继位时年仅 11 岁。皇后可足浑氏晋升皇太后，慕容恪出任太宰、录尚书事，行周公事，总摄朝政。

慕容恪为前燕发展壮大做出了卓越贡献。慕容俊也一度想将皇位传给他。按照常理来说，他辅政有相当高威望。不过，作为太师辅政的慕舆根自恃战功显赫，高傲自大，看不起慕容恪，想将他除去。

慕舆根自恃是故旧和功臣，又骄傲而无视君主，忌恨慕容恪统管朝政大权，准备伺机作乱。他打着反对可足浑太后干政旗号，怂恿慕容恪夺取皇位。慕容恪忠心耿耿，看穿其阴谋，坚决不愿意称帝。慕舆根十分恐惧，悻悻而去。慕容恪把此事告诉慕容垂，慕容垂劝他尽快杀了慕舆根。

慕舆根挑拨慕容恪不成，又与慕舆干密谋杀害慕容恪和慕容评，篡夺皇位。慕舆根对皇太后可足浑氏及皇帝慕容暐说："太宰、太傅将策划作乱，我请求率禁军去消灭他们，安定国家。"

皇太后可足浑氏准备采纳慕舆根的建议时，皇帝慕容暐对慕舆根说："太宰、太傅都是皇室宗亲，先帝指定的托孤大臣，不会是那样的人。难道是太师（慕舆根）准备作乱吗？"慕舆根听罢此话，吓得磕头谢罪。

前燕在灭冉魏后迁都邺城，将旧都龙城作为留京。慕舆根思恋辽东祖地，不久又大力劝谏皇太后和皇帝还都龙城。这是变相放弃中原地区。前燕数代皇帝奋斗才在中原立足。如今，慕舆根却无缘无故建议主动放弃。皇帝慕容暐听到此建议，非常惊讶，将消息告诉慕容恪。

慕容恪得知慕舆根的密谋，联合慕容评一起密奏慕舆根的罪状。趁此机会，皇帝慕容暐派人抓捕慕舆根等人，在宫中杀了慕舆根及其党羽。

诛杀辅政重臣事件引起前燕国内忧虑情绪。慕容恪举止如常，只带一个随从出入，不增加守卫，表现非常淡定。皇帝慕容暐宣布大赦天下，停发先皇生前所集的各路将士，受任理政，兢兢严谨，与司徒慕容评共同协作，虚心听取各方意见，唯才是举，量才授任，稳定政局，安定人心。

当初，慕容俊任命吕护据守野王。吕护暗中与东晋联系，东晋皇帝任命吕护为前将军、冀州刺史。慕容俊死后，吕护企图引领东晋军袭击邺城。事情被发觉后，慕容暐派慕容恪等人率军 5 万提前做好部署。

慕容恪对吕护的状况进行精心布局，然后迅速出兵，列好长长的阵形包围野王。吕护派张兴率 7 千精锐出城作战。傅颜率前燕军迎战，消灭了他们。接下来，双方长期对峙起来。从三月到八月，野王城守军接连战败，吕护只好往南逃亡到东晋，吕护所属部众全部投降前燕。

不久，吕护又叛东晋而归降前燕。慕容暐待他如当初一样。皇帝慕容暐派傅颜与吕护率军攻占河阴。傅颜率军北袭敕勒，缴获许多战利品。

而吕护率军进攻洛阳时，被飞箭射死。

公元 363 年，皇帝慕容暐派慕容忠率军进攻荥阳，又派慕容尘率军进攻长平。当时，陈佑率东晋军在洛阳防守，立即派人请求救援。桓温率东晋军增援。前燕军没有获得胜利。

第二年，慕容暐又派慕容评率军进攻许昌、悬瓠、陈郡。慕容评率军攻克三地后，又率军进攻汝南诸郡。前燕豫州刺史孙兴上书皇帝，请求率 5 千步兵先行攻打洛阳。皇帝慕容暐采纳了他的建议，派悦希率前燕军在盟津驻扎，同时命令孙兴分兵防守成皋，作为悦希所部后援。

不久，陈佑率东晋军逃往陆浑。黄河以南各营垒都被前燕军攻克。慕容恪率前燕军攻克金墉城，杀洛阳守将沈劲。皇帝慕容暐任命慕容筑为假节、征虏将军、洛州刺史，负责镇守金墉城；任命慕容垂都督荆州、扬州、洛州、徐州、兖州、豫州、雍州、益州、梁州、秦州十州诸军事，征南大将军、荆州牧，负责率 1 万将士镇守鲁阳。

当时，前燕境内多发水旱灾害，慕容恪、慕容评都行稽首礼，交还朝政政权。

他们说："我们老朽愚昧，才干不能治理国家，过分承受了先帝选拔任用的恩宠，又承蒙皇上不同寻常的厚遇，不称职地凭借浅薄才能，窃居宰相职位，不能对上协调阴阳之气，对下治理各种政务，致使水旱失和，天地人之间常道失去秩序，朝夕忧虑。我听说君王遵照上天的法则建立国家，辨别方向，端正位置，任官者要衡量他的才能，为官者唯靠德行得到举荐。太傅的重任，参与调理日月星三光，如果任用不称职的人，日月就会亏失。空食俸禄会遗留祸殃，居于不能胜任的职位会招致悔恨，这是从来如此的常理，不曾有过差错。以周公的功勋与圣德，尚且论近则引起太公、召公的不悦，论远则产生管叔、蔡叔的流言，何况我们恩宠缘于亲戚关系而来，显贵非由自身才干而致，怎能长期玷污高官职位，如尘埃遮蔽进贤的途径？因此，我们呈上奏章，陈述赤诚的心怀。圣上施恩录用旧臣，不忍心抛弃我们，因循苟且窃取荣禄，罪责更为深重。自从在重臣职位惶恐任职，岁月荏苒，愧任宰相到现在已有7年。虽然尽心谋略，但谋划未能成就诸事，扬威天下的事业未能实现，人们歌颂的一统天下，我们与盛汉相比，自愧弗如，与先帝托付的规制，相距甚远，严重违背了皇上放手而天下大治的目的。我们虽然愚钝，但听从君子之言，不敢忘记虞丘为贤臣让路的美德，便遵循汉代疏广、疏受叔侄适可而止，恭敬地呈送太宰、大司马、太傅、司徒印章绶带，希望得到允许。"

面对慕容恪、慕容评辞职，皇帝慕容暐回复说："我因不为天所庇佑，早年丧父，先帝嘱托唯有依靠你们。你们是品德高尚的皇室宗亲，功勋超过鲁、卫，辅翼王室，辅导我，博爱众人仁慈和顺，坐而等待黎明，虔诚辅政，朝夕戒惧，美德达到极致。因而，燕国能对外扫除群凶，对内治理九州，四海升平，政通人和，是由于宗庙社稷的神灵庇佑，但也是你们的功劳。现在，关右有尚未臣服的秦国，长江以南有战火后残存的晋国，全要仰仗你们出谋划策，来统一安定天下。你们怎能谦虚让位，辜负重托呢？请你们舍弃二疏独善其身的小德，成就周公复兴功业的大志。"

慕容恪、慕容评等人坚决请求交还朝政大权。皇帝慕容暐又一番恳切的言辞挽留，慕容恪、慕容评等人只好作罢。

吴王慕容垂才能出众，多次率军作战，建立了巨大功勋。慕容恪对慕容垂非常倚重，曾多次向皇帝慕容暐推荐他。没想到，他这一推荐，给前燕后来的危机埋下了伏笔。

公元367年，慕容恪病重。他非常担心自己死后皇帝手中无实权，同时担心慕容评多猜忌，排挤前燕有才华的人，导致前燕走向衰败。于是，慕容恪召见乐安王慕容臧，对他说："现在，强秦依然飞扬跋扈，强晋尚未顺服，两方都怀有进攻掠取之心，只是找不到理由而已。安危在于得到胜任其职的人，国家兴旺在于有贤能之才辅佐，如果能推举贤良，任用忠臣，家族和睦，那么天下不足我们图谋，秦国、晋国怎能作乱呢？我以平庸之才，受到先帝顾命嘱托之重任，常想扫平关陇，荡涤瓯吴，希望实现先帝的遗志，在适当的时机推辞重任。疾病难治而我不久于人世，恐怕意愿不能实现，所以死而有憾。吴王慕容垂天生才智杰出，谋略超越一世，大司马的职责是统领兵权，不可以任非其人，我病终之后，一定要把职位授予他。如果论亲疏关系的顺序，不授予你，就应当授给慕容冲。你们虽然才识聪明，但尚未能经历灾难，国家的安危，确实在于这一点，不可被私利蒙住双眼而忘记忧患，招致终身悔恨。"不久，他又把推荐慕容垂出任大司马的事告诉慕容评。

皇帝慕容暐亲自到慕容恪家里，向他询问后事。慕容恪再次向皇帝慕容暐推荐慕容垂接任大司马。他说："我听说，傅说被举荐时，是从事板筑工作的，更何况吴王是宗族成员呢？吴王兼具文武之才，才能仅次于管仲、萧何。您如果能把政务交给他，国家就能获得安定。不然，我担心秦国、晋国会趁机来进攻我们。"说完此话，慕容恪就死了。

慕容恪的话并没引起皇帝慕容暐和乐安王慕容臧重视。在慕容评建议下，皇帝慕容暐命令慕容冲接替慕容恪的大司马职位。

慕容恪死后，阳骛在同年也死了。唯一仍在世的辅政大臣慕容评以太傅主政，独自掌握朝政大权。慕容评既无慕容恪那样的才干，也没他那样的心胸，一个人独揽大权，排除异己不择手段。前燕内部矛盾重重，国力迅速转衰。

6. 吴王投秦，敲响前燕灭亡的丧钟

皇帝慕容暐不听慕容恪建议，没有重用吴王慕容垂。慕容评倚仗唯一在世的辅政大臣的地位，加强控制前燕朝廷，为所欲为。不过，吴王慕容垂有才华，是前燕唯一能支撑起大局的人，是任何人都掩盖不住其辉煌的。

公元 369 年，东晋崛起的世族门阀桓温为提升威望，和江州刺史桓

冲、豫州刺史袁真一起率 5 万东晋军北伐中原。前燕兖州刺史孙元起兵响应。桓玄率东晋军攻打胡陆，俘获前燕宁东将军慕容忠。慕容暐派慕容厉率前燕军与桓温部东晋军在黄墟决战。交战的结果是，前燕军大败，慕容厉单枪匹马逃回。前燕高平太守徐翻以一郡归顺东晋。朱序又率东晋军前锋在林渚战胜傅颜所部前燕军。桓温所率北伐军士气大振。

前燕皇帝慕容暐惧怕，谋划要逃回留京龙城。在关键时刻，慕容垂站出来，劝慕容暐说："皇上，千万不能如此。请派我率军攻打他们。如果不能战胜，我们再跑也不晚。"皇帝慕容暐只好任命慕容垂为南讨大都督，慕容德为征南将军，一起率 5 万前燕军去抵御桓温所率北伐军。

此外，皇帝慕容暐还派乐嵩去向前秦天王苻坚请求出兵支援。苻坚派苟池率 2 万前秦军，从洛阳出兵，驻扎到颍川，就不再前进了——他们表面上是赶赴增援前燕军，实际上是想观察局势，寻找机会扩张前秦的势力范围。

慕容德率前燕军在石门，从水路断绝桓温所率北伐军的粮食运输。李邦趁机率 5 千前燕军截断桓温所率北伐军给养输送的道路。桓温多次出兵不利，粮食运输又断绝，听说前秦援军将要来到，便焚烧舟船、丢弃盔甲而退。慕容德又率 4 千精锐骑兵，抢先赶到襄邑以东，埋伏在山涧中。等东晋军撤退到这里，慕容德所部伏兵与慕容垂率的前燕军前后夹击。东晋军大败，死了 3 万多人。前秦将领苟池听说桓温率军撤退，率前秦军在谯拦击，桓温所率东晋北伐军再次失败，死伤数以万计。

在前燕与东晋战争中，慕容垂出战，不仅成功挽救局势，还一举大败东晋军，立下大功，威严恩德声名非常大。慕容评平素对慕容垂不服气，在前燕危难之际无计可施，在妒忌慕容垂上却计谋百出。慕容垂的亲信孙盖等人战功卓著。他提出应该论功越级给孙盖等人授官。慕容评利用手中权力，将此事搁置，不予登记办理。慕容垂多次谈到此事，常与慕容评就此事在朝廷争论。慕容评坚持不肯给孙盖等人越级授官。

皇太后可足浑氏一贯不喜欢慕容垂，也诋毁慕容垂的战功。慕容评与慕容垂在朝廷明争暗斗，让皇太后看到机会，便与慕容评一起暗中谋划杀掉慕容垂。事情泄露，慕容垂得知消息非常害怕，他不愿意起兵造反，又不愿意束手就擒，被平白无故杀死。想来想去，他决定逃到前秦天王苻坚那里避难。

中原局势是前燕、前秦、东晋三强并立。东晋与前燕前不久进行过恶战，前燕在前秦支援下，取得对东晋战争的胜利。慕容垂如果逃到东晋，是投降举动。而前秦与前燕关系比较友好，前秦天王苻坚是有名的仁义之君，深深敬仰慕容垂。慕容垂逃到那里，再合适不过。

前秦是氐族人建立的政权。氐族首领苻洪曾投靠前赵皇帝刘曜，被封氐王。石勒灭前赵，苻洪又投降石勒。石虎死后，苻洪归降东晋。公元350年，苻洪自称大都督、大将军、大单于、三秦王。第二年，苻健率氐族民众夺取关中，自称天王、大单于，修建宗庙社稷，设置百官，年号皇始，国号大秦，史称前秦。接下来几年，前秦军先后打败企图夺取关中的东晋军、后赵军、前凉军，在关中发展壮大起来。

苻健死后，他儿子苻生继位。苻生视人命如儿戏，看谁不顺眼就杀掉谁，朝中人人自危。公元357年一个夜晚，宗王苻坚召集亲兵，冲进王宫，抓住苻生，废其为越王，自任大秦天王。

当时，中原各民族矛盾日趋严重，各国征伐不断，残破不堪。匈奴人刘渊起兵建汉赵，石勒从他子孙手中夺权建立后赵，后赵又被石虎夺取，没多久，冉闵又从石虎子孙手中夺取政权。中原政权频繁更换，皇帝轮流做，不少人死于战乱。

公元352年，慕容俊率慕容鲜卑人灭掉冉魏皇帝冉闵，自称大燕皇帝。不过，冉魏残部力量还在继续抵抗。前燕实力虽然大，但尚无能力统一中原。中原各民族政权之间征战依然不断。前秦天王苻坚总结各政权更替的经验教训后，下决心要统一天下，消除各民族仇恨，将各民族当作一家人。

与前燕以武力为主征服中原各地不同，前秦天王苻坚从政治改革入手，想先通过政治改革富国强兵，再寻机消灭对手，一统中原。为开创清明政治局面，他下令整顿吏治，惩处不法豪强，实行与民休养生息政策。他以人为本，广招贤才，提拔重用精明廉洁的汉族士人参与朝政。尤其是重用汉族人王猛参与治理，实现富国强兵，导致前秦崛起。

王猛出身贫穷，但人穷志不穷，博学多才。王猛严治贵族豪强，严肃朝纲和法制，赢得治下百姓支持，然后重视礼治建设，设立学校办教育，提高民众文化素质，培养治国人才，高度重视农业，大力开垦农田，派出官员到各地巡视，劝课农桑，推广先进生产技术，奖励努力种田的农民。苻坚坚定支持王猛，严惩违法的权贵。在苻坚治理下，前秦经济恢复很快，几年后便出现安定清平、家给人足局面，具备了逐鹿天下的实力。

公元 369 年，东晋和前燕恶战时，前秦天王苻坚派苟池率 2 万前秦军趁机截击东晋军，不仅报了数年前桓温北伐关中之仇，提升了士气，还在客观上帮助了前燕。前燕吴王慕容垂击退东晋北伐军，却遭太傅慕容评排挤，跑来投奔前秦。苻坚早想吞并前燕，只是忌惮慕容垂而不敢出兵。慕容垂前来投奔，他十分高兴，亲自迎接，给予高官厚禄。

前秦和前燕是盟友。前燕吴王慕容垂逃奔前秦，前秦高规格收留他。事发后，前燕皇帝慕容暐派梁琛出使前秦，与前秦天王苻坚通好，意图离间苻坚与慕容垂之间的关系。苻坚已有兼并前燕想法，对前燕使者口头上表现友好，暗中却积极准备消灭前燕。

梁琛也并非凡夫俗子，在出使前秦期间，对前秦形势作了细致观察和深入分析。回到前燕后，梁琛告诉慕容评他的分析，认为秦燕两国没有长久和平的可能，要提前防备前秦。慕容评认为这是夸大慕容垂的个人影响，立即否定了梁琛的看法。梁琛讲述了他的理由，但无论是皇帝慕容暐，还是太傅慕容评，都对梁琛的看法不屑一顾，坚定认为最大敌人是东晋，而不是前秦。

皇甫真认同梁琛的看法，又寻机劝皇帝慕容暐要做好防止前秦军进攻的准备。慕容暐一听，觉得好像也有道理，召见慕容评商议此事。慕容评再次强调，前秦势小力弱，依仗前燕作为后援才生存的。前秦天王符坚施行善道，但不会听信叛臣的话。慕容暐听从慕容评的建议，不再对前秦加强防备。

前燕皇帝慕容暐不防备前秦，前秦天王符坚却铁心消灭前燕。同年底，符坚派王猛率前秦军攻打前燕，进攻金墉城。慕容暐派慕容臧率军援救金墉城。慕容臧率军到荥阳后，王猛派梁成、邓羌率前秦军在石门迎战。慕容臧所率前燕军大败，1万多人战死。随后，双方在石门相持。

金墉城守将慕容筑没等到援军，以金墉城投降前秦。梁成率前秦军再次打败慕容臧所率前燕军，斩杀3千多人，俘获前燕将领杨璩。慕容臧筑起新乐城后，率军返回前燕。

当时，前燕外有东晋军以及前秦军侵犯，战争不断；内有皇太后可足浑氏干扰政务，慕容评等人贪图财利，为政受贿，官员并非因才能而被举荐，官吏们都切齿痛恨。前燕面临空前危机，皇帝慕容暐却拿不出解决措施。

公元370年，前秦天王符坚又派王猛、杨安率前秦军攻打前燕。王猛率军攻打壶关，杨安率军攻打晋阳。前燕皇帝慕容暐派慕容评等人率30多万精锐军队抵御。王猛、杨安等人率前秦军进攻潞川。面对危机局面，各州郡中趁机起兵。邺城发生很多异象。前燕皇帝慕容暐忧虑恐惧，不知所措，召见大臣来询问前秦军的情况。有的说前秦国小兵弱，不是前燕的对手，说王猛才能平庸，根本也不能与太傅慕容评匹敌。梁琛、乐嵩等人提出不同看法。皇帝慕容暐非常不高兴。

王猛率前秦军与慕容评所率前燕军对峙。慕容评认为，王猛所率前秦军前后无援，深入远方，速战速决对其有利，就以持久战术来对付他们。王猛派郭庆率5千骑兵，趁夜色走小道，登上高山点火，烧毁前燕军的辎重。结果，前燕军主场作战，却在粮草方面也异常紧张。

慕容评生性贪婪鄙俗，阻隔山泉，卖柴售水，积攒的钱和绢帛像丘陵一样高，三军将士都对他不满，丧失了战斗意志。皇帝慕容暐派人警告慕容评，说："你是宗王，应以宗庙社稷为重，怎么能不力求建立功勋，而专门聚敛财富呢？国家府库中收藏的珍贵财物，皇上也不会对你有所吝惜的。如果敌军冒犯推进，你的钱帛放到哪里去呢？皮之不存，毛将焉附？你可以将钱帛散发给三军将士，全力打退敌人，争取尽快胜利班师吧！"

慕容评被批评后，有些害怕皇帝追责，率前燕军与前秦军在潞川决战。结果，慕容评所率前燕军大败，5万多人战死。慕容评等少数人独自骑马逃回。王猛趁机率前秦军长驱直入，攻达邺城。此时，前秦天王苻坚又率10万人赶来与王猛所部会合，一起攻打前燕。

同年，慕容桓率1万多前燕军到沙亭驻扎，充作慕容评所率前燕军后援。得知慕容评所部战败，他立即率军撤到内黄。前秦天王苻坚派邓羌攻打信都。慕容桓率5千鲜卑人撤退，去保卫龙城。前燕散骑侍郎徐蔚等人率扶余、高句丽及上党派来前燕做人质的500多人，半夜打开城门迎接前秦军。

得知此消息，前燕皇帝慕容暐和慕容评等几十人骑马逃往昌黎。前秦天王苻坚派郭庆率前秦军在高阳追上慕容暐等人。巨武擒获了前燕皇帝慕容暐等人。他将要把慕容暐捆绑起来时，慕容暐说："你是何等小人，敢来捆缚天子！"巨武回答说："我是梁山巨武，接受诏命捆缚你，你还称什么天子呢？"他下令绑送慕容暐到前秦天王苻坚那里。

苻坚责备慕容暐逃亡时，慕容暐解释说："狐狸临死时头向着巢穴所在山丘，我只是想回去死在祖先坟墓那里而已！"苻坚同情慕容暐，释放了他，命令他返回宫中率文武官员出来投降。

前秦将领郭庆追击慕容评、慕容桓等人到龙城。慕容桓杀了慕容亮而兼并他的人马，到平川攻打辽东太守韩稠。郭庆派朱嶷率前秦军攻击慕容桓所率前燕军，擒获并把他送回。前燕正式灭亡。前秦天王苻坚实现了统一中原的愿望。

7. 趁乱建国，拓跋部在混乱中崛起

在慕容部完成从部落到王朝转变的同时，拓跋部也实现了这一转变。公元337年，慕容皝称燕王，建立前燕。第二年，即公元338年，拓跋部首领拓跋什翼犍正式宣布建立代国。

拓跋什翼犍是拓跋郁律二儿子，拓跋翳槐的弟弟。拓跋纥那继任代王时，拓跋翳槐居住在贺兰部。公元327年，拓跋纥那命令贺兰部首领贺兰蔼头交出拓跋翳槐。贺兰蔼头不从。拓跋纥那便联合宇文部一起进攻贺兰部，被击败。两年后，贺兰部首领贺兰蔼头联合各部首领，共立拓跋翳槐为代王。拓跋纥那率军前去镇压，遭到失败，只好投奔宇文部。拓跋翳槐派拓跋什翼犍到后赵做人质，搞好与后赵关系。

公元335年，代王拓跋翳槐与贺兰部首领贺兰蔼头发生冲突，想杀死他。各部因此叛变，不再服从代王统治。前代王拓跋纥那趁机从宇文部返回拓跋部，再次被拥立为代王。代王拓跋翳槐逃奔后赵，受到后赵优待。两年后，李穆率后赵军护送代王拓跋翳槐回到拓跋部首府大宁，旧部纷纷归附他。拓跋翳槐再次当上代王。拓跋纥那只好逃到慕容部寻求保护。拓跋翳槐下令重新修筑盛乐城。一年后，拓跋翳槐死去，留下遗命，立在后赵做人质的拓跋什翼犍继代王位。

拓跋什翼犍在后赵做了10年人质。代王拓跋翳槐病危时，总结了他一生的经验，认为拓跋部内部稳定最重要，因而遗命诸部首领，要迎立拓跋什翼犍继任代王，社稷才可安定。

拓跋翳槐死后，梁盖等人认为，旧主新丧，拓跋什翼犍离国尚远，担心会引起变乱，准备重立代王。他们想杀拓跋屈而立拓跋孤为代王。拓跋孤不同意，亲自到后赵请拓跋什翼犍回国。在繁畤城以北，19岁的

拓跋什翼犍继位代王，然后将一半国土分给拓跋孤管辖。

公元 339 年春天，代王拓跋什翼犍下令设置百官，分掌众职，全力整合东自濊貊，西至破洛那的拓跋鲜卑诸部。当年五月，在参合陂，代王拓跋什翼犍召见各部首领，商议定都灅源川，在那里修筑城墙，建造宫室。拓跋什翼犍的母亲王氏听说后，以国事变乱之中，基业不稳固为由，反对定都。拓跋什翼犍便取消定都计划。

那时，代国人把别国民众前来归附的都称为乌桓人。代王拓跋什翼犍把他们分成两落，各设首领监察——拓跋孤负责监察北部，拓跋寔君负责监察南部。

为了争取良好外部环境，拓跋什翼犍决定与慕容部搞好关系，派人向前燕皇帝慕容皝请求联姻。慕容皝将妹妹嫁给拓跋什翼犍做王后，拓跋部和慕容部成为姻亲。代王拓跋什翼犍趁机对拓跋部进行改革，任命燕凤为长史，许谦为郎中令，建立法制，让百姓安居乐业。几年后，拓跋部将东自濊貊，西至破落那，南距阴山，北达沙漠，巨大范围内的游牧民族组织成一个统一政令的国家。

公元 340 年春天，代王拓跋什翼犍率部迁都到云中郡盛乐宫。第二年，他又下令在盛乐故城南 8 里处修筑新盛乐城，作为新首都。

拓跋部的崛起引发临近的匈奴人的恐慌。公元 341 年十月，匈奴铁弗部首领刘虎率军进犯代国。代国与匈奴铁弗部长达几十年的恩恩怨怨从此开始。代王拓跋什翼犍派军迎击，大败刘虎军。刘虎侥幸逃走。刘虎死后，他儿子刘务桓继任首领，率匈奴铁弗部归顺代国。代王拓跋什翼犍将女儿嫁给匈奴铁弗部首领刘务桓。

公元 342 年五月，代王拓跋什翼犍到参合陂，召见各部首领，筑起高台，举行比武大会。第二年七月，拓跋什翼犍再次派人向前燕求婚。前燕皇帝慕容皝要求拓跋什翼犍贡献 1 千匹马作为聘礼，拓跋什翼犍不同意。这件事令前燕皇帝慕容皝非常生气，他派慕容俊、慕容评等人一起率军攻打代国，慕容部和拓跋部之间发生了冲突。拓跋什翼犍对双方实力进行评估后，决定率军躲避前燕军。结果，慕容俊、慕容评等人率前燕军扑了个空。

拓跋什翼犍与前燕结束亲密期后，并未与其对抗，而是将目光锁定中原，观察中原局势发展。当时，中原局势发生了翻天覆地的变化。匈奴人建立汉赵，灭掉了晋朝，但晋朝宗室在江南重建。汉赵在刘渊死后陷入混战之战，汉赵将领石勒建立后赵，但后赵没多久又重复汉赵老路。冉闵在混战中崛起，建立冉魏。冉闵杀戮太重，采取极端民族政策，激发中原内各少数民族纷纷建立政权。

将中原情况摸清楚后，公元351年，拓跋什翼犍对部将说："后赵衰亡，冉闵肆虐，中原纷争，无人拯救，我将亲率六军平定四海。"他命令各部落首领各率部众，集结待命。

各部首领会集后，进行商议，共同劝阻拓跋什翼犍，说："如今，中原大乱，我们确实应该趁机进取，然而，我们听说豪强并起，并不能一举平定，难免会有持久征战，即使历时一年，恐怕也不会获得一劳永逸之利，还会有亏损的可能。"

拓跋什翼犍听后，想一想，也觉得有道理，便放弃这一计划，全力发展自身实力，观望局势再进一步作决定。

公元356年正月，匈奴铁弗部首领刘务桓身死。刘阏头继任首领后，对代国并不忠诚。一个月后，拓跋什翼犍亲自西巡，抵达黄河岸边后，派人去招刘阏头。迫于军事压力，刘阏头只好率部投降代国。

公元358年，刘阏头因铁弗部部民大多数反对他，内心恐惧，率少数亲信逃走。匈奴铁弗部所剩部众全数投奔刘悉勿祈。刘阏头叛逃匈奴铁弗部时，刘悉勿祈兄弟们在代王拓跋什翼犍身边任职。拓跋什翼犍故意将他们全部遣返，期待他们回去与刘阏头内斗。不久，刘悉勿祈取代刘阏头当上匈奴铁弗部首领。刘阏头走投无路，率亲信再次投降代国。拓跋什翼犍待他如初。

代国与丁零、高车等部落错居，彼此征战不息。公元363年十月，拓跋什翼犍亲自率军攻打高车部，获得大胜，俘虏了1万余人和100余万头牲畜。第二年，拓跋什翼犍又率军打败没歌部，俘获数百万头牲畜。

代国不断对外战争取得胜利，引起匈奴铁弗部恐慌。公元365年正月，匈奴铁弗部刘卫辰背叛代国归附前秦。拓跋什翼犍率军东渡黄河，去追击刘卫辰所部。刘卫辰因恐惧而逃走。

公元367年二月，前燕军长途奔袭漠南敕勒部。经过代国境内时，前燕军破坏代国农田，令拓跋什翼犍非常生气。七月，前燕将领慕容厉等人又率军打败敕勒部，俘获数万头牛马。当时，武强公慕容湼率幽州军戍守云中。八月，拓跋什翼犍率代军进攻云中。慕容湼弃城逃走，慕舆贺辛战死。这一战后，拓跋什翼犍与前燕之间矛盾更大。

同年十月，拓跋什翼犍又准备率军攻打匈奴铁弗部刘卫辰。从代国都城盛乐向西攻击朔方，必须要渡过黄河。当时，黄河尚未封冻。拓跋什翼犍令人用苇子编成粗绳以阻挡流动冰块。不久，分散的冰块就连在一起，但不是很坚固。拓跋什翼犍又令人把苇子散在冰上，待气温下降，冰和苇冻在一起，就如同浮桥一般。代军顺利渡过黄河，突然出现在刘卫辰所部面前。刘卫辰猝不及防，不敢交战，率领部众西逃。在仓皇之中，他丢下十分之六七部众。拓跋什翼犍将那些人一一收编，随后率部返回代国。刘卫辰率少数亲信逃到前秦。

公元374年，拓跋什翼犍再次率代军攻打刘卫辰所部。刘卫辰兵败南逃。第二年，刘卫辰向前秦天王苻坚求援，企图借助前秦力量对抗代国。当时，前秦已经征服中原大部分地区，国势进入强盛时期。前秦天王苻坚已将征服代国列入议程，非常高兴地接纳刘卫辰，并愿意出兵帮助他。

公元376年，前秦天王苻坚派苻洛率20万大军，与朱肜、张蚝、邓羌等人，分路进攻代国，直逼代国南部边境。白部和独孤部迎击前秦军，都战败。拓跋部南部统帅刘库仁率军退回云中郡。代王拓跋什翼犍又派刘库仁率 10 万骑兵到石子岭迎战，战斗失利。

当时，拓跋什翼犍患病在身，群臣无人可担当重任。于是，他率拓跋部到阴山之北避难。高车部各族趁机反叛，拓跋什翼犍四面受敌，无法维持统治，继续率部向漠南草原迁移。前秦军稍退，拓跋什翼犍方才率部返回。在前秦军面前，代国实力实在相差太远。

这件事后，拓跋什翼犍在拓跋鲜卑贵族心目中的声望迅速下降。当年年底时，拓跋什翼犍率部到云中郡，被儿子拓跋寔君杀害。拓跋什翼犍被杀消息传到前秦军中后，前秦将领李柔、张蚝等人趁机发兵攻打云中郡。面对强大的前秦军，代国军民纷纷逃散。

拓跋寔君兵败被俘，被押送长安。前秦天王苻坚调查清楚代国大乱原因后，令人将拓跋寔君及其子拓跋斤在长安西市车裂处死。

代国灭亡，其领土并入前秦。逐鹿中原的鲜卑诸部，无论是发展势头非常迅猛的慕容鲜卑，还是稳步发展的拓跋鲜卑，遇到实力蒸蒸日上的前秦，都不可避免被兼并。鲜卑人的历史进入一个新时期。

第三章　前秦崩溃，鲜卑诸雄纷纷趁机复国

前秦崩溃后，慕容垂率先复国，建立后燕；慕容泓等人复国，建立西燕；拓跋珪趁机恢复代国，建立北魏。后燕兼并西燕，北魏与后燕争雄，后燕残部建立南燕。北魏击败后秦，夺取关中地区。南燕被东晋灭掉。地处河西偏远地区的秃发鲜卑人趁机建立后凉。鲜卑诸部纷纷建国，参与中原逐鹿。

1. 淝水之战，点燃慕容垂复国梦想

前燕一举击败东晋，却因内部矛盾，导致慕容垂投降前秦，而长久积蓄实力的前秦，趁机派兵进攻前燕。没有慕容垂的前燕，慕容评结党营私，盲目自大。前燕军作战频频失败。公元369年十一月，王猛率前秦军灭掉前燕。

前秦兼并前燕，天下东晋、前秦、前燕三足鼎立变成前秦和东晋对峙局面。前秦由氐族人建立。氐族人数比较少，处于统治阶级，因而采取优待其他民族政策。前秦兼并前燕后，几乎全盘接纳前燕贵族官僚。在前秦统治集团中，慕容鲜卑人占比非常大。慕容鲜卑人虽然亡国了，但实力基本没有损耗，原贵族宗王基本还是统率原部属。

鲜卑人势力增强，引起氐族贵族以及前秦汉臣不安，他们多次劝天

王苻坚诛杀慕容诸宗王。苻坚自信到了极点，不仅没采纳，还将前燕皇帝、宗王安排在核心部门任职。公元 374 年十二月，前秦谣言四起，说鲜卑人图谋复国。有人趁机请苻坚诛杀鲜卑慕容诸宗王。苻坚在策划对代国战争，担心这样做会导致内部大乱，也担心影响他通过怀柔方式灭掉代国，再次拒绝相关意见。

鲜卑慕容诸宗王，尤其是慕容垂、慕容暐等人，面对前秦浓烈反鲜卑氛围，每天过得战战兢兢，如履薄冰，担心苻坚哪天听从那些人的建议，对慕容鲜卑宗王动手。公元 375 年七月，苻坚最信任的汉臣、一直坚定反慕容鲜卑的王猛病死了。慕容垂成为苻坚最宠信的人。其他人反慕容鲜卑的建议，苻坚更不会采纳。

公元 376 年，前秦灭掉拓跋鲜卑人建立的代国。不过，国内反对势力却悄然抬头。鲜卑慕容诸宗王中有人悄悄谈起"复国的事"。慕容绍觉察天下局势发生变化，与慕容楷私下讨论，劝他要积蓄实力，寻机恢复燕国，一起拥立慕容垂为皇帝。公元 377 年，慕容农也私下劝慕容垂反秦复燕。

社会氛围的变化，鲜卑慕容诸宗王心态的变化，一心想急速统一天下的前秦天王苻坚一点都没留意到。他在全心全意谋划消灭东晋。公元 378 年，为实现统一天下愿望，苻坚下令前秦军进攻东晋。慕容暐、慕容垂都参与进攻东晋要塞襄阳的战斗。这次战斗，他们的作战对手是东晋最精锐的荆州兵，作战目标是夺取襄阳。经过数月战斗后，前秦军除占领襄阳外围几个据点外，没任何进展。

数月后，兖州刺史彭超请求进攻彭城，并请出兵淮南，与苻丕所部配合，形成并进之势进攻东晋。苻坚又派前秦军进攻淮阴、盱眙。

当时，东晋由势均力敌的两个世族门阀掌控——长江中上游由桓氏掌控，桓冲掌管东晋军精锐荆州兵，下游由谢安总揽朝政，负责掌管朝廷事务。谢安深受朝野世族门阀和寒族地主信赖，尽力调和与桓家的关系，为即将爆发的战争做准备。

桓氏家族掌控世族门阀子弟组成的荆州兵，驻扎在长江中上游，军队战斗力强，防线坚固。长江下游一带是东晋边防弱点。谢安和桓冲协调后，划定各自区域负责防御。谢安亲自总管长江下游防线，派侄子谢玄挑选良将，训练精兵，在较短时间内组建并训练成一支具有强大战斗力的北府兵。

荆州兵负责防守长江中上游，北府兵负责防守淮水流域以及长江下游。前秦军集中精力强行攻克襄阳后，将襄阳守将朱序任命为度支尚书，负责管财政。然后，急于统一天下的前秦天王苻坚不顾前秦军自身损失不小，已经无力在襄阳方向发起大规模进攻的事实，将突破点转向东晋防守薄弱的长江下游。

彭超率前秦军围攻彭城时，谢玄率 5 万北府兵，从广陵起兵，主动应敌。谢玄四战四胜，打败前秦军。前秦军主将彭超被迫自杀。

东晋荆州兵和北府兵都表现出强大战斗力，前秦军要想大胜，可能性很小。与此同时，前秦北海公苻重和唐公苻洛谋反。伐晋受挫，内部出现叛乱，苻坚在镇压国内谋反后，依然执意要消灭东晋。公元 382 年十月，苻坚在长安召集群臣商议进攻东晋的事，前秦包括太子苻宏、释道安、宠妃张夫人、爱子苻诜在内许多大臣都反对继续对东晋作战，唯有早有反秦复燕想法的慕容垂积极支持。苻坚采纳慕容垂的建议。

公元 383 年十月十八日，苻坚集中几十万前秦军，与东晋北府兵激战，企图一举消灭东晋。结果，在淝水决战中，东晋北府兵一举击败前秦军先锋，前秦军崩溃，前秦军主将苻融被杀。前秦军越发混乱，非常惊恐，溃逃形成连锁反应。那些溃兵沿途不敢停留，听到风声鹤唳，都以为是东晋军追来。东晋军乘胜追击，一直追到寿阳附近。前秦兵人马相踏而死的，漫山遍野。

这一战，前秦出动近百万军队，除慕容垂率的 3 万人马基本没损失外，其他各部都溃败了。谢安组织反攻前秦。公元 384 年八月，谢玄率兵北上，桓冲也出兵北伐，一起将东晋边境推到黄河边。

淝水之战，前秦元气大伤，慕容垂终于等到实现梦想的机会。他率3万人马，另寻他途，迅速渡过黄河，撤到安阳驻扎。随后，慕容垂派参军田山拿他的亲笔信，去见镇守邺城的长乐公苻丕。苻丕听说慕容垂率军前来，虽然也怀疑他背叛前秦，但是仍然表示乐意接纳他们。苻丕安排慕容垂所部驻扎在邺城西部，然后接见他。慕容垂将淝水前线兵败的事详细地向苻丕汇报。苻丕听完汇报，一声不吭就走了。随后，慕容垂与前燕旧臣暗中联系，通知他们暗中为复燕做准备。

正好，洛阳附近的丁零人翟斌起兵反前秦。丁零人围攻驻守在洛阳的豫州牧、平原公苻晖，形势非常危急。前秦天王苻坚因为翟斌所部有大量慕容鲜卑人，便派慕容垂率军去平叛。

出发前，慕容垂要求进入邺城参拜宗庙，苻丕不同意。慕容垂非要去不可，就穿便服混进邺城，但被亭吏认出来，阻拦他不让进城。慕容垂大怒，杀掉阻拦他的亭吏，一把火烧掉亭子，然后气呼呼地回去。

这件事后，石越劝苻丕趁这机会率精锐军队袭击慕容垂，将他们全部消灭。苻丕是苻坚长子，见石越这样说，他有些优柔寡断，担心此举会带来不利后果，也念及淝水之战失败时，众叛亲离，而慕容垂一直守卫在天王苻坚身边。石越见苻丕顾虑重重，非常激愤，甚至说"你不灭他，他终将灭你"。苻丕最终还是没有听从石越的建议。

慕容垂率军去镇压丁零人，却将慕容农、慕容楷、慕容绍留在邺城。他们一行到达安阳汤池时，闵亮、李毗从邺城追赶过来，将苻丕跟苻飞龙私下讲的话全部告诉慕容垂。慕容垂趁机以此激怒将士，说："我全身心尽忠于苻氏，他们却专门想方设法坑害我们父子。我们父子全心为苻氏效力，得到什么了呢？"慕容垂以兵少为由，在河内大量募兵，几天内就招募了8千人。

平原公苻晖急切等着慕容垂率军去帮他镇压丁零人，见慕容垂所部停在中途招兵，就派人责问慕容垂，催他赶紧率军赶往洛阳。慕容垂对负责监军的苻飞龙说："现在，敌人离我们不远，我们应该白天休息晚上赶路，以便能袭击他们，一举取得胜利。"苻飞龙认为有理，便同意了。

一天晚上，慕容垂派慕容宝率兵走在前面为先锋，令慕容隆率兵跟随自己，并把所部氐族兵分散编入队伍，还与慕容宝约定击鼓为号，一起动手，杀掉军中的氐族官兵。半夜时，鼓声响起，慕容鲜卑人前后合击，将苻飞龙以及氐族兵全部杀掉。此后，慕容垂给苻坚写信，告诉他杀苻飞龙的原因。

当初，慕容垂的儿子慕容麟曾告发他率部投靠前秦。他一怒之下杀死慕容麟的母亲，但未忍心杀掉慕容麟。在杀掉苻飞龙这件事中，慕容麟多次进献计谋，劝慕容垂动手。慕容垂非常高兴，便待慕容麟跟其他儿子一样。

慕容凤、慕容腾、段部首领段延等人，听说丁零人翟斌起兵反前秦，分别率部众前去归附翟斌。苻晖派部将毛当率前秦军去镇压翟斌所部丁零人。慕容凤说："我慕容凤今天要雪先王之耻，前去斩杀毛当。"随后，他率军迎战毛当。一场激战后，前秦兵大败，毛当战死。

不久，慕容垂率慕容鲜卑人渡过黄河，烧掉浮桥。此时，他手下已有 3 万人。他对将士们说："我对外借助秦军称号，对内规划兴复燕国。违反我法规的严惩不贷，听从我命令的必定受赏。等我平定天下，我必定不辜负你们，给你们封爵。"将士们都高呼表示支持。

随后，慕容垂派可足浑潭率军防守河内沙城，派田山到邺城，将起兵之事告诉慕容农等人，让他们尽快响应。当时天色已晚，慕容农和慕容楷留宿在邺城，慕容绍先出城到蒲池，偷了苻丕的数百匹骏马，然后等待慕容农和慕容楷。月底时，慕容农和慕容楷率数十骑兵，微服潜出邺城，前去与慕容绍会合，一起逃到列人（今邯郸东）。

公元 384 年正月，慕容凤、王腾、段延等人都劝丁零部首领翟斌奉慕容垂为盟主。翟斌势单力孤，只好答应。慕容垂想率军袭击洛阳，但不知翟斌率丁零人来归附是真是假，便拒绝接受他们归附，说："我们父子深受秦国恩惠，虽然是秦国臣子，但情义比父子情义深。难道因为一点小误会而怀有贰心吗？我本是率军救豫州，不是赶往你们那里的，你们为什么要议论我呢！"

慕容垂率军到洛阳时，平原公符晖听说他杀了苻飞龙，下令闭门拒守。翟斌见慕容垂对自己归顺有怀疑，派郭通前去劝说。慕容垂还是不信。郭通进一步说："您拒绝我的原因，难道是因为翟斌兄弟是远方胡人，没有奇才远略，无法一起成就事业吗？您怎么不想一下，如今利用他，是可以成就大事的呢？"慕容垂这才相信，同意接纳翟斌所部丁零人归附。

翟斌率部归附后，劝慕容垂称王。慕容垂不同意，认为实力尚且不够，同时认为洛阳是四战之地，要成就事业，必须先攻下邺城。大家都认同他的看法。于是，慕容垂率军向东，准备攻下邺城。

当时，扶余王余蔚出任荥阳太守。他率众投降慕容垂。慕容垂率军到荥阳后，自称燕王，封官拜爵，封慕容德范阳王，封慕容楷太原王，封翟斌河南王，封余蔚扶余王，任命卫驹为鹰扬将军，慕容凤为建策将军。他亲率20多万军队，从石门渡过黄河，长驱直入，袭击邺城。

慕容农到列人后，召集鲜卑、乌桓等部众，举兵反叛。慕容农号令严整，沿途招兵买马，攻城略地，很快拥兵数万。苻丕派石越率1万多步骑兵去镇压慕容农。石越率前秦军到达列人西面后，被赵秋及綦母滕率的鲜卑军击败。石越所部只好设围自守。当晚，慕容农率军进攻。前秦军大败，石越战死沙场。慕容农将石越首级送给慕容垂。石越与毛当是前秦骁将，镇守的都是要地。他们相继被杀后，前秦上下人心浮动。

慕容垂率军到达邺城附近，宣布改元，任命库傉官伟为左长史，段崇为右长史，郑豁等人为从事中郎，立慕容宝为太子。不久，慕容农率军与慕容垂所部会合。

慕容垂召集前燕旧将与各路大军，一起进攻邺城。慕容垂指挥燕军攻城，攻克邺城外城。苻丕率前秦军退守中城。慕容垂又率包括丁零、乌桓等各少数民族 20 多万人，架云梯、挖地道攻城，但都没能攻下邺城。于是，他下令燕军修筑长围，与前秦军相持，并把老弱转移到肥乡，又修筑新兴城，用来放置辎重。

两个月后，燕军久攻邺城不下。慕容垂召集群臣商议对策，封衡建议引漳水灌城。慕容垂赞同。慕容垂打猎时，在华林园饮酒，前秦守将派兵偷袭。慕容垂差点丧命。

丁零首领翟斌恃功骄纵，索求无厌。见邺城久攻不下，他逐渐产生反叛想法。慕容宝请求将翟斌杀掉。慕容垂认为翟斌有功，杀掉他将带来不利影响，可能丧失人心，应加强防范，让他无法作恶。范阳王慕容德、陈留王慕容绍、骠骑大将军慕容农都劝说杀掉翟斌。慕容垂拒绝，反而对翟斌兄弟更好。

翟斌想当尚书令，遭拒绝后决定起兵反叛，暗中与邺城内的苻丕联络。事情泄露后，慕容垂下令杀掉翟斌兄弟，赦免其他丁零人。翟斌侄子翟真趁夜逃往邯郸。慕容垂并未追击。

到八月时，翟真率部从邯郸逃走。慕容垂派慕容楷和慕容农率骑兵去追击。追到下邑时，慕容楷见丁零人的军阵出现混乱，想率军出战。慕容农认为，翟真的营阵只看得到老弱士兵，看不见精壮，认为必有埋伏。慕容楷不采纳他的看法，下令燕军发起攻击。燕军大败。翟真率丁零人继续北进，直接到中山。不久，翟真被他的司马鲜于乞杀死。

前秦邺城守军长期被围，粮草渐尽。慕容垂认为，苻丕属于穷寇那类对手，必定会死守不降。丁零人反叛，才是腹心之患。他率军撤退到新兴城，同时派慕容农到清河、平原一带征收租赋，筹备军用物资。

这年年底，前燕帝慕容暐欲杀苻坚，事泄被杀。群僚遂劝慕容垂称帝。慕容垂以"慕容冲称号关中"为由，拒绝称帝。

出乎意料的是，苻丕仍然据守邺城，没有离开的意图。慕容垂只好再次率兵包围邺城，只留出苻丕向西逃走的道路。苻丕所部前秦军势穷粮竭，急忙向东晋谢玄求援。谢玄派刘牢之、滕恬之等率 2 万人马救援邺城，从水陆运 2 千斛米接济苻丕。公元 385 年二月，刘牢之率东晋军到枋头后，就徘徊不进。

三月，燕军攻邺城不下。慕容垂将北去冀州，命令慕容麟率军驻守信都，慕容温率军驻守中山，召慕容农立即回邺城。慕容温派 1 万多士兵为慕容垂军运送军粮，还在中山营造宫室。

同月，刘牢之率军进攻后燕黎阳太守刘抚。慕容垂亲自率兵救援。苻丕得知相关消息，率军乘机偷袭后燕军，被慕容农所部击败。刘牢之所率东晋军也被慕容垂击退。两个月后，刘牢之率东晋军在邺城附近击败慕容垂，慕容垂被迫率燕军退到新城。不久，他又率军从新城北退。刘牢之率东晋军急行军 200 里，在五桥泽急夺后燕军的战备物资时，被慕容垂率后燕军打败，损失了数千人。战败后，刘牢之单骑逃走。苻丕率前秦军来救，刘牢之才得以入邺城，收集散兵。没多久，刘牢之被东晋朝廷召回。东晋军支援前秦军的战争不了了之。前秦军和后燕军依旧在邺城下对峙。

这一对峙就是好几个月。同年八月，前秦天王苻坚被姚苌所杀。苻丕率邺城 6 万余人撤走，到西部潞川。苻丕得知父皇苻坚死后，宣布即皇帝位。燕军乘机入邺城。慕容垂命令鲁王慕容和负责镇守邺城，并命令慕容农率军穿过蠮螉塞北上，经凡城，直捣龙城，讨伐余岩。十一月，慕容农率军到达龙城，就地休整。十余天后，慕容农率 3 万步骑兵到令支。余岩所部震骇，不少人相继逾城投降。余岩计穷而降，被慕容农所杀。

慕容农又率 3 万步骑兵反击高句丽，一举击败高句丽，收复辽东和玄菟。慕容垂任命慕容农为使持节、都督幽州、平州、北狄诸军事、幽州牧，镇守龙城。

十二月，慕容垂到达中山，下令定都中山。公元 386 年正月，慕容垂在中山自立为帝，改元建兴，国号为燕，史称后燕。随后，慕容垂册立太子，委任各高级官员。慕容垂率领慕容鲜卑人开始逐鹿中原，建设强大后燕。

2. 正统之争，慕容垂带病消灭西燕

公元386年前后是鲜卑历史上非常特殊的时期。在这一年多的时间，慕容鲜卑旁支慕容垂称帝；慕容鲜卑嫡系慕容永弑主称帝，建元中兴，建都长子；拓跋鲜卑也在拓跋珪领导下恢复代国；陇西鲜卑也在乞伏国仁领导下建立西秦。

在鲜卑人建立的4个政权中，唯有慕容垂建立的后燕是蓄谋已久的，其他三个都是顺势而为的。其他几个鲜卑政权出现后，慕容垂感受到了威胁。尤其是与他同出慕容鲜卑的慕容永称帝，直接威胁到他的"正统地位"和"合法性"。

前秦鲜卑人非常多，但是分很多股，各股之间并没有统率关系。慕容垂所部、乞伏国仁所部是主动归顺前秦的，慕容暐所部、拓跋珪所部是被前秦兼并的。早在淝水之战前，慕容垂派人联络鲜卑人，准备反叛前秦，乞伏国仁所部、慕容暐所部、拓跋珪所部都没响应他，但在淝水之战后，不约而同地起兵反叛前秦。

公元384年，慕容垂反叛前秦建立后燕时，原前燕皇帝慕容暐的弟弟慕容泓在华阴召集数千鲜卑人起兵。他起兵的目的是恢复燕国，因原前燕皇帝慕容暐尚在，他便自称都督陕西诸军事、济北王。慕容暐另一个弟弟慕容冲也率2万鲜卑人起兵。慕容冲率军攻打蒲坂时战败，被迫率残兵投靠慕容泓。两支鲜卑军会合后，在慕容泓统率下，向长安进攻，宣布复兴燕国，改元燕兴，史称西燕。

谋臣高盖等人认为慕容泓德望不如慕容冲，且用法苛刻严峻，便设计杀死慕容泓，拥立慕容冲为皇帝。慕容冲不愿直接称帝，便遥尊原前燕皇帝慕容暐为皇帝，自称皇太弟，临朝摄政，统领全军，设置百官以及统治机构。

同样起兵反叛前秦的羌族首领姚苌想坐山观虎斗，寻机发展势力，便极力怂恿慕容冲率西燕军尽快攻下长安。长安是前秦首都。前秦军在淝水之战中惨败，国家四分五裂，但苻坚撤回长安后，氐族将士还能同仇敌忾，坚守长安城。

慕容冲率西燕军接连几次打败前秦军，但依旧没能攻下长安城。在长安城内的原前燕皇帝慕容暐得知慕容冲率鲜卑人恢复燕国了，还重新拥立他为皇帝，觉得自己应该为复兴燕国做点什么。此时，他还在前秦朝廷内做官，在前秦天王眼皮底下生活。慕容暐秘密谋划暗杀苻坚，然后打开长安城门，放进西燕军，彻底灭掉前秦。但这个计划泄露了。前秦天王苻坚原先就对慕容垂、慕容冲等人愤怒和不满，如今原前燕皇帝慕容暐的做法让他对慕容鲜卑人彻底死心，一怒之下，下令杀掉慕容暐等所有在长安城内的慕容鲜卑人。

慕容冲得知慕容暐的死讯，公元385年正月，在阿房称帝，改元更始。慕容冲继续率西燕军在长安城下与前秦军激战。双方依旧不可避免地陷入持久战。同年五月，慕容冲率西燕军进攻长安时，前秦天王苻坚亲自上城督战，战斗极其惨烈。长安城虽然保住了，但苻坚中箭受伤，血流一身。长安城内前秦军民陷入悲观。

前秦军连连被西燕军击败，长安城面临外无援军内无军粮状态。苻坚束手无策，最终采纳了一个加速自身灭亡的策略，让太子苻宏率前秦军继续留守长安城，亲自率亲信到长安西边五将山避难养伤。此时，长安城已无守住的可能。在苻坚离开长安城后，太子苻宏也没坚守，率亲信几千人，从城中突围，南逃东晋。慕容冲率西燕军趁机攻下长安城。

当初，慕容泓和慕容冲率慕容鲜卑人起兵时，苻坚派苻熙、苻睿、窦冲、姚苌等人率前秦军镇压。苻睿好大喜功，有勇无谋，不听姚苌合理建议，率军急攻。前秦军大败，苻睿战死。姚苌派赵都、姜协去向苻坚请罪时，苻坚怒杀赵都和姜协。姚苌非常害怕，逃到渭北。

西州世族门阀尹详、赵曜、王钦卢、牛双、狄广、张乾等率5万多户推姚苌为盟主，一起反叛前秦。姚苌想推辞，但经不住尹详、赵曜等人怂恿，便自称大将军、大单于、万年秦王，大赦天下，改元白雀，史称后秦。后秦建立后，附近世族门阀以及羌族部落首领纷纷前来归顺。姚苌练兵并积蓄粮草，观察时局变化。

公元385年六月，前秦天王苻坚亲自率2万步骑兵进攻后秦。起初，前秦军获得小胜，并截断后秦军的运水之路。后秦军缺水严重，已有不少人渴死。在关键时刻，天降大雨，后秦军解决了缺水问题，认为有天相助，军威大振，立即向前秦军发起反击。后秦军一路越战越强，发展到7万多人。前秦将领杨壁、徐成等数十人被俘虏。

现在，前秦天王苻坚率亲信到五将山休养。一直在观察局势的后秦皇帝姚苌嗅到战机。他派吴忠率后秦军包围五将山。苻坚随从的护卫军战败溃散，身边只剩几十人。他神色自若地坐着，招呼部属坐下一起吃饭。

不久，吴忠率后秦军到了，将前秦天王苻坚抓捕，带回新平，把他关在别室里。后秦皇帝姚苌向前秦天王苻坚索要传国玉玺，苻坚瞪大眼睛怒骂姚苌：“你是放羊的羌人，有什么资格问天子要传国玉玺？我已经将它送到晋国了，你休想得到。”

姚苌气得干瞪眼，又派尹纬去游说苻坚举行仪式，将皇位公开禅让给他。苻坚责骂尹纬说：“姚苌这种叛贼，根本不配当皇帝。想让我禅让皇位给他，还是让他杀了我吧！”姚苌见苻坚一点都不配合，下令将他吊死。

苻坚虽死，但前秦仍掌控着并州、河东、秦州、三辅等地。随后，他的长子苻丕称帝。姚苌不得不率后秦军继续与前秦军争霸。

同样的，后秦崛起，给西燕发展壮大造成很大威胁。公元385年十月，高盖率5万西燕军进攻后秦。在新平郡南面，两军大战，西燕军大败。高盖带着几千人归降后秦。高盖是西燕重要谋臣，他投降后秦，对西燕是巨大打击。

西燕面临巨大危机。不过，慕容冲没来得及解决这个危机，就成为另一个危机的牺牲品。公元386年二月，因慕容冲不愿率大家东归，韩延利用鲜卑军民思归关东的情绪，煽动大家一举杀死慕容冲，拥立段部鲜卑人段随为皇帝。段随是段部后裔，不是慕容鲜卑人，声望不够，威慑不了部众。慕容恒、慕容永等人又率慕容鲜卑人杀掉韩延和段随，一起立慕容𫖮为皇帝。

公元386年三月，慕容永率40多万鲜卑人收拾行李，离开长安东归。在途中，西燕内斗不断，慕容𫖮被慕容韬杀死；慕容恒和慕容永闹翻，拥立慕容瑶为皇帝；慕容永又杀慕容瑶，拥立慕容忠为皇帝。慕容鲜卑的各宗王杀来杀去，严重削弱了西燕实力。

六月，慕容忠被杀。慕容永自任大将军、大单于、河东王，率西燕军继续东进。前秦天王苻丕率前秦军在平阳阻挡。慕容永派人去请求"借路"。苻丕此前被慕容垂欺骗过，非常忌恨慕容鲜卑人，且西燕军曾夺取后秦的首都，于是坚决不答应"借路"，还趁机率4万前秦军进攻慕容永所率慕容鲜卑人。一场大战后，人数远远占优势的西燕军大破前秦军，占领长子。

慕容永率领的西燕军民虽然是慕容鲜卑正统，但西燕皇帝换了一茬又一茬，继任者的合法性和声望远远比不上已经称帝的慕容垂。慕容永心里清楚，如果真正率部东归后，那么他将没机会做皇帝。他不想归附后燕，不想做慕容垂的臣子，便进一步称帝，国号为燕，年号中兴。

称帝后，慕容永积极扩张实力，准备与后燕争"正统"。不过，他率西燕军先后攻击后秦和东晋，都以失败告终，不仅没有增强自身实力，还耗费了元气。慕容垂却率后燕一步步走向强大。

公元387年正月，在慕容隆建议下，慕容垂率军进攻东晋济北太守温详。温详原来是前燕臣属，前燕灭亡后，投降东晋，被任命为济北太守，率军镇守东阿。慕容垂命令兰汗、平幼率军进攻温详。同时，慕容隆率后燕军在碻磝渡西40里处渡过黄河，列阵以待。温攀、温楷见打不过后燕军，便逃往东阿。平幼率军追击，取得巨大胜利。温详带上家人连夜逃往彭城。他部下3万多户投降后燕。慕容垂实力进一步增强。

公元388年，后燕军又消灭实力派吴深，兼并地方实力派张申。公元389年，后燕趁机控制鲜卑贺兰部，奠定了逐鹿中原的优势地位。原来，鲜卑贺兰部的贺讷、贺染干兄弟为争夺本部统治权而发生内乱。后燕、匈奴铁弗部、北魏都趁机争夺对鲜卑贺兰部控制权。公元390年，匈奴铁弗部首领派军进攻贺兰部，拓跋珪率北魏军击退他们，然后将鲜卑贺兰部迁到北魏东境，与后燕毗邻。后燕皇帝慕容垂乘机对鲜卑贺兰部首领贺讷软硬兼施，诱逼他叛北魏投降后燕，封他为归善王。贺染干想杀掉贺讷，两人打了起来。慕容垂趁机派兵干涉，在牛都打败贺染干，在赤城活捉贺讷。慕容垂释放贺讷，交还部众，让他们在原地生活，将贺染干及其部众迁到中山。鲜卑贺兰部成为后燕臣属。

公元392年，慕容垂率军征服丁零人在河南一带建立的翟魏。翟魏皇帝翟钊向西燕慕容永求援。慕容永坐山观虎斗，未曾向翟钊发兵相救。慕容垂率后燕军一举消灭丁零军。翟钊只身逃到西燕，被慕容永杀死。但此时，慕容垂已经想消灭西燕了。

公元393年后燕将领顾虑重重，认为后燕兵连年征讨，十分疲惫，极需休整。慕容德极力支持攻打西燕。慕容垂很高兴，说："我已经决定要在有生之年消灭他们，不给子孙留祸患。"因为他们迫切需要确立后燕的正统性与后世安定。

公元394年，慕容垂在邺城西南集结后燕军，却一个多月不向西燕境内进发。西燕皇帝慕容永疑神疑鬼，怀疑慕容垂会从太行山的山道突入其境，赶紧分兵封锁太行山口，在正面防御点台壁只部署了一支规模不大的军队。

慕容垂等见此情景，率军向台壁进攻。两军一交手，西燕军溃败，台壁遭到后燕军包围。慕容永只得从太行山召回5万多守军，然而，刁云、慕容钟所部毫无斗志，直接投降后燕。慕容垂在台壁以南摆下阵势，与慕容永所率西燕军会战，事先还安排慕容国率精锐骑兵做埋伏。慕容垂假装败退，将西燕军引入包围圈，慕容国率后燕军杀出。一场大战后，西燕军近万人被杀，重镇晋阳也丢失了。

慕容永退守国都长子，向东晋和北魏求救。援军尚未赶到时，西燕别部大逸豆归手下将领打开城门迎接慕容垂。慕容垂将慕容永及其公卿大将全部杀了。西燕灭亡。

3. 魏燕对战，拓跋珪出其不意击败慕容宝

公元 386 年，慕容垂称帝那年，慕容永在长子称帝，拓跋鲜卑人拓跋珪也在牛川宣布恢复代国，迁都盛乐。他任用贤能，励精图治，推动农业，让人民休养生息。同年四月，拓跋珪改称魏王。到 398 年拓拔珪称帝，正式改国名为魏，史称北魏。

一个月后，魏王拓跋珪到陵石游幸。护佛侯部首领侯辰、乙弗部首领代题反叛，率部众逃走。诸将要求率军前去追杀他们。拓跋珪不认为他们值得追击。因为当时北魏四周强敌环伺：北边是贺兰部，南边是独孤部，东边是库莫奚部，西边在河套一带是死敌匈奴铁弗部，阴山北边是柔然和高车部，太行山以东是后燕，以西是西燕。

北魏内部也充满危机。拓跋窟咄想争位，与独孤部首领儿子刘显勾结。于桓等人意图杀害拓跋珪，率军响应拓跋窟咄。莫题等人也与拓跋窟咄暗中联系。拓跋珪审时度势，杀死于桓等五人，赦免莫题等人。随后，拓跋珪投靠贺兰部，借阴山作屏障防守，同时派人向后燕求援。

公元 386 年十月，拓跋窟咄率军逼近拓跋珪。拓跋珪手下惶恐不安。当时，慕容麟率的后燕援军还没赶到。拓跋珪让安同作为使者，先回都城告诉军民，宣称后燕援军已到附近了，以稳定人心。然后，拓跋珪率北魏军前去与慕容麟所率后燕援军会合，一起去迎战拓跋窟咄所率的叛军。在高柳，北魏军和后燕军发起夹击，拓跋窟咄所率叛军惨败。拓跋

窟咄率残兵西逃，去投靠匈奴铁弗部，被杀。拓跋珪接收追随拓跋窟咄的部众。

有慕容鲜卑人这个盟友支持，拓跋珪成功解决内乱问题。第二年六月，拓跋珪在马邑南亲征匈奴铁弗部刘显所部。他率军猛追不止，追到弥泽时，打败刘显。刘显率残部向南投奔西燕皇帝慕容永。拓跋珪也没追击，班师回朝。

接下来几年，拓跋珪率北魏军大破库莫奚部、高车部、袁纥部等，又联合慕容麟所率后燕军进攻贺兰部、纥突邻部及纥奚部。公元 390 年七月，贺兰部遭到匈奴铁弗部攻击。贺兰部首领贺讷向北魏投降求援。拓跋珪不计前嫌，率军去救援贺兰部。他率北魏军击退匈奴铁弗部，将贺讷所部迁移到北魏东部。

随后，拓跋珪率北魏军征服高车诸部，痛击柔然，逼令柔然首领缊纥提向北魏投降。平定这些势力较小的部落后，拓跋珪趁机率军消灭了世仇匈奴铁弗部。从此，北魏声威大振。阴山以南诸部得知消息，纷纷归顺北魏。北魏国力大增，成为中原实力最强大的政权之一。此时，后燕皇帝慕容垂才有些惊慌。

事实上，慕容垂南征北战取得巨大成就，也留下一内一外两大隐患。

慕容鲜卑的内部隐患是慕容垂复兴后燕过于偏重武力。慕容家族形成"重武"风气，涌现出许多崇尚武力且战功煊赫的宗王，例如，范阳王慕容德、太子慕容宝、赵王慕容麟、辽西王慕容农、高阳王慕容隆、太原王慕容楷、陈留王慕容绍等，都是叱咤一方的杰出军事统帅。慕容垂尚在，他们尚会服从，但任何一人继位为皇帝，彼此之间就难免出现不服气的状况。

当时，后燕占据半个中原，但各地方被拥有较强军事势力的宗王掌控。慕容农、慕容德、慕容麟、慕容隆、慕容绍、慕容楷分别统军镇守一方。慕容垂一手复兴燕国，在宗王心目中权威很高，后燕诸宗王虽然雄踞一方，但对慕容垂还是非常忠心的。慕容垂能顺心应手调动诸位宗王统率的军队。

慕容垂年纪大了，精力不足，开始着手培养接班人，把国事大事交给太子慕容宝处理。慕容宝勇猛有余，谋略不足，处理政事简单粗暴。诸位宗王不是慕容宝的叔叔，就是他的兄弟、堂兄弟。逐渐的，宗王难免内心轻视慕容宝。

除了内部危机，外部危机就是势力发展超过慕容垂预期的北魏。在慕容垂复兴后燕时，拓跋珪也复兴代国，即北魏。拓跋珪面临重重危机，主动与后燕保持友好关系。慕容垂利用北魏抵挡来自西部的压力，采取友好政策，在其需要帮助时也派兵帮助。但没想到，拓跋珪能那么迅速征服周边各部落，还一举消灭了世代强敌匈奴铁弗部。此后，拓跋珪势力大增，逐渐萌生问鼎中原的野心。

公元388年八月，魏王拓跋珪派拓跋仪到中山城探听虚实。慕容垂接见拓跋仪时，进行了一番唇枪舌剑。拓跋仪丝毫不畏惧，不卑不亢，有理有节地反击慕容垂的威胁。拓跋仪回去后，将他在后燕观察到的分析给魏王拓跋珪听，然后判定只要慕容垂一死，燕国必然出现内乱。到时候，北魏将可以趁机夺取天下。拓跋珪采纳他的建议，暗中积蓄力量，以待天时。

拓跋珪想低调隐忍，但后燕诸王却主动挑事。公元391年七月，拓跋觚出使燕国时，慕容垂已经衰老，将朝政大权交给太子慕容宝处理。在诸王怂恿下，慕容宝强行扣留拓跋觚，命令北魏进献良马。拓跋珪得知消息，坚决不给，毫不犹豫与后燕断绝外交。由于实力尚不够，时机尚不成熟，拓跋珪也未主动派兵攻打后燕，转而与西燕结盟。

这件事触动了慕容垂的神经。慕容垂准备了两年，亲自率军攻打西燕。拓跋珪认为时机成熟，积极出兵援助西燕。慕容垂率后燕军加强攻击，抢在北魏援军到来之前消灭了西燕。正因为如此，无论是西燕，还是后燕，在战争中伤亡都很大。北魏成为最大受益者。

灭西燕后，慕容垂身重病，已无精力对北魏发起战争。慕容宝等人极力怂恿要尽快对北魏开战，不然越拖延局势对后燕越不利。公元395年五月，慕容垂派慕容宝、慕容农、慕容麟率8万后燕军进攻北魏，另外让慕容德、慕容绍率1万8千步骑兵作为后援。散骑常侍高湖认为北魏最近几年都在积蓄势力，攻打北魏时机不成熟，极力劝阻。慕容垂大怒，撤掉高湖的官职。后燕再也没人反对进攻北魏了。

慕容宝率后燕军到达五原黄河北岸时，魏王拓跋珪亲自率军在南岸，与他们隔黄河对峙。拓跋珪不急着与后燕军作战，而是派精兵埋伏在中山到五原路上，专门截获后燕传送消息的使者。连续几个月，慕容垂给前线军队传出的消息都准确无误地到了拓跋珪手里。慕容宝率的后燕大军长期收不到来自皇帝的指令，不敢擅自行动。

得知慕容垂病情比较严重，拓跋珪威逼俘虏的后燕使者到黄河岸边喊话："皇帝已经死去了，你们还不早早回去！"太子慕容宝听到这个消息，虽不相信，但内心非常担心、害怕，因为万一这消息是真的，别人抢先一步登基，他将被边缘化。后燕军军心动摇了。

后燕军处境艰难，北魏军却一切尽在掌控中。拓跋珪派拓跋虔、拓跋仪各率数万骑兵分别驻在河东、河北，又派拓跋遵率7万骑兵悄悄地绕到后燕军东南面，截断他们的退路。就这样，后燕军和北魏军在五原一带对峙近一个月。后燕军早已经从一支骄兵变成羸兵。慕容宝心中发虚，进攻没有勇气，撤退也不敢承担相关责任。

慕舆嵩认为皇帝慕容垂死了的消息真实可信。他私下联合将领们，准备发动兵变，拥立慕容麟做皇帝。事情败露，慕容宝下令把慕舆嵩等人杀了。不过，事情并未彻底结束，慕容宝和慕容麟互相猜忌，都认为对方企图杀死自己。

主帅之间相互猜忌，后燕军的军心更不稳定。后燕军支撑到十月底时，再也支撑不下去了。此时，冬季来临，五原地区寒风凛冽，没有冬装准备的后燕军根本扛不住寒冷。在不得已的情况下，慕容宝下令烧掉渡船撤军。当时黄河水还未结冰，慕容宝认定北魏军没足够船只，不具备渡河追击能力，无须采取任何防备措施。于是，未做任何防御，他率后燕军一路向东撤退。

拓跋珪发现后燕军撤退，因缺乏渡河船只，并未马上追击。后燕军撤退后的第八天，天气突变，刮起寒潮暴风，黄河迅速冻合。这真是天赐良机。拓跋珪大喜过望，下令丢下所有辎重，连夜率 2 万精锐骑兵，全速冲过黄河，朝着后燕军撤退方向追击。

疲惫不堪、士气低落的后燕军撤到参合陂时，已近傍晚。后燕军的身后天空出现一阵尘雾。支昙猛认为那是大量人马急行军造成的尘雾，劝慕容宝做好抵御准备。慕容宝深信已将北魏军抛下很远，根本不当回事。支昙猛再三请求。在旁边听得不耐烦的慕容麟气呼呼地骂支昙猛，要杀他。支昙猛痛哭流涕提起淝水之战的事。慕容德见此情景，替他劝说慕容宝。

慕容宝派慕容麟率 3 万骑兵殿后，防止北魏军追击。慕容麟根本不信支昙猛的话，不做设防准备，放纵士兵四处游猎。

当天晚上，昼夜兼程追击的北魏军赶到参合陂西面，发现后燕军就在参合陂东边蟠羊山南面依水扎营。拓跋珪连夜部署进军计划，命令各将领分别带兵，士兵衔枚，战马束口，悄悄向后燕军靠近，在第二天凌晨发起袭击。

第二天日出时，北魏军全部登上蟠羊山顶，占据有利地形。毫无准备的后燕军缓步走出营寨，准备收拾行装东撤时，发现眼前是严阵以待的北魏军，顿时慌作一团。拓跋珪乘势率 2 万精骑兵以排山倒海之势冲杀过去。后燕军纷纷逃入水中，人马相互践踏，踩死的、淹死的达到数万人。

拓跋遵率部转到后燕军前方进行阻截。后燕军最后一道心理防线崩溃，四五万人全部乖乖放下武器，举手投降。慕容宝、慕容农、慕容麟、慕容德等人凭着马快，才保住性命。慕容绍不幸战死，数千文武将吏成为俘虏。

慕容宝等人逃回都城中山时，发现皇帝慕容垂活得好好的，他哭着陈述失败惨状，竭力请求再次出兵攻打北魏。慕容德为推卸责任，在一旁帮着慕容宝说话："魏军侥幸打了这场胜仗，已经打心眼儿里瞧不上太子了。如果您再不出面把他们制服，恐怕后患无穷。"

70岁的慕容垂听了这话，不禁吓出冷汗，决定亲自率军出征，尽最后努力击败北魏，为身后的后燕谋取生存空间。他命令慕容隆和慕容盛调集旧都龙城精兵，全数带到中山，准备在公元396年大举进攻北魏。

驻守龙城的后燕军是一支精锐骑兵。这支军队进入中山城后，后燕军士气重新振作。公元396年三月，慕容垂亲率后燕军精锐秘密出发。他们悄悄凿开太行山道，出其不意直逼北魏重镇平城。拓跋虔率3万人驻守平城。慕容垂派慕容农和慕容隆率龙城精兵打前锋，突袭平城。拓跋虔一向不设防备，看到后燕军来攻，才仓促率军出战。龙城精兵是后燕战斗力最强的鲜卑旧部。他们个个奋勇争先，如下山猛虎。北魏军招架不住，拓跋虔战死，残部全部被后燕军收编。

得知拓跋虔的死讯，拓跋珪吓得大惊失色，率部逃走避战。

后燕军一路前行。慕容垂率部来到参合陂时，设下祭坛，祭奠死去的后燕将士。死难将士父兄的痛哭声响彻山谷。白发苍苍的慕容垂面对此情此景，心中又惭又恨，突然口吐鲜血，旧病发作。将士们只好带着他撤到平城西北30里处休整。慕容宝等人所率的前锋军，得知此消息，也只好全部撤退。

在逃走避战途中的拓跋珪从后燕叛兵那里得到相关消息，一番思考后，率军退回阴山休整，等待新的时机。

慕容垂在平城停留了10天，命令后燕将士修筑燕昌城，匆匆率军返回后燕。在归途中，慕容垂在上谷郡沮阳死去。在北魏和后燕争雄的关键时刻，慕容垂死了，拓跋珪如释重负，而后慕容垂时代的后燕一场危机悄悄发生了。慕容宝如何处理危机，影响着中原局势发展方向。

4. 后燕内讧，慕容宝被迫逃归龙城

慕容垂既是那个时代的英雄，也是那个时代的悲剧。慕容垂死后，他的四儿子慕容宝继承皇位。慕容宝年轻时言而无信，缺乏志向和操行，喜好别人逢迎自己，后随父慕容垂等人从前燕逃亡到前秦，曾参与淝水之战，其本性并未改变。

公元384年，慕容垂建立后燕，慕容宝被立为太子。段元妃曾劝慕容垂说，慕容宝优柔寡断，在太平盛世是仁明君主，在危难之时却不是济世雄杰，在王子中，辽西王慕容农和高阳王慕容隆最贤明，适合选一个做太子，赵王慕容麟奸诈负气，有轻侮太子的心理，将来可能造成灾难。但慕容垂没有采纳她的建议。慕容宝和慕容麟得知段元妃说过这些话，对她恨之入骨。

这件事后，慕容宝非常注意自己人设，磨炼品行，崇尚儒学，注意谈论，学习写文章，还降低身份去讨好皇帝身边的近臣，最终博得了好名声。朝臣一致称赞太子，慕容垂也认为他贤能，能继承江山。

慕容宝继位后，遵照先皇慕容垂遗令，检查户口，将军营遣散，分配给各郡县，确定士族的出身，明确他们的官仪。由于实行的法律严峻政令苛刻，朝廷上下人心各异，百姓中十家就有九家想反他。

更导致统治阶层离心离德的是，慕容宝下令处死段元妃，屠杀段氏家族。在慕容麟等人怂恿下，他违背先皇慕容垂临终时留下册立慕容会为太子的遗令，改立慕容策为太子，将慕容盛、慕容会晋升为王。慕容会多才多艺，有雄才大略，深得爷爷慕容垂器重，率军镇守幽州，在后燕军中威望非常高。哥哥慕容盛妒忌慕容会，极力讨好父亲慕容宝，力图拥立小弟弟慕容策为太子。因此，慕容会与父亲以及兄弟们有始终解不开的心结。

慕容宝继位不久，拓跋珪率10万北魏军，趁后燕内部混乱发起了

进攻。北魏军进攻并州时，慕容农率军迎战，打了败仗，返回晋阳。晋阳守将慕舆嵩下令紧闭城门，拒绝让慕容农等人进城。慕容农没办法，只好率数千人逃向中山城。他们走到潞川时，被北魏军追上。结果，除慕容农一人侥幸逃脱外，全军覆没。

慕容宝在东堂召见群臣商议。后燕大臣一致认为，北魏军声势强大，不宜跟他们正面作战，应占据要地，深挖壕沟，高筑壁垒，坚壁清野来对待他们。慕容宝见慕容麟也是持这种看法，就下令修筑城墙，囤积粮草，准备长期和北魏军对峙。

北魏军攻打中山城，没能成功，便进而占据博陵、鲁口。后燕各位守将望风而逃，各郡县都向北魏军投降。拓跋珪以优势兵力攻下信都，兵临邺城。慕容青率后燕军袭击北魏军营垒，拓跋珪被迫率北魏军撤退到杨城。

就在关键时刻，北魏都城发生政变。拓跋珪接到消息，准备撤兵赶回去平息内乱，主动派人与后燕议和。后燕皇帝慕容宝不答应，并亲自率军出城作战。当时，后燕军有12万步兵和3万7千骑兵，分别驻扎在曲阳和柏肆。慕容宝派人向北魏皇帝拓跋珪下战书，宣称要与他决战。

拓跋珪求和不成，愤而应战。慕容宝害怕北魏军锐利的士气，派慕容隆在夜晚率军去偷袭北魏军。后燕军深夜袭击滹沱河南岸北魏军军营。拓跋珪在慌乱中逃出营帐，下令击鼓集合军队。后燕将领听到鼓声，误以为中了北魏军的埋伏，慌忙鸣金收兵。后燕军前面的部队急忙掉头后撤，而后面的军队听到鼓声，误以为主帅命令他们强攻，勇猛向前冲锋。结果，后燕军前后的军队自相践踏，互相砍射。拓跋珪趁机集合北魏军，率军发起反攻。后燕军死伤惨重，乱作一团。

战后，后燕将士都很惧怕，全军失去锐气。面对不利局势，慕容农、慕容麟劝慕容宝率军返回中山城。慕容宝只好率军退去，拓跋珪率北魏军乘胜追击。慕容宝、慕容农等人丢弃大军，只率2万精锐骑兵逃走。

正逢风猛雪大，冻死的人在道路上相互枕压。后燕皇帝慕容宝担心被北魏军追上，命令将士们扔掉战袍和武器，连一点兵器也未带回。

北魏军进攻中山城时，驻扎在芳林园。前燕尚书慕舆皓图谋杀掉皇帝慕容宝，拥立慕容麟当皇帝。慕舆皓妻子的哥哥苏泥向皇帝慕容宝告密。慕容宝派慕容隆率军逮捕慕舆皓。慕舆皓和同谋的几十个人砍开城门，逃向北魏。慕容麟心里害怕，十分不安，逼迫慕容精率禁卫军去杀皇帝慕容宝。慕容精直接拒绝了。慕容麟非常愤怒，杀了慕容精，逃往丁零部。

后燕内部矛盾并未因此消失，而是接连爆发。当初，皇帝慕容宝听说北魏军入侵，命令慕容会率幽州和并州的军队赶赴中山城勤王。慕容麟叛逃后，慕容宝担心慕容会会发生军变，便计划先夺了他的军权，然后派兵去迎接他。慕容麟侍从段平子从丁零逃回来，向皇帝慕容宝报告，说慕容麟在丁零招兵买马，军势强大，谋划要袭击慕容会所率的后燕军，向东攻占龙城。

慕容宝和太子慕容策以及慕容农、慕容隆等人率1万多人到蓟城，与慕容会所部会合，同时命令慕容祥率军守卫中山城。慕容会声望非常高，加上招纳贤士辅佐，他所率的2万步骑兵战斗力非常强。

慕容宝等人到蓟城时，慕容会率2万步骑兵在蓟南郊排成阵势，声势浩大地迎接皇帝一行。这种声势让皇帝慕容宝感到极度不安。慕容宝当即收回慕容会所率军队的指挥权，命令库辱官骥率3千精锐骑兵前去协助防守中山城，并准备将剩下的部分军队交给慕容农和慕容隆统率。

慕容会因慕容策当太子的事情有怨恨情绪。皇帝慕容宝将这事告诉慕容农和慕容隆。他们居然火上加油地说："慕容会年纪轻轻的，单掌一方事务，养成骄傲习性。难道他有其他不轨的行为吗？我们想用礼仪去责备他。"他们的目的很明显，想激怒慕容会，然后趁机找借口给他定罪。

幽州兵和并州兵感念慕容会的威德，不愿意离开他。他们派代表向皇帝慕容宝求情，说："清河王（慕容会）天生神武，应变谋略超过常人，我们与他誓同生死，感念他的恩惠，勇气倍增。请皇上、太子、诸王住在蓟的行宫，派清河王率我们向魏军进攻，以解除京城的围困，然后接皇上还都。"

皇帝的近臣都忌妒慕容会的勇略，在皇帝面前说慕容会坏话。皇帝慕容宝不允许慕容会率军出征，幽州兵和并州兵有怨气。有近臣居然劝皇帝杀掉慕容会。侍御史仇尼归急忙去劝慕容会，说："皇上近臣秘密谋划杀你，皇上有可能会听从他们的建议。你倚仗父母，但你父亲已有除掉你的想法；倚仗军队，但军队已不被你所掌握。你现在进退都无路可走，没自我保全的可能。为何不杀掉慕容农和慕容隆，废除太子慕容策，你当太子，统率将相，进一步匡扶国家呢？"慕容会没有听从仇尼归的建议。

几乎与此同时，皇帝慕容宝与慕容农和慕容隆等人商讨杀掉慕容会的事。皇帝慕容宝主动提出要杀儿子慕容会，一向鼎力支持他的慕容农看不下去了，拿民心来极力劝阻。慕容农等人坚持规劝，慕容宝只好作罢。

慕容会得知这件事后，更加害怕，逃到广都黄榆谷。他派仇尼归等人率20多人，分别去袭杀慕容农和慕容隆。慕容隆在当夜被杀，慕容农受重伤。

不久，慕容会又归顺皇帝慕容宝。慕容宝想除掉慕容会，表面上安抚他，暗地里秘密派慕舆腾去杀他，结果未能成功。慕容会又逃到他旧部那里，率军向慕容宝等人进攻。皇帝慕容宝率数百人马逃奔到龙城。慕容会率军追击，派使者告诉皇帝慕容宝，请求杀掉他身边的奸臣，立慕容会为太子。慕容宝没有接受，慕容会率军包围龙城。侍御郎高云在晚上率100多人偷袭慕容会部，慕容会战败，部下四散逃去。慕容会单枪匹马冲过包围圈逃往中山城，进入城中，后被慕容祥设计杀死。

公元397年六月，后燕西河公库傉官骥率军进入中山城，与慕容详产生了冲突。慕容详杀死库傉官骥，并消灭库傉官氏家族。中山尹苻谟不满慕容详此举，慕容详又杀死苻谟及其一族。中山城内没了主事人，百姓担心北魏军乘虚攻城，男女老幼自愿结起盟约，一起守城，抵抗北魏军进攻。不久，拓跋珪率北魏军从中山城外撤走，到河间去征粮了。

慕容详自认为北魏军撤退是他的功劳，大大提升了他的声威与恩德，就趁皇帝慕容宝北逃的机会自立为帝，改年号建始，设置文武百官，任命新平公可足浑谭为车骑大将军、尚书令，杀死扣押在中山城的北魏皇帝拓跋珪弟弟拓跋觚，以此稳定人心。

称帝后，慕容详放纵酒色，过着奢侈荒淫生活，杀戮也没有限度。他一口气杀害王公以下500多人，境内外震动，没人敢违逆他。中山城中闹饥荒，连王公大臣都饿死了几十人，慕容详却不允许百姓出城采集野菜食用。中山城内饿死的人尸横遍地，全城上下都期待赵王慕容麟回来，杀掉残暴的自封皇帝慕容详。赵王慕容麟早就不服皇帝慕容宝，与自立皇帝慕容详也有宿怨，看到时机成熟便悄悄从丁零潜回中山，在百姓的支持下，斩杀慕容详以及300多党羽。随后，慕容麟也自立为皇帝。

中山城粮食依旧缺乏，饥荒越来越严重。为解决粮食问题，慕容麟率军离开中山城，到新市寻找粮食。没多久，他们在义台遇到同样在寻找粮食的北魏军。一场大战下来，慕容麟所率后燕军大败。北魏军趁机攻进中山城，慕容麟被迫率残部逃到邺城。

公元398年，镇守邺城的车骑大将军慕容德派李延请求皇帝慕容宝率军南下进攻北魏占领的中山城。慕容宝想采纳这个建议，长乐王慕容盛极力劝阻，说后燕军疲乏，北魏军才平定中原不久，应当养精蓄锐，留意他们发生变故，等待时机。抚军将军慕舆腾也劝阻。但慕容宝坚持要向北魏中山城进军，说再有劝阻的就杀。

于是，慕容宝发起了轰轰烈烈的南征。大军到乙连时，已故高阳王慕容隆的老部将段速骨、宋赤眉因为士兵害怕打仗，杀了乐浪威王慕容宙，拥立时任高阳王慕容崇为皇帝。皇帝慕容宝单人独马逃到慕容农那里，率军讨伐段速骨所部叛军。抚军将军慕舆腾属下的士兵害怕征战、叛乱，纷纷扔掉兵器逃走，慕舆腾所部溃散，慕容宝、慕容农等人逃回龙城。

后燕尚书、顿丘王兰汗秘密与段速骨串通。段速骨率叛军攻打龙城时，慕容农被兰汗所欺骗，暗地出城到段速骨营中谈判，被杀。慕容宝和慕容盛、慕舆腾等人向南逃去，兰汗拥立太子慕容策登上帝位，派使者到蓟城迎接慕容宝回去。

皇帝慕容宝想继续北上回龙城。长乐王慕容盛等人都认为兰汗的忠诚还不知道真假，劝他不要轻易回龙城。慕容宝听从了，从蓟城向南走。到黎阳时，慕容宝听说慕容德在滑台自称皇帝，感到害怕，又退了回来。他派慕舆腾到钜鹿去招兵，派慕容盛到冀州去结交豪杰，派段仪、段温到内黄去招集旧部。大家都响应，愿意会合，按约定时间聚集。

兰汗派苏超来迎接皇帝慕容宝。兰汗是慕容垂小舅，也是长乐王慕容盛的岳父。慕容宝认为，有这层关系，兰汗必定忠诚无贰心，就回到龙城。兰汗将慕容宝引入城外馆舍杀掉。随后，慕容宝庶长子长乐王慕容盛继位。兰提、兰难都劝兰汗杀掉慕容盛，兰汗不同意。慕容盛和儿子慕容奇秘密策划杀掉兰汗一伙儿。不久，慕容奇起兵造反。慕容盛在宫里暗中联络反对兰汗的李旱等人，乘击败慕容奇反军庆功的机会，将兰汗一伙儿一举除掉。

在慕容盛治理下，后燕局势稳定下来。他率后燕军取得攻打高句丽、库莫奚的胜利。不过，北魏在中原已经势不可当，后燕内部也早已分裂。公元401年，慕容盛攻打库莫奚胜利后，慕容国、秦舆、段赞等人策划禁军兵变，慕容盛被暗器击中，不久死去，慕容熙继位。

慕容熙并无复兴后燕的雄心，宠爱妃嫔，导致后宫发生变乱。公元407年，慕容熙被慕容宝的养子慕容云所杀。慕容云原本是汉族人，姓高，即高云。高云时，国号继续为燕，史称北燕。不久，高云被近臣杀死，冯跋平定叛乱，自立为天王，改元太平。此时北燕已经不再是鲜卑政权。

5. 柴壁之战，北魏吊打崛起中的后秦

公元 398 年，拓跋珪正式改国号为魏，以中原皇帝自居。为适应新形势，巩固统治，拓跋珪鼓励农业生产，招纳中原世族门阀参加统治集团。在著名世族门阀崔宏建议下，拓跋珪下令解散以血缘关系为纽带的各部落组织，重新按居住地组织编制，让部民成为国家编户，放弃部落制，改为中央集权制。

在进行政权建设的同时，拓跋珪寻机扩张北魏势力。他没将过多精力放在后燕残余力量上，而是将目光锁定中原西部的关中。当时，雄踞在关中的是羌族人建立的后秦。

淝水之战后，羌族首领姚苌趁机率羌人独立。公元 384 年，姚苌自称大将军、大单于、万年秦王，改元白雀，设置百官。姚苌并不急于与前秦军作战，而是怂恿慕容冲等人率慕容鲜卑人围攻长安城。他率军到北地（今陕西耀州区），招降渭北 10 多万户羌胡，大力提高自身实力。

姚苌关注着长安城内外局势。前秦天王苻坚率亲信到五将山休养后，姚苌闻讯率军将其包围。在逼迫苻坚禅让不成后，姚苌下令将苻坚吊死。前秦与后秦成为死仇。

公元 385 年十月，已据有长安的慕容冲派高盖率军攻打后秦。后秦军击败高盖所部，迫使他投降。这一战后，西燕失去争夺关中信心。第二年，西燕频繁发生内乱，最终决定放弃长安东归故里。卢水胡郝奴乘虚入据长安并称帝，他派部将郝多进攻在马嵬自守的王驎。姚苌趁机率后秦军从安定东攻，逼走王驎，俘虏郝多，进而进攻长安，迫使郝奴投降。取长安后，姚苌在同月即位为帝，改年号建初，建国号大秦。

接下来，后秦主要作战对象就是前秦。两个秦国都将关中当作核心

区域，志在必得，且相互之间有血仇。

后秦皇帝姚苌率军攻打前秦，双方交战互有胜负。直到公元394年正月病死，他也没彻底击败前秦。姚兴继位后，继续率后秦军与前秦天王符登鏖战。符登率前秦军一度取得优势，从后秦那里夺得数个重镇。公元394年夏初，前秦和后秦两军在废桥决战。这一战，后秦大获全胜，前秦彻底崩溃，前秦天王符登狼狈逃到平凉，躲进马毛山里。

当年七月，姚兴命人率军阻击西秦皇帝乞伏乾归派来救援前秦天王符登的军队，亲自率军攻打马毛山。在马毛山，姚兴一鼓作气击溃符登所部前秦军，把他擒杀，前秦灭亡。姚兴又派兵消灭盘踞在武功的窦冲；派兵占取成纪、上邦，任命姚硕德为秦州牧、领护东羌校尉，镇守上邦，为全面夺取陇西做准备。同年年底，姚兴派姚绪率军东渡黄河，攻占原属西燕的河东地区。第二年九月，姚崇率后秦军攻击鲜卑薛勃部，把疆域向北扩展到上郡一带。

公元399年，后秦皇帝姚兴乘东晋衰乱机会，一再派兵东进。在攻占弘农、华山、上洛等地后，他命令姚崇、杨佛嵩率后秦军攻取洛阳。洛阳城破后，影响很大，淮河、汉水以北许多地方势力都归附后秦。此时，姚兴全力处理政务，重用人才，打击贪官污吏，崇尚清素，反对奢侈浪费，救济贫困百姓，大力提倡儒学，兴办学校等，后秦的实力蒸蒸日上。

后秦西邻是乞伏鲜卑人建立的秦国，史称西秦。乞伏鲜卑人原居漠北，西晋时迁到陇西。在淝水之战后，乞伏鲜卑部落首领乞伏国仁召集诸部，拥兵自立，割据陇西。乞伏国仁死后，继任者乞伏乾归改称河南王，建都金城。符登败死后，乞伏乾归率军击杀仇池王杨定，占有陇西、巴西之地。后来，乞伏乾归连续战胜后凉和吐谷浑，获取大量人口和土地。西秦成为后秦统一关陇、进军河西的障碍。

公元400年，西秦皇帝乞伏乾归把首都从金城东迁到苑川。后秦皇帝姚兴深感不安。这年五月，姚兴命令姚硕德率5万后秦军，从南安峡进攻西秦。乞伏乾归亲自从苑川率军赶到前线。两军在陇西城下形成对峙。由于深入敌境，人地生疏，樵道又被切断，后秦军逐渐陷入困境。姚兴得到报告，封锁消息，亲自率军，远程跋涉，前去增援。

乞伏乾归采取诱敌深入策略，准备一举歼灭后秦主力。他预先将精锐的中路军2万人埋伏在伯阳川，并在侯辰谷安排4万人作为后继，然后他带领几千骑兵迎候姚兴所部后秦军，企图引诱他们进入包围圈。

不过，交战时恰遇灾害性天气，大风昏雾，遮天蔽日，乞伏乾归等人迷失道路，与中军断绝联系，误入外军阵地。他的作战计划不能照常执行。西秦军措手不及，被姚兴率的后秦军打败。乞伏乾归丢弃大军，轻骑逃回苑川。失去主帅的3万6千西秦军都放下武器投降后秦。后乞伏乾归一度依附南凉，经辗转反复，最终归属了后秦。

在征服陇西后，后秦皇帝姚兴率军越过黄河继续西进，消灭后凉，逼降南凉、北凉和西凉，占据西方重镇姑臧。后秦成为中原西部强盛政权，引起中原强国北魏注意。

拓跋珪曾派人到后秦请求联姻，姚兴一口拒绝。公元401年正月，刚刚赢得魏燕争霸胜利的拓跋珪派北魏军进攻后秦属国黜弗、素古延诸部。后秦与北魏从此有了冲突。二月时，北魏军又进攻后秦。后秦朝廷震惊，开始训练军队，准备反击。

五月，后秦皇帝姚兴派姚平、狄伯支等人率4万步骑兵进攻北魏，亲率大军为后援，命令姚晃辅佐太子姚泓镇守长安。姚平率后秦军进攻北魏乾壁时，历经60多天才攻克。这一战极大鼓舞了北魏军的士气。拓跋珪派拓跋顺、长孙肥等人率6万骑兵为前锋，亲率大军随后跟进，一起抗击后秦军。

一个月后，拓跋珪率北魏军到永安（今霍州）时，后秦将领姚平派骁将率200名精锐骑兵来侦察，遭长孙肥所率北魏军俘虏。姚平得知消息，感到震惊，率后秦军后撤到柴壁，然后闭城固守。拓跋珪率北魏军紧追不舍，赶到柴壁，将他们紧紧包围起来。后秦皇帝姚兴得知消息，亲自率 4 万 7 千人来救援。他想占据柴壁对岸的天渡，运粮救济姚平所部。北魏皇帝拓跋珪令部众在汾河上架起浮桥，率军到汾河西岸，筑围以阻击后秦军。姚兴率军到蒲坂后，畏惧北魏军强大，迟疑了很久才进军。

北魏皇帝拓跋珪率 3 万步骑兵在蒙坑南部迎战姚兴所率后秦军。北魏军作战勇猛，一举击败后秦军，杀死千余人，姚兴被迫撤退 40 余里。而在柴壁的后秦军也不敢出战，北魏和前秦形成对峙。

拓跋珪下令分兵据守各处险要，阻止后秦军援军接近柴壁，企图围困姚平所部，逼迫他们投降。后秦皇帝姚兴当前主要任务是援助姚平，被北魏军困住后，下令在汾西屯兵，利用当地沟壑地形修筑防御工事，然后从汾河上游将柏树成捆丢下，让其顺流而下，希望借此冲毁北魏浮桥。柏树没能冲毁北魏军浮桥，而被守卫浮桥的北魏军用钩子捞起来当柴火烧。后秦军计策失效。拓跋珪更坚定了围困后秦军的决心。

两军相持到十月时，姚平所部断粮了，武器装备也得不到补充。他不得不乘夜率部从西南突围。后秦皇帝姚兴命令军队在汾西列阵，举火鼓噪呼应，但不敢主动出战，进行战略配合。北魏皇帝拓跋珪抓住时机率军出战，全力围攻姚平所部。

一场恶战后，姚平见突围无望，带着部下投河自尽，以表达对抗北魏军的决心。拓跋珪命令会游泳的将士到汾河中去抓捕投河的后秦将士。狄伯支、唐小方等 40 多名将领及 2 万多名士兵被俘。姚兴看到这一幕，没有能力去救助那些后秦兵，派人到北魏皇帝那里求和。后秦求和多次，拓跋珪都加以拒绝。拓跋珪乘胜率军进攻蒲坂，蒲坂守将姚绪固守不战。

在危急时刻，柔然从北部入侵北魏，拓跋珪不得不撤兵，后秦灭国危机化解。后秦经过柴壁一战，已经元气大伤，从此再也无力东进与北魏抗争，失去了夺取中原的希望。

后秦皇帝姚兴既不甘心，又不敢与北魏继续作战，就向南方东晋扩张领土，加强对西部的控制，但后秦已经不可避免地走上衰亡之路。秃发鲜卑人建立的南凉将后秦势力拖垮。匈奴人赫连勃勃建立的大夏突然在后秦北方崛起，成为后秦无法摆脱的威胁和灾难。姚兴死后，他的继承者发生内讧。东晋趁机派刘裕率军北伐，进入关中消灭后秦。

北魏皇帝拓跋珪在一举击败后秦后，也变得刚愎自用，猜忌多疑，想起昔日的不爽就杀人。大臣们惶恐度日，唯恐祸及自身。公元409年十一月初六，二皇子拓跋绍深夜发动兵变，杀死拓跋珪。太子拓跋嗣率军镇压拓跋绍一伙，登基称帝。

拓跋嗣内修庶政，体察民情，改革官制，选贤任能；外拓疆土，北逐蠕蠕，设置六镇，逐步扩张领土，最终因攻战劳顿病死。不过，经过拓跋珪父子的努力，拓跋鲜卑不仅成功实现复国，还成为中原实力最强大的政权，统一中原已经指日可待。

6. 另建政权，南燕难续慕容雄风

面对北魏攻势，后燕皇帝慕容宝抵挡不住，从都城中山撤离。留在中原的慕容德趁乱重建燕国，史称南燕。后燕丢失中山城后，回到龙城，陷入内乱之中，而从后燕独立出来的南燕继续逐鹿中原。

慕容德身材高大，体貌魁伟，多才多艺，博览群书，性情清高谨慎，是慕容家族的才俊。他深得哥哥慕容垂赏识，常和他共同商议军国大事，提出有见识的建议。他有度量，有见识，曾参加枋头之战，也曾因慕容垂投前秦受牵连被免职。前燕灭亡后，慕容德在前秦当了几年张掖太守，后被免职。

前秦淝水之战失败时，符坚跟张夫人走散。原前燕皇帝慕容暐准备让护卫送回张夫人，慕容德劝他战时不要接近女色，慕容暐不听。后来，慕容德又劝慕容暐考虑恢复燕国，没被采纳，此后慕容德跟随慕容垂到了邺城。

公元 384 年，慕容垂复国，建立后燕。慕容德出任车骑大将军，封范阳王，参与决断政事。慕容永占据长子称帝时，慕容垂和大臣商议讨伐，大臣犹豫不定。慕容德极力主张要先铲除慕容永，夺取正统，再逐鹿中原。慕容垂便兴兵讨伐西燕。慕容垂死前，叮嘱太子慕容宝让慕容德负责镇守邺城。

慕容宝继位后，慕容德镇守邺城，北魏军趁机进攻后燕。拓跋章率北魏军攻打邺城时，慕容德派慕容青等人率后燕军在夜里袭击，一举击败北魏军。北魏军退驻新城后，慕容青等人请求率军追击。慕容德听了韩稳一番分析后，命令慕容青撤军回城防守。果然，贺赖卢又率北魏骑兵，配合拓跋章所部，一起围攻邺城。慕容德派刘藻去后秦请求救援，后秦皇帝姚兴未派军队救援。守城将士非常恐惧，慕容德亲自犒赏战士，多加抚慰鼓励，人人都感激，乐意为他效命。

不久，北魏将领拓跋章和贺赖卢发生内战，各自率军从邺城逃跑。丁建率军投降后燕，说拓跋章所率军队士气低落，应趁机打败他们。慕容德派后燕军去追赶，打败了拓跋章，后燕军的军心从此安定下来。

公元 397 年，北魏军进攻中山城，皇帝慕容宝带着太子以及亲信大臣逃到蓟城。慕容详趁机在中山城自立为帝。正好刘藻从后秦回邺城，邺城出现慕容德将继位的流言。当时，慕容详在中山自立，北魏军在冀州势力强盛，皇帝慕容宝生死未卜，部下劝慕容德继位，慕容德不同意。慕容达从龙城来到邺城，传皇帝慕容宝的命令，任命慕容德为丞相，兼领冀州牧，秉承皇帝旨意在南方自主行事。

慕容麟从义台投奔邺城，建议慕容德放弃邺城，向鲁阳王慕容和靠拢，占据滑台自保。此前，慕容和也劝慕容德南迁。慕容德采纳了慕容麟的建议。公元 398 年，慕容德率 4 万户民众，放弃邺城，从黎阳津渡过黄河，到达滑台。北魏军追击，迟了一步。慕容德认为获得了神的帮助，就在滑台自称燕王，称元年，建立南燕，大赦境内死罪以下罪犯，设置百官。不久，慕容麟秘密策划反叛，事情泄露后被赐死。

除掉了慕容会后，慕容宝才算是在龙城安顿下来了，此时的后燕的国都中山已经被北魏占领。公元398年南燕慕容德派侍郎李延对谒慕容宝说：拓跋珪从中山走了，咱们在一块打他吧，收复中山。慕容宝一听很是高兴，决定出兵南下。慕容农和慕容盛都劝慕容宝说：现在咱们元气大伤，魏军才平定中原不久，我军应当养精蓄锐，观察他们的变故，等待时机。慕容宝执意南下，还说："吾计决矣，敢谏者斩。"慕容宝从龙城南征到黎阳，派赵思去叫守将慕容钟出城迎接。慕容钟首倡慕容德称王，就先将赵思抓到监狱，同时派人向慕容德报告。慕容德与大臣们商议后，决定趁机杀掉慕容宝。慕舆护受命去完成这任务，他率数百名勇士，带着赵思去迎接慕容宝。结果，慕容宝早已经逃跑。慕舆护到黎阳未见到慕容宝，押着赵思回来。赵思惹怒慕容德，被杀死。

东晋闾丘羡、邓启方率军2万攻打滑台。到达管城时，慕容德派慕容法、慕容和等人率南燕军前去抵抗。东晋军被打败。不过，慕容德对慕容法没有穷追猛打东晋军很生气，于是杀了慕容法的抚军司马靳瑰。此举引起南燕内部矛盾。

后来，慕容德率军出征后，李辩劝慕容和趁机谋反，慕容和未听从。李辩杀了慕容和，以滑台投降北魏。当时，将士们的家属都在滑台城内。慕容德准备率军攻打滑台。韩范劝阻慕容德不要想攻打滑台，应先找一地方安稳下来。不久，慕容云杀李辩，率2万多将士家属冲出滑台城。

接下来，慕容德和大家一起商议下一步到何处立足。慕容钟、慕舆护、封逞、韩稳等人建议夺回滑台，潘聪等人建议占据广固，再根据形势决定。慕容德犹豫不决，找和尚郎公素占卜后，决定率军攻占广固，向齐鲁之地拓展势力范围。这一决定决定了南燕后来的发展方向。

公元400年，慕容德在广固南郊正式称帝，大赦天下，改年号建平，在宫廷南设立临时宗庙，建立学官，培养公卿以下子弟和二品士门。

不过，南燕内乱又爆发了。原来，赵融从长安归来，带来慕容德母亲和哥哥的死讯。慕容德放声痛哭，哭得吐血，卧病不起。慕容达趁机反叛，侯赤眉充当内应。慕容德侥幸逃过，在段宏等人帮助下，杀了侯赤眉等人。慕容达逃走，投奔了北魏。

慕容德下令休养军队，打造兵器，扩大农耕，积储粮食，审核户籍，增加军资，又派慕容镇率 3 千骑兵，沿着边界严密设防，防备百姓逃跑；任命韩稳巡行到各郡县进行审核。韩稳公正廉洁，不打扰当地百姓，为慕容德获得一定的人心。当时，东晋桓玄专权，诛杀不归附自己的人。刘轨、司马休之、刘敬宣、高雅之、张诞都心里不安，投奔南燕。

慕容德想趁机攻打东晋，下令在广固城西讲习武艺，进行军事演练。得知桓玄被灭的消息后，慕容德任命慕容镇为前锋，慕容钟为大都督，准备派 2 万步兵以及 5 千骑兵进攻东晋。还没出发，慕容德生病，只好停止。

公元 405 年，慕容德册立侄子慕容超为皇太子，大赦境内。不久，慕容德死去，慕容超即位，大赦境内，改年号太上。

慕容超对南燕未立寸功，猜忌德高望重的慕容钟、慕容法、慕容镇等人，将他们一一贬到地方任职，将朝中大事委托给公孙五楼。公孙五楼想专断朝政，经常离间南燕皇帝慕容超和宗王的关系。慕容法被逼与慕容钟、段宏等人谋反。事情泄露后，慕容超把慕容钟的同党慕容统、慕容根、段封杀了。慕容法和封融投奔北魏，慕容钟、慕容凝等人投奔后秦，南燕实力大大削弱。

不仅如此，慕容超不关心政事，喜爱出游围猎，百姓深受其害。仆射韩稳直言极谏，慕容超不采纳。慕容超打算恢复肉刑和九等官制。群臣大多数不同意，慕容超才作罢。慕容超的母亲、妻子在长安，被后秦皇帝姚兴拘禁。慕容超为接回母亲和妻子，不顾群臣反对，向后秦称臣，给他们送去 1 千个俘虏的东晋人。慕容超派大将斛谷提、公孙归等人率骑兵攻陷东晋的宿豫，大肆抢掠后离开。这样，南燕和东晋的矛盾进一步激化。

公孙五楼专擅朝政后，将宗族兄弟都安排在皇帝左右辅助国政，王公内外没有不惧怕公孙五楼的。慕容超论攻打宿豫的功劳，斛谷提等人全都受封郡公、县公。慕容镇等人反对，慕容超见公孙五楼支持，就坚决执行。不久，慕容超又派公孙归等人率3千骑兵入侵东晋济南，抢掠1千多男女后离开。

南燕频频入侵抢掠，激怒了东晋朝野。刘裕率东晋军进攻南燕。慕容超在东阳殿召见群臣，商讨抵抗东晋军。公孙五楼建议占据大岘，跟东晋军对峙，拼消耗，然后断绝东晋军粮草运输，最终击败东晋军。慕容超超级自信，认为南燕军一定能击败东晋军。

贺赖卢苦苦规谏，慕容超不听；慕容镇苦苦劝谏，慕容超也不听。慕容超下令南燕军撤出大岘，聚集莒、梁父的守兵修筑城壕，简选兵马，养精蓄锐，等待东晋军到来。

公元409年夏，刘裕率东晋军越过大岘。南燕皇帝慕容超害怕了，率4万士兵到临朐去向段晖等人靠拢，派公孙五楼率军占领川源。孟龙符率东晋军到达川源，将公孙五楼所率南燕军赶走。随后，檀韶率东晋精锐兵马攻破临朐。慕容超独自骑马逃到城南段晖那里。段晖所率军队又战败，东晋军斩杀段晖。慕容超又逃回广固，把外城里的人都迁入小城里固守，派张纲向后秦皇帝姚兴请求援兵。

刘裕率东晋军围攻广固城，四面合围。刘裕派兵将广固四周监控起来，抓住从长安回来的张纲，让他围绕广固城大声说"大夏军大败后秦军，后秦没兵救援了"。南燕军从此士气低落。刘裕不急着攻城，又派人去劝降。南燕不少大臣逃出来投降东晋。刘裕率东晋军继续围困广固。

公元410年正月初一，慕容超登上天门，在城上召见群臣，杀马犒赏将士，文武百官都有升迁封授。不过，此举已经无法挽救南燕灭亡的命运。贺赖卢、公孙五楼令人挖地道，派兵和东晋军作战，被击败。

南燕有大臣劝慕容超为保全宗族的继承人，开城投降，慕容超坚决不投降。刘裕准备好攻城器材后，命令东晋军四面进攻广固城。东晋军杀死和打伤很多南燕军。悦寿打开城门接纳东晋军，慕容超和身边数十人出城逃跑时，被东晋军抓住。慕容超被押送到建康城，在街市被斩首。南燕就此灭亡，从此，慕容鲜卑消失在历史烟云中。

7. 河西争雄，秃发鲜卑四处碰壁

在鲜卑人复国浪潮中，地处河西的秃发鲜卑人也在历史上留下了光辉一笔。

秃发部是从拓跋部分离出来的。公元 279 年底，秃发树机能反晋斗争失败，秃发部并没溃散，而是进入积蓄实力时期。秃发树机能死后，秃发务丸继位。秃发务丸死后，秃发推斤继位。秃发推斤死后，秃发思复鞬继位。秃发思复鞬是秃发鲜卑人历史的关键性人物。

秃发思复鞬重视农业。他采取养民务农经济政策，重视有才干的人，努力处理好政治事务，遵循与邻友好政策，尽量避免卷入战争。秃发部的人马逐渐强盛。秃发思复鞬死后，秃发乌孤继任首领。此时，在中原的鲜卑人已相继复国。秃发部虽无复国重任，却也抓住历史机遇而崛起。

公元 386 年，吕光自称天王，以凉州为基地，建立后凉。随后，他趁中原混战机会，率军在西北扩张势力。公元 394 年，后凉天王吕光派人任命秃发乌孤为假节、冠军大将军、河西鲜卑大都统，封广武县侯。此举目的是将秃发部纳入后凉统治范围。秃发乌孤召集将领们商议，经过一番讨论和思考后，秃发乌孤决定接受后凉授任的官职。这一决定结束了此前秃发部避免卷入战争的政策。

公元 395 年七月，秃发乌孤率部大败乙弗、折掘两个鲜卑部落，派石亦干率部建造廉川堡，秃发部聚集在那里。秃发乌孤登上廉川大山，流着泪不说话。石亦干以为他接受后凉天王所封官职而感到屈辱，劝慰他。他表明自己担忧的是卢陵、契汗从万里以外来归顺，邻近部落却不依附。苻浑乘势建议他整顿军队，去讨伐那些不服从的部落。秃发乌孤听从他的建议，开始率军兼并邻近部落。

公元 396 年七月，后凉天王吕光派人授任秃发乌孤为征南大将军、凉州牧、左贤王时，秃发乌孤对使者公开表示，将要顺应上天和百姓的愿望，做天下之主。第二年正月，秃发乌孤自称大都督、大将军、大单于、西平王，在境内赦免罪犯，改年号太初，建立南凉。

秃发乌孤在广武宣布起兵，率军攻克金城。后凉天王吕光派窦苟率军攻打南凉。双方在街亭大战，南凉军大败窦苟所率后凉军。后凉乐都、湟河、浇河三郡守将得知消息，主动向南凉投降。岭南羌胡数万部落得知消息后也归附南凉。后凉将领杨轨、王乞基也率数千户来投奔。南凉实力进一步壮大。

公元 399 年正月，秃发乌孤将南凉首都从西平迁到乐都，任命秃发利鹿孤为骠骑大将军、西平公，负责镇守安夷，任命秃发傉檀为车骑大将军、广武公，负责镇守西平。此外，他将有才干的人、德高望重的人、武功突出的人、有才智的人以及秦雍的豪门大族都做了安排，或在内处于显赫位置，或在朝廷外统治郡县。

迁都乐都后，秃发乌孤思考下一步行动方向。当时，南凉周边有乞伏乾归统治的西秦、段业统治的北凉以及吕光统治的后凉。秃发乌孤有意统一中原西部，必须从兼并邻国开始。谋臣杨统建议先联合西秦和北凉，派兵攻打后凉。秃发乌孤认为此建议有道理，便有吞并后凉的念头。

这年五月，后凉太子吕绍、吕纂等人率军进攻北凉。北凉王段业向南凉王秃发乌孤寻求救援。秃发乌孤派秃发利鹿孤和杨轨率军去救援北凉。在北凉和南凉夹击下，后凉军害怕了，放火烧了氐池、张掖的谷麦，撤军而去。随后，秃发乌孤任命秃发利鹿孤为凉州牧，负责镇守西平，召秃发傉檀回朝处理国家大事。

不过，秃发乌孤还没来得及率军消灭后凉，就因为一次意外死了。

公元 399 年八月的一天，秃发乌孤醉酒后骑马奔驰，不小心从马上摔下，伤了肋骨，很快因病情恶化而死。临死前，他指定秃发利鹿孤继位。

秃发利鹿孤继位后，将都城迁到西平，与北凉交好。同年十二月，后凉天王吕光死去，秃发利鹿孤得知消息，派金树、苏翘率 5 千骑兵驻扎昌松漠口，摆出进攻架势。后凉新天王吕纂派军前来进攻，秃发傉檀率军抵抗。

后凉军战斗力强，向前越过三堆。秃发傉檀所率南凉军混乱恐惧。秃发傉檀下马，靠着胡床坐下，将士才开始平静下来。他率南凉军和后凉军作战，一举将其击败，杀死了 2 千多人。吕纂不敢继续作战，率军向西撤走，前去攻打北凉。秃发傉檀并没追击，而是率 1 万南凉骑兵，乘虚袭击后凉的姑臧。姑臧守将吕纬坚守南北城自保，不出城迎战。秃发傉檀便在朱明门上设酒，擂响钟鼓来犒赏将士，在青阳门显示武力，俘虏了后凉 8 千多户才撤回。

西秦皇帝乞伏乾归被后秦皇帝姚兴打败后，率数百名骑兵投奔南凉。秃发利鹿孤把他安置在晋兴，以上宾礼节接待他。乞伏乾归派儿子乞伏谦等到西平做人质。俱延对秃发利鹿孤说，乞伏乾归本是臣属，自立为王，走投无路才来归顺，并不是真心实意，应该把他迁到乙弗部，防止他逃跑。秃发利鹿孤没采纳。后来，乞伏乾归投奔后秦去了。秃发利鹿孤派俱延率军追击，追到黄河没追上。

公元 401 年，南凉境内出现祥瑞，大臣们劝秃发利鹿孤称帝，秃发利鹿孤遂自称河西王。有部将建议重用中原人，将中原汉族人安置到各城里，勉励和督责农业生产，用来供给军队和国家需用。秃发利鹿孤采纳此建议。他率军攻打后凉，大败其军，擒获后凉右仆射杨桓。秃发傉檀与杨桓对话后，认为他是忠臣，任命他做左司马。接下来，秃发利鹿孤采纳史暠的建议，建立学校，发展教育，挑选德高博学者来教帝王和公卿贵族的子弟。在南凉，田玄冲、赵诞非常有学问，充当博士祭酒，负责教育帝王公卿子弟。

秃发傉檀又率南凉军攻打后凉昌松太守孟祎。南凉军抓住了孟祎。秃发傉檀责骂孟祎时，孟祎巧妙回答，获得赏识。秃发傉檀非常高兴，解开绑在他身上的绳索，用待客的礼节来对待他。

不久，后凉被沮渠蒙逊率北凉军攻打，派人来南凉请求救兵。秃发利鹿孤与大臣讨论此事。秃发傉檀认为，无论如何也不能让沮渠蒙逊占领姑臧，应该火速去救援后凉。他派秃发傉檀率 1 万骑兵前去救援后凉。南凉军到昌松时，沮渠蒙逊已率北凉军撤退。秃发傉檀下令把凉泽、段冢的 500 多户迁回。

公元 402 年，秃发利鹿孤病重，临死前命令秃发傉檀继位。同年，后秦皇帝姚兴派使者封秃发傉檀为车骑将军、广武公。秃发傉檀大规模建造乐都。两年后，秃发傉檀因后秦强盛，又密谋图取姑臧，去掉年号，派关尚去向后秦称臣。公元 406 年，秃发傉檀派秃发文支讨伐南羌、西虏，获得胜利后，上表后秦皇帝姚兴，请求得到凉州。姚兴不同意。秃发傉檀便率军攻打北凉。沮渠蒙逊下令环城固守，秃发傉檀不得不撤退。

第二年，秃发傉檀假装出游浇河，率军袭击西平、湟河诸羌，把俘虏的 3 万多户迁到武兴、番禾、武威、昌松。他征集胡汉 5 万多军士，在方亭举行大检阅，然后率军攻打北凉，进入西陕。

沮渠蒙逊率北凉军前来抵抗。南北凉军在均石决战，南凉秃发傉檀被北凉沮渠蒙逊打败。秃发傉檀率 2 万骑兵运载 4 万石粮食补给西郡。北凉沮渠蒙逊率军攻下西郡。后来，秃发傉檀又与赫连勃勃所率大夏军在阳武交战，被大夏军打败，有十多名将领阵亡。南凉王秃发傉檀和数名骑兵逃往南山，差一点儿被追赶骑兵抓获。他害怕东西面敌人来攻，把 300 里内百姓迁进姑臧，境内百姓都惊骇怨恨。

屠各（即休屠，匈奴部落，后汉至西晋杂居于并州、凉州、关中等地）首领成七儿趁着百姓惊扰，率 300 人在城北反叛，推举梁贵为盟主。梁贵紧闭大门不肯应允。一夜之间，反军人数到了几千。殿中都尉张猛大声对反军喊话。众人听到了，全都散走。成七儿逃往晏然，殿中骑将白路等追杀了他。军谘祭酒（军师祭酒）梁衷、辅国司马边宪等七人谋反，南凉王秃发偄檀将他们全都杀了。

公元 408 年，后秦皇帝姚兴因秃发偄檀外有阳武失败，内有边宪、梁衷反叛，派韦宗来观察动静，寻找机会。秃发偄檀和韦宗纵论战国时六国纵横之术，三国时三家战争的策略，远的说到天命的废兴，近的陈述了当世人事的成败，谈论时随机应变，辞令明辨。韦宗赞叹秃发偄檀的治理才华，回到长安后，劝姚兴不要企图打败他。姚兴不信，派姚弼和敛成率 3 万步骑兵去攻打南凉，又让姚显率军作为后续兵力。他送给秃发偄檀一封信，说调兵是为防止大夏军向西逃跑。秃发偄檀相信了，没有设防。后秦军虽然开始取得胜利，但最终被秃发偄檀转败为胜。

这一战后，秃发偄檀复称凉王，赦免境内罪犯，改年号嘉平，设置百官。遗憾的是，秃发偄檀采取了错误的战略，没有积极发展实力，而是又跟北凉打起来。不仅如此，接下来三年，南凉与北凉作战，是屡战屡败，屡败屡战，将原先积蓄的一点实力逐步耗尽。

公元 410 年，秃发偄檀派枯木、胡康率南凉军攻打北凉。北凉王沮渠蒙逊率 5 千骑兵反击，南凉军大败。此后俱延又率南凉军攻打北凉，大败而回。秃发偄檀不顾赵晁、景保等大臣全力劝谏，亲自率军攻打北凉。沮渠蒙逊亲自率军迎战。南、北凉在穷泉交战，秃发偄檀被打得大败，单枪匹马逃回来，南凉不少将领被俘。

南凉势力大大受损。第二年，沮渠蒙逊率北凉军围攻南凉都城姑臧。百姓以东苑屠杀为鉴戒，全部惊慌溃散。垒掘、麦田、车盖各部全都向北凉投降。秃发偄檀派使者向沮渠蒙逊求和，沮渠蒙逊同意了。不过，秃发偄檀派敬归和秃发他去北凉做人质。敬归到了胡坑，便逃了回来。秃发他被抓住。

此后，折掘奇镇占据石驴山反叛。秃发偄檀被迫迁到乐都，但姑臧城的焦谌、王侯等人又作乱，投降北凉。

沮渠蒙逊乘着攻克姑臧的余威来攻打乐都，30 天没攻下来，派使者对秃发傉檀说："如果你把宠爱的儿子送来当人质，我就撤军。"秃发傉檀不同意。沮渠蒙逊愤怒，建造房屋，犁地耕种，作长久打算。大臣竭力向秃发傉檀请求，劝他把儿子秃发安周送去当作人质，沮渠蒙逊这才率军回去。

秃发傉檀并没从这次战争中吸取教训，不久又准备攻打北凉。孟恺劝谏，秃发傉檀不听，出兵 5 路进攻北凉。在番禾、苕藿抢掠 5 千多户后，屈右劝秃发傉檀快速撤回南凉境内。但秃发傉檀听信伊力延的话，不能丢掉缴获的财物和抢夺的人口。几天后，沮渠蒙逊率北凉军追上来。秃发傉檀大败而回。沮渠蒙逊继续进军，围攻乐都。秃发傉檀环城固守，把儿子秃发染干交出当作人质，沮渠蒙逊才率军回去。

在这种情况下，秃发傉檀不思考应对战略，还派安西纥勃在西边疆界上炫耀兵力。结果，沮渠蒙逊又率军攻打乐都，过了 20 天，未攻下来，不得不撤军。南凉将领文支带领湟河人马向北凉投降，把 5 千多户迁到姑臧。沮渠蒙逊率北凉军又来攻打。秃发傉檀把太尉俱延当作人质，沮渠蒙逊才带兵回去。

南凉对北凉频频失败，秃发傉檀依旧不改变战略。公元 414 年，秃发傉檀和大臣们商议西征乙弗部来壮大自己。孟恺劝他与南部西秦结盟，然后积蓄势力对付北凉，而不要轻易发动战争。秃发傉檀率 7 千骑兵袭击乙弗部，大败他们，缴获了 40 多万头牛马羊。

秃发傉檀这一战获得巨大胜利，却导致南凉走向灭亡。西秦皇帝乞伏炽磐率军乘虚前来袭击。留守乐都的秃发虎台骄傲轻敌，还担心汉臣有贰心，把那些名望大又有勇有谋的人关闭在屋里。孟恺流着眼泪劝阻，秃发虎台不听。10 天后，乐都被西秦军攻陷。

秃发樊尼从西平跑去报告秃发傉檀，秃发傉檀发现无处可归，便率军往西走。很多人逃散，秃发傉檀派段苟率军去把人追回来，然而段苟也逃跑不回来了。将领和士兵都逃散，仅有纥勃、洛肱、秃发樊尼、阴利鹿还在秃发傉檀身边。秃发傉檀非常愧疚，遣散纥勃、洛肱、秃发樊尼，自己向西秦投降。南凉灭亡。

秃发傉檀到西平时，西秦皇帝乞伏炽磐派使者到郊外相迎，用上宾礼节待他。当初，乐都溃败时，其他各个城邑都投降了西秦，南凉将领尉贤政固守浩亹，西秦军攻不下来。乞伏炽磐亲自劝降不成，又让秃发虎台写亲笔信去劝降。尉贤政不投降，直到听到皇帝秃发傉檀投降的消息，才下令投降西秦。

一年多后，秃发傉檀被西秦皇帝乞伏炽磐毒死。秃发虎台后来也被乞伏炽磐杀死。秃发傉檀小儿子秃发保周等人投降北凉，后来归附北魏。北魏封秃发保周为张掖王，还给了其他秃发鲜卑贵族爵位。

第四章　一统中原，北魏成为北方之主

拓跋焘继承先祖留下的基业，将主要精力放在北方，率北魏军先后消灭大夏，击败柔然，兼并北燕，歼灭北凉，成为北方之主，还成功击退南朝宋趁机发起的三次北伐，扭转了北朝对南朝的战略劣势，巩固了国土安全。然而，他在位期间的国史之狱，也在一定程度上削弱了北魏统治，激化了民族矛盾。

1. 攻灭大夏，北魏彻底征服世仇

拓跋珪复国时，曾与匈奴铁弗部激战，他亲自率军消灭了匈奴铁弗部。匈奴铁弗部首领刘卫辰儿子刘勃勃投奔叱干部，成为漏网之鱼。叱干他斗伏准备把刘勃勃送给北魏，叱干阿利极力劝阻。叱干他斗伏担心被北魏责罪，没有听从。叱干阿利暗中派人在路上抢走刘勃勃，把他送到后秦高平公没奕于那里。

拓跋珪死后，拓跋嗣继位。拓跋嗣曾率北魏军进攻南朝宋，付出重大伤亡代价，却再也无力继续进攻。拓跋嗣死后，拓跋焘继位，吸取经验教训，将主要精力放在逐鹿中原上。中原边缘的大夏、北凉、西秦、北燕、柔然等政权，成为他攻灭的目标。大夏是匈奴铁弗部漏网之鱼刘勃勃所建，他的首选目标就是大夏。

刘勃勃在后秦长大后，受后秦皇帝姚兴宠信，参与军国大事。姚兴给刘勃勃封侯，让他协助没奕于镇守高平，统率三城、朔方杂夷以及原匈奴铁弗部众，后来又把三交五部鲜卑以及杂族 2 万多人给他管辖。

河西鲜卑人杜嵛向后秦皇帝进献 8 千匹马，渡过黄河，到达大城时，刘勃勃把马匹扣留下来，召集手下 3 万多人，假装去高平川游猎。同年，刘勃勃袭杀他的恩人没奕于，兼并没奕于数万部属。

公元 407 年，刘勃勃叛后秦自立，自称天王、大单于，赦免境内，建元龙升，设置百官。刘勃勃认为匈奴是夏启后代，取国号大夏。同年，刘勃勃率大夏军讨伐鲜卑薛干等三部，打败三部，俘虏 1 万多人。

刘勃勃率军讨伐后秦三城以北各处边防驻军，获得巨大胜利，然后又率军抢掠岭北、河东各地。刘勃勃向南凉君主秃发傉檀求娶他女儿，秃发傉檀没答应。刘勃勃很生气，率 2 万骑兵攻打南凉。一番恶战下来，刘勃勃率军把南凉军打得大败，并追杀 80 多里，杀死南凉 1 万多人以及 10 多员将领。事后不久，刘勃勃又率大夏军接连击败后秦张佛生所部和齐难所部。此间有数万岭北夷人、汉族人归附大夏。

大夏军接连取得胜利，此后几年，后秦皇帝姚兴不断派军来镇压。刘勃勃充分利用灵活的战略战术，击败各路后秦军，占领大片后秦土地。后秦镇北参军王买德投奔大夏。刘勃勃向王买德表明自己的雄心壮志。王买德向他进献灭亡后秦的策略。刘勃勃很赏识他，任命他为军师中郎将。

公元 413 年，刘勃勃在境内大赦，改年号凤翔。他任用叱干阿利兼领将作大匠，征发岭北 10 万胡人、汉族人，在朔方水北、黑水南修筑都城，取名统万城，以表示他要统一天下、统治万邦的雄心壮志。叱干阿利生性工巧，残忍刻暴，用尘土修筑城墙，如果锥子能插入一寸，就杀修筑工匠一并筑入墙中。刘勃勃认为叱干阿利忠诚。

制造五兵器械时，叱干阿利的要求极高。做成以后呈送上来，一定有送命的工匠：弓箭射不进钟甲的，就杀死做弓的人；如果射进去，就杀死制造镗甲的匠人。他又令人制造百炼钢刀，上面做一个龙雀大环，号称"大夏龙雀"，在刀背上铸刻铭文。世人非常珍爱这把刀。再用铜铸成大鼓，那些飞廉、翁仲、铜驼、龙兽之颎，都用黄金来装饰，列在宫殿之前。叱干阿利一共杀了数千名工匠，他监督制造的器物无不精美华丽。

后来，刘勃勃改姓赫连。改称赫连勃勃后，他逐渐变得残暴起来。他率大夏军打败姚逴所部后秦军后，将 2 万后秦降兵活埋；他率大夏军攻克上邽，将其守将以及守兵 5 千人全部杀死，还将城池彻底摧毁。此后，后秦军与大夏作战失败，赫连勃勃必定下令大屠杀。

刘裕率东晋军攻打后秦时，赫连勃勃采取观望态度。刘裕返回建康后，赫连勃勃立即率军抢占关中，将后秦故地全部纳入自己地盘。公元 418 年，群臣劝赫连勃勃称帝，他在灞上筑起坛场，即皇帝位，实行赦免，改年号昌武。

群臣劝赫连勃勃定都长安。赫连勃勃认为定都统万比定都长安好，下令在长安设南台，任命赫连璝兼领大将军、雍州牧、录南台尚书事。赫连勃勃回到统万城，因为宫殿大规模建成，又实行赦免，改年号真兴，在都城南部刻石歌颂功德，并追封先祖。

赫连勃勃生性凶暴，嗜好杀人，没有常规。他常常站在城头上，把弓箭放在身旁，凡是觉得嫌恶憎恨的人，就亲自杀死；大臣们有面对面看他的，就戳瞎眼睛；有敢发笑的，就割掉嘴唇；把进谏的人说成是诽谤，先割下其舌头，然后杀死。胡人、汉族人都躁动不安，民不聊生。

公元 424 年，赫连勃勃想废太子赫连璝为秦王，立酒泉公赫连伦为太子。赫连璝得知消息，抢先率军消灭赫连伦。赫连昌又趁赫连璝不防备之际，率军袭杀了赫连璝，兼并了他的属下，然后率 8 万 5 千人回到统万。赫连勃勃居然非常高兴，立赫连昌为太子。

公元 425 年，赫连勃勃死去，赫连昌继位。赫连家族因残暴统治，已经丧失了民心。而此时，北魏皇帝拓跋焘已经继位两年，一直在寻找征服对象。大夏出现皇位更替，民心丧失，又与北魏有世仇，成为拓跋焘的最佳攻击目标。拓跋焘决定出兵攻打大夏。

公元 426 年初，拓跋焘率 1 万 8 千轻骑兵，突然渡过黄河，袭击大夏都城统万城。得知北魏轻骑兵突击统万城时，大夏君臣正在过冬至节，举行宴会。北魏轻骑兵到达黑水，离统万城 30 多里，赫连昌这才集结军队，仓促率军出战。

拓跋焘亲自驰马发起攻击，北魏轻骑兵紧跟其后，赫连昌见此架势，慌忙撤退，逃入统万城中。还没来得及关闭城门时，北魏轻骑兵就趁机冲进统万城，焚烧统万城西门。夜晚，北魏军住在统万城北部。第二天，北魏轻骑兵分兵四路出击，掠抢统万城居民，杀死或活捉数万人，牲口牛马无数，然后押着 1 万多户居民撤回。

此后，赫连定率大夏军在长安与奚斤相所部北魏军对峙。拓跋焘又趁机进攻统万。渡过君子津后，拓跋焘率 3 万轻骑兵加速兼程，直指统万。北魏轻骑兵到达黑水后，拓跋焘把军队分散埋伏在深谷中，然后派出少数兵力攻城。

公元 427 年六月，大夏部将狄子玉率军投降北魏，将内部消息报告给拓跋焘。拓跋焘下令将北魏军撤到统万城北面，向赫连昌示弱。同时，他派拓跋健和娥清等人分别率 5 千骑兵，在统万城西边劫掠大夏的居民。

有犯罪的北魏兵逃入统万城内，向大夏投降，说北魏军粮食吃完了，士兵吃的都是野菜，辎重还在遥远的后方，步兵还没赶到，反击北魏军是天赐时机。赫连昌相信了那个士兵的话，率 3 万步骑军出城，反击北魏轻骑兵。

拓跋焘下令收兵，假装败北，引诱大夏军追赶，将其拖疲惫。赫连昌见北魏军败退，命令大夏军立即追杀，把兵阵分散成翼形。撤退五六里后，拓跋焘率军转身向大夏军猛冲。大夏军的阵形不动，继续前行。正好大风刮起，拓跋焘继续率军作战，下令把骑兵分成左右两部，以成掎角之势。

在作战中，拓跋焘从马上坠落，大夏军已逼近，形势非常危急。拓跋焘忍住疼痛，翻身上马，继续率北魏军冲杀。他一鼓作气，杀掉大夏尚书斛黎，又杀大夏10多个骑兵。流箭射中他的手掌，他仍然坚持奋勇作战。北魏军见此，士气高涨，个个奋勇向前冲杀，大夏军溃败。赫连昌等人来不及进城，被迫奔逃到上邽。北魏军攻下大夏都城统万城。

公元428年，拓跋焘派尉眷率北魏军去围攻上邽。赫连昌指挥大夏军作战失利，不得不退到平凉据守。奚斤率北魏军抵达安定，与娥清、丘堆等人会师。奚斤所部战马染上瘟疫，大批死亡，士兵又缺乏粮饷，暂时失去战斗力，被迫深挖沟堑，营造堡垒固守。

奚斤派丘堆率军到乡村征粮逼租。北魏将士残暴无端，大肆抢掠，对大夏军未加防备。赫连昌率大夏军乘机反攻，打败丘堆所部。丘堆带几百名骑兵逃回安定。赫连昌率大夏军乘胜追击，每天到城下抢掠。

得不到粮草补给，北魏将领们深感忧虑。安颉建议集中精锐力量，与敌人奋力拼死一战。奚斤推脱说将士没马，用步兵进攻大夏军骑兵，无取胜可能，必须等朝廷派救兵和战马赶来，才能出击。安颉说他愿意把各将领的马集中起来，亲自率敢死勇士出城攻击敌人，奚斤不置可否。

不久，赫连昌又率大夏军来攻城。安颉亲自率北魏军出城应战。赫连昌亲自出阵，与安颉一对一交锋。北魏将士认出大夏皇帝赫连昌，争相围攻他。在激战时，狂风突起，尘沙飞扬，遮天蔽日，白天像黑夜一样昏暗。赫连昌抵挡不住，转身逃走，安颉在后紧追不舍。赫连昌的马突然栽倒，赫连昌坠马倒地，被安颉俘虏。大夏灭亡。

公元428年三月十三日，赫连昌被押解到平城。拓跋焘安排赫连昌住在西宫，把妹妹始平公主嫁给他，封他为会稽公。不仅如此，拓跋焘还常常将赫连昌带在身边。后来，赫连昌背叛北魏，西逃时被抓住，被北魏河西边哨将领杀死。

　　赫连昌被擒时，赫连定收集大夏军残部数万人，一路奔走，逃奔平凉，复国即皇帝位，大赦境内，改年号胜光。随后，赫连定派人到北魏，请求和解。拓跋焘下诏令赫连定投降。赫连定拒绝投降，积蓄力量，准备收复统万城。

　　公元430年，赫连定派赫连谓率大夏军进攻北魏。拓跋隗归等人率北魏军反击，杀死大夏军1万多人。赫连定又亲自率数万人，截击拓跋隗归所率北魏军，留下赫连社干和赫连度洛孤一起镇守平凉。

　　在此期间，匈奴人沮渠蒙逊建立的北凉攻击河西鲜卑人建立的西秦。西秦派人向北魏求援。拓跋焘决定帮助西秦，许诺灭掉大夏国后，将平凉郡和安定郡封给乞伏暮末。于是，匈奴人与鲜卑人之间的大战开始。西秦军进攻大夏。

　　公元430年十一月初三，拓跋焘率北魏军进攻平凉。大夏守将赫连社干等人环城固守。拓跋焘派古弼等人率北魏军进攻安定。赫连定返回安定后，率2万步骑兵向北增援平凉。在途中，他们与古弼所率北魏军遭遇。古弼率北魏军假装撤退，诱敌深入。赫连定率大夏军紧追不舍。拓跋焘派高车部落飞速增援，截击大夏军。大夏军大败，被斩杀几千人。

　　赫连定仓皇逃回，退守鹑觚原，布置方阵自保。北魏军追上来，把他团团包围。北魏军围攻赫连定数天，切断水源和粮草运输线。大夏军人马饥渴交加。公元430年十一月十五日，赫连定率大夏军冲下鹑觚原。丘眷率北魏军截击。大夏军全军溃败，被杀1万多人。赫连定也身负重伤，只身骑马逃跑，途中又集结残兵败将，驱使5万百姓，向西退保上邽。北魏军俘虏赫连乌视拔、赫连秃骨以及100多名公侯以下贵族和大臣。

　　北魏军又乘胜进攻安定。守将赫连乙斗丢弃城池，逃到长安后，又强行裹胁数千户百姓向西逃往上邽。不久，赫连社干、赫连度洛孤出城投降。北魏军占领平凉。

大夏皇帝赫连定见打不过北魏军，将攻击目标放在北魏盟友西秦上。公元431年正月，赫连定率大夏军突袭姚献所率西秦军，获得巨大胜利。他又派赫连韦伐率1万精兵，去攻打西秦王乞伏暮末据守的南安城。

当时，南安城中正发生饥荒，严重缺乏粮食。西秦重臣乞伏出连、乞伏延祚、乞伏跋跋等人逃出城，投降大夏。乞伏暮末穷途末路，用车辆载空棺材出城投降。西秦灭亡。赫连韦伐把乞伏暮末押送到上邽。

赫连定下令杀死被俘西秦皇帝乞伏暮末以及西秦500多名皇族人员。杀了如此多的鲜卑人，赫连定怕北魏军复仇，劫持西秦10万多百姓，从治城渡过黄河，准备夺取北凉国土。

赫连定大肆杀戮河西鲜卑人，引起另一支鲜卑人吐谷浑不满。吐谷浑派出3万骑兵埋伏在治城黄河边，等赫连定率大夏军渡黄河时，趁机发起大规模攻击。大夏军彻底失败，赫连定被俘虏，大夏灭亡。10万多西秦百姓得到解救。

吐谷浑鲜卑人将10万多西秦百姓并入本部，将大夏皇帝赫连定以及大夏主要将领送到北魏。拓跋焘下令将赫连定等人斩杀，祭奠那些死在他手中的鲜卑人。拓跋鲜卑人的死敌匈奴铁弗部终于从此消失在历史舞台上。

2. 击败柔然，北魏摆脱统一中原羁绊

在擒获赫连昌后，赫连定继位，拒绝投降，他能延续大夏几年，有个重要原因是北魏皇帝拓跋焘并未将他当作主要对手，派精锐兵力乘胜追击。之所以这样，不是他不想，而是他要对付更重要的老对手。这个老对手就是柔然。

公元425年，赫连勃勃死时，拓跋焘之所以拖到第二年才出军，也是因北魏与柔然处在战争中，不便两线作战。

柔然是拓跋鲜卑人最奇特的邻居，是拓跋部别种，广义上的鲜卑人。

公元 3 世纪中叶，拓跋部处在拓跋力微时代。拓跋力微率军将木骨闾俘虏为奴隶，后来赦免木骨闾，让他充当鲜卑骑兵。

木骨闾是柔然可汗郁久闾家族的始祖。3 世纪末，拓跋猗卢总管拓跋三部时，木骨闾犯了罪，逃到广漠溪谷间躲藏起来。他集合 100 多个逃亡的人，形成小部落，受在阴山北意辛山一带游牧的纥突邻部保护。因为木骨闾与郁久闾的发音相似，后来木骨闾的子孙就以郁久闾为姓。郁久闾是柔然王室的姓氏。

木骨闾死后，他儿子车鹿会善战，率部众不断兼并其他部落，拥有不少部众和财富，确定了世袭贵族身份，以柔然自称，向拓跋部称臣纳贡。车鹿会死后，经吐奴傀、跋地，到地粟袁死后，柔然分为两部分：匹候跋管辖河套东北、阴山以北一带原柔然的游牧地；缊纥提统辖从河套向西到今内蒙古额济纳旗一带的草原。

拓跋部建立的代国被前秦灭掉后，柔然一度臣服匈奴铁弗部。拓跋珪恢复代国称魏后，认为柔然部背叛了拓跋部，在公元 391 年向柔然发起进攻。柔然根本打不过北魏。匹候跋和缊纥提都被迫率部投降。

后来，缊纥提的儿子社仑杀死匹候跋，兼并柔然各部落，完成柔然统一，在率军抢掠五原以西诸郡后，远远逃到漠北。社仑此举给北魏造成巨大伤害，是对北魏严重的挑衅。不过，拓跋珪及其继任者一心逐鹿中原，将主要对手锁定在后秦、后燕、西秦、南燕以及南凉等国，根本没精力去对付柔然。社仑抓住战略机遇，率领柔然迅速发展起来。

社仑率柔然军征服敕勒诸部，占有鄂尔浑河、土拉河一带水草丰茂的地区，实力进一步壮大。接着，他又率柔然军袭破匈奴余部拔也稽，将它全部兼并。这一战对草原各部落产生重大影响。事后，蒙古高原和周围诸部落纷纷降附。

柔然统一漠北，势力空前，领土范围东起大兴安岭，南临大漠，与北魏相峙，西逾阿尔泰山，占有准噶尔盆地，与天山以南的焉耆接壤，北到贝加尔湖。鲜卑人兴盛的匈奴故地，轮到了柔然统辖之下。

公元402年，正在中原各政权激烈混战时，柔然部落首领社仑自称丘豆伐可汗，正式宣布成立柔然汗国。

为适应军事征伐需要，丘豆伐可汗仿效北魏，订立军事法规，演练军事战阵，整编军队，建立可汗王庭。柔然汗国从此出现在历史舞台上。柔然骑兵威震漠北，成为漠北不可忽视的一支力量。

社仑称可汗前后，北魏迁都平城。柔然崛起成为北魏逐鹿中原的后顾之忧。北魏强盛是柔然南进阻碍。双方一下子变成战略上的敌人。

为对付北魏，丘豆伐可汗采取远交近攻策略，先后与后秦、北燕、北凉等建立友好关系，共同对付北魏，同时寻机派兵骚扰和掠夺北魏边境。为对付柔然，北魏采取武力讨伐方针，用武力解除北方威胁，统一大漠南北，顺带也掠夺财富。

在相互斗争中，柔然在武力上长期处于劣势，但在外交斗争中，却始终掌握主动权。后来，大檀当上柔然可汗，派人经过北燕，向南朝宋去进献羊和马，约定相互配合，南北夹攻北魏。就这样，北魏边境几乎每年都要遭到柔然袭击，不得不在沿边加强屯田和设置军镇，屯驻重兵，拱卫平城，无法全力去逐鹿中原或者进攻南朝宋。

公元424年八月，柔然牟汗纥升盖可汗大檀得知北魏皇帝拓跋嗣死了，亲自率6万骑兵攻入北魏云中郡，杀掠吏民，攻陷了北魏故都盛乐，包围了云中城。北魏局势危急，新皇帝拓跋焘却非常沉着冷静。

原来，拓跋焘当太子时，12岁时就曾远赴河套保卫长城，率军抗击过柔然入侵。当时，他把边塞的军务整顿得井然有序，对柔然军进攻战术了然于胸。得知柔然军入侵，且一路获胜，年仅16岁的皇帝拓跋焘力排众议，亲率2万骑兵，急忙赶往云中郡救援。他想趁这个机会与柔然决战。

牟汗纥升盖可汗大檀依仗柔然军人多，率军将赶来救援云中郡的拓跋焘所部包围了50多重，发誓要消灭这支军队，活捉年轻的北魏皇帝。当时，北魏将士十分恐惧，拓跋焘却没一点畏惧神色，还常常和将士们冒着柔然人的箭和石头冲锋。即使身边不断有人死去或者受伤，他的脸色依然没有丝毫变化。北魏军将士见皇帝如此勇猛自信，个个拼死作战，不顾一切向前冲。

柔然大将大那率军多次发起冲锋，都被北魏军击退。在防御的同时，拓跋焘积极组织军队主动出击。北魏军射杀柔然大将于陟斤后，柔然军出现混乱。拓跋焘趁势率北魏军大纵深地向前穿插，奋力突击柔然军。柔然军顿时被搅得一片混乱。牟汗纥升盖可汗大檀大惊，急忙率柔然军逃走。

第二年十月，拓跋焘率北魏军大举进攻柔然，兵分 5 路并进，越过大漠追击柔然军。柔然牟汗纥升盖可汗大檀根本不敢迎战，率军向漠北一路狂奔。正好，拓跋焘得知大夏皇帝赫连勃勃已死，赫连昌继位，便决定先征服大夏，暂时放过了柔然。

公元 428 年，在俘获赫连昌后，拓跋焘并未强力追击大夏残部，决定集中精力来彻底摆脱北面柔然与南朝宋两面夹击的威胁，雪云中被围之耻，把北魏精锐部队派去攻打柔然。

公元 429 年四月，拓跋焘与大臣商议攻打柔然的事。公卿大臣及保太后担心南朝宋军会趁机进攻北魏，竭力劝阻他不要急着去攻打柔然。太常卿崔浩力排众议，说："宋国得知我国攻克统万城后，内心深怀恐惧，必不敢出兵来攻打我国。柔然自恃遥远，认为我们无法攻打他们，防备松懈已久。他们夏季时散开放牧，到秋季时才聚集起来，向南发起进攻。我军现在趁他们分散放牧毫无准备发起攻击，就可以一举消灭他们。"

拓跋焘对崔浩的见解极为赞赏，下定进攻柔然的决心。他决定留长孙嵩和楼伏连率北魏军镇守京都；命令长孙翰率北魏军从西道向大娥山出发，亲率北魏军向黑山出发，然后一起越过大漠，夹击柔然可汗庭（今哈尔和林西北）。

同年五月，拓跋焘率北魏军到达漠南。他下令北魏军舍弃辎重，率轻骑兵，每个人带一匹备用马，日夜兼程，直逼栗水。柔然人没想到北魏军会在夏季发动进攻，没有做准备，临战时非常恐惧，牧民和牲畜都惊骇奔散。柔然牟汗纥升盖可汗大檀慌忙下令烧掉可汗庭，率部向西逃走。

拓跋焘率北魏军追到兔园水后，分兵到处搜寻牟汗纥升盖可汗大檀。北魏军的搜寻范围东到瀚海，西到张掖水，向北超越了燕然山，东西5千多里，南北3千里，俘获不计其数的俘虏及畜产车庐，但没有找到牟汗纥升盖可汗大檀。

牟汗纥升盖可汗大檀弟弟匹黎先在东部，得到北魏军进攻消息，率兵准备援救。在途中，匹黎先所率柔然军遭到长孙翰所率北魏骑兵截击，惨败，手下数百名将领被杀。

在这时，高车诸部也乘机摆脱柔然控制，主动向北魏表示归附。先后归附北魏的柔然人和高车人，加起来超过30万。北魏军声势大振。

拓跋焘率北魏军沿弱水西行，到达涿邪山，依然没有找到牟汗纥升盖可汗大檀，到七月时才率军东还。到黑山时，拓跋焘奖励了随他出征的北魏将士。

这一战，柔然大伤元气，牟汗纥升盖可汗大檀虽未被北魏人抓住，却因此战失败抑郁而终。他的儿子吴提继立，称敕连可汗。公元431年，敕连可汗吴提派人向北魏献马，表示愿意友好相处。北魏皇帝拓跋焘要防备南朝宋军进攻，还要消灭北燕、大夏残余以及北凉，因此同意吴提的请求。

为获得北边安宁，北魏采取与柔然和亲的政策。公元434年，敕连可汗吴提娶北魏西海公主。北魏皇帝拓跋焘也娶了吴提的妹妹，册封为左昭仪。不过，和亲未能维持多久，双方围绕争夺西域问题又发生武装冲突。北魏重点在中原，并未全力与柔然争夺西域。柔然在西域先后吞并高昌，攻占于阗。

直到柔然占领敦煌，企图掐断通向西域的商路时，北魏不得不先后连续 9 次出兵漠北，袭击柔然本部。柔然势力再次遭到严重削弱，已经无法对北魏构成严重威胁。

北魏与柔然之间时和时战。六镇起义时，柔然军帮助北魏镇压过起义军。北魏灭亡后，东、西魏分裂，柔然趁机复兴了一段时间，但到公元 555 年时被突厥灭亡，彻底消失在历史长河之中。

3. 攻灭北燕，北魏统一慕容鲜卑故地

击败大夏，击败柔然，拓跋焘接下来将目标转移到北燕身上。

当年，后燕皇帝慕容宝死后，慕容盛当上皇帝，慕容盛死后，慕容熙当上皇帝。冯跋和弟弟冯素弗先得罪了慕容熙，利用百姓无法承受赋税徭役机会，跟冯万泥等 22 人策划，一举杀死慕容熙。

随后，他们拥立慕容云为皇帝。慕容云是慕容宝的养子，原名高云，高句丽族。高云当皇帝后，后燕由慕容鲜卑人统治的性质发生了变化。皇帝高云任命汉族人冯跋为使持节、侍中、都督中外诸军事、征北大将军、开府仪同三司、录尚书事、武邑公。

在大宴群僚时，冯跋忽然有血从左臂流出，内心觉得不祥。王垂便说应验符命的事。冯跋告诫他别说出来。公元 409 年，北燕皇帝高云被近臣离班、桃仁杀死。冯跋登上洪光门观察形势变化。随后，在他指挥下，张泰和李桑挥着刀剑冲过去，杀了离班和桃仁。

平定叛乱后，大家推举冯跋当皇帝。冯跋谦虚，推荐冯素弗当皇帝。冯素弗希望冯跋对上顺从皇天之命，对下符合百姓心愿，登基称帝。见大家极力请求，冯跋答应了，在昌黎称天王，仍以燕为国号，史称北燕，大赦境内，建年号太平。他追封先祖，任命各级官员，给各级官员升职晋爵。

冯万泥出任骠骑大将军兼任幽州牧、平州牧。冯万泥上表请求让别人替代自己。冯跋非常欣赏他，不仅没批准，还给他加开府仪同三司。

讽刺的是，冯万泥不到一年便和冯乳陈一起密谋造反，被杀。事后，冯跋下诏作自我批评和反省，采取措施整顿官场，杜绝贪污受贿事件发生。

北燕建立后，柔然可汗派人请求娶冯跋女儿乐浪公主，并献上3千匹马。

冯跋命令大臣讨论此事。冯素弗等人说："根据前代旧例，都是用宗族女子嫁给异族首领，应该把妃嫔生的女儿嫁给他。乐浪公主不宜嫁给异族人。"

冯跋却有不同意见，说："女人生来就是随从丈夫的，1千里也不能算远，我尊崇不同民族的风俗，为什么要欺侮他们？"他答应柔然可汗求婚，派秦都率2千骑兵送乐浪公主嫁给柔然可汗。

库莫奚首领虞出库真率3千多部民前来请求通商互市，献上1千匹马。冯跋答应了，把他们安置在营丘。

冯跋分派使者到各郡国巡行，考察民间疾苦，救济孤寡老人和长久生病的，奖励表彰孝悌和努力耕田的，选拔重用贤良之才。他重视农桑，勤于政事，每次派出地方官吏前，一定要在东堂亲自接见，询问处理政事的要务，让他们畅所欲言，用以观察他们的志向。于是，北燕内外都勤奋务政。

北魏派耿贰出使北燕时，北燕皇帝冯跋因耿贰不向他称臣，生气不接见他。申他秀极力诉说耿贰凌傲，想激怒冯跋杀死耿贰。冯懿请求把耿贰关起来逼他投降。冯跋没有贸然杀害耿贰，下令把他留下，不让他回去。

柔然可汗郁久闾斛律被弟弟大但驱逐，全家投奔冯跋。冯跋把他安置在辽东郡，用宾客的礼节接待他。随后，冯跋娶郁久闾斛律的女儿为昭仪。郁久闾斛律上书请求返回塞北。冯跋派单于前辅万陵率300名骑兵护送郁久闾斛律等人。万陵害怕到远地去，到黑山候，杀死郁久闾斛律，返回了北燕。

张穆劝北燕皇帝冯跋放回北魏以前的使者，和北魏讲和结盟。冯跋表示会考虑这件事。不久，北魏军大规模攻过来。冯跋派单于右辅古泥率骑兵去侦察。出城刚 15 里，遇到北魏军，古泥等人逃回来。冯跋又派姚昭、皇甫轨等人率军迎战。皇甫轨中乱箭而死。北魏军虽然进展顺利，但看到北燕已有戒备，便暂时撤了回去。

公元 430 年八月，冯跋病重，召申秀、阳哲嘱托后事。九月，冯跋病情加重，乘辇车到金銮殿，命令太子冯翼主持朝政，统率全国军队，防止发生意外变化。冯跋的妃子宋夫人企图除掉太子冯翼，改让自己的儿子冯受居继位。冯跋三弟冯弘得知宋夫人的密谋，亲自率几十个武士闯进后宫杀死她。冯跋躺在床上看到这一幕，不胜惊骇，气绝而死。冯弘乘势到金銮殿，登上皇位。随后，冯弘杀死太子冯翼等人。

公元 431 年正月初一，冯弘大赦天下，改年号大兴。三月，冯弘封夫人慕容氏为皇后。第二年正月，立冯王仁为太子。此时，北燕已经成为北魏下一个兼并对象。

冯弘即位时，废黜长子冯崇，令冯崇镇守肥如，改立冯王仁为太子。冯崇同母弟弟冯朗、冯邈两人认为国家面临灭亡，大祸临头，逃出奔往辽西，劝冯崇归降北魏。冯崇接受他们的意见。正好，北魏皇帝拓跋焘派王德前来劝降，冯崇就派冯邈到北魏请降。北魏皇帝拓跋焘任命冯崇为假节、侍中、都督幽、平二州东夷诸军事，封辽西王，食邑辽西十郡。冯弘得知此消息，派封羽率北燕军围攻冯崇。北魏皇帝拓跋焘派拓跋健督率诸军前往救援。结果封羽献凡城投降北魏。

这年五月，北魏皇帝拓跋焘认为军队已经休整完毕，在平城南郊调集兵马，囤积粮草准备进攻北燕。六月，他亲率北魏军进攻北燕。一个月后，北魏军到达濡水，后方供给出现严重危机。这个问题不解决，就意味北魏军出征将会失败。

为解决粮草危机，拓跋焘派奚斤先行，去征发幽州和密云百姓及丁零部 1 万多人，专门充当运送攻城器具以及粮草的民夫。奚斤军事才干突出，组织能力也非常出色，胜利完成任务。拓跋焘率北魏军主力继续东进，与奚斤所部会合后，一起攻到北燕都城龙城外。

两路北魏军在途中基本没遭到抵抗，沿途北燕守军和官员接连向北魏军投降，北魏军没费多少工夫就合围北燕首都龙城。在龙城外，拓跋焘又征发3万多百姓，命令他们挖围堑，准备困死龙城内北燕守军。

除了固城自守，北燕皇帝冯弘别无他法。到八月，冯弘不甘心就此投降，派3万北燕军出城，主动攻击北魏军，战败。拓跋丘和拓跋齐率北魏军趁机合围北燕军，北燕军死伤近万人。遭此一败，北燕官员和将领都老实了不少，只有高绍仍然率北燕军抵抗。不久，高绍被杀。

到九月时，北燕所辖营丘、辽东、成周、乐浪、带方、玄菟等六郡向北魏投降。拓跋焘下令把北燕3万多户人迁到幽州。北燕尚书郭渊劝皇帝冯弘向北魏投诚归附，进献女儿入朝，请求做北魏附庸，以保全王位。冯弘说："燕国和魏国早就有裂痕，结下的仇怨已经很深，降附魏国是自取灭亡，还不如我们固守城池，等待转机。"

局势越来越危险。公元434年正月初四，北燕皇帝冯弘派使臣出使北魏，请求和解。北魏皇帝拓跋焘拒绝他的请求。冯弘率北燕军抵抗三个月后，又派尚书高颙前来北魏请罪，请求把他的小女儿充当后宫嫔妃。拓跋焘同意了，征召他儿子冯王仁入朝侍奉。冯弘不能接受这些条件。臣下刘训劝谏，惹得冯弘大怒，杀死了他。

拓跋焘又命令拓跋丕等人率北魏军进攻龙城。情况日益紧张急迫，北燕上下无不深感危惧。北燕太常阳岷再次劝说皇帝冯弘向北魏请罪求降，赶快让太子冯王仁到北魏充当人质。冯弘不愿意，表示万一遇到不幸的事，他将暂且去高句丽，以图东山再起。阳岷分析利弊，冯弘不听，秘密派人到高句丽请求接纳。

公元436年，高句丽王派葛卢等人率高句丽军迎接北燕皇帝冯弘。葛卢等人来到龙城，脱掉布衣，拿来北燕精良兵器装备部下。冯弘带着龙城内成年男女进入高句丽。

冯弘一行到辽东后，高句丽王派使者去慰劳他，说："龙城王冯君来到野外止息，兵马很辛苦吧？"冯弘羞惭恼怒。

高句丽王把冯弘一行安置在平郭，不久又让他们迁往北丰。北燕皇帝冯弘向来轻视高句丽，到高句丽后，他的政令刑法、赏赐处罚，都像在国内一样。高句丽王下令夺走北燕皇帝冯弘的侍从，把北燕太子冯王仁扣为人质。冯弘十分气愤怨恨，计划逃到南边去。

正在这时，北魏皇帝拓跋焘派人向高句丽王索要北燕皇帝冯弘。高句丽王便把冯弘及其子孙十多人都杀了，将他们的人头献给北魏。北燕灭亡，慕容鲜卑人彻底退出历史舞台。

4. 歼灭北凉，北魏占领河西走廊

北魏灭北燕花费了六年时间。灭掉北燕后，拓跋焘准备了三年，才开始消灭北凉的战争。北凉地处河西走廊，远离中原，且北凉匈奴人具有强大战斗力。

公元397年二月，后凉天王吕光因西秦皇帝乞伏乾归出尔反尔，数度叛离，决定出兵消灭他们。吕光派吕纂率后凉军攻克金城，吕延率匈奴沮渠部首领沮渠罗仇、沮渠麹粥等人攻克临洮、武始、河关。后来，吕延麻痹轻敌，兵败被杀。后凉军被迫撤退。后凉天王吕光埋怨沮渠罗仇、沮渠麹粥护卫不力，杀了沮渠罗仇、沮渠麹粥。

沮渠部是匈奴人的一支，他们的先祖世为匈奴左沮渠王，便以沮渠为姓。公元385年，吕光征西域班师回朝途中，沮渠罗仇率部归附，沮渠罗仇被任命为西平太守，沮渠麹粥被任命为三河太守。沮渠罗仇和沮渠麹粥被吕光所杀，侄子沮渠蒙逊将他们的灵柩运回故乡临松安葬。在葬礼上，沮渠蒙逊与诸部落首领及乡亲好友盟誓共讨吕光，并迅速组成1万人的军队。

沮渠蒙逊率军攻陷临松，斩杀后凉将领马邃和井祥。沮渠蒙逊堂哥沮渠男成也在晋昌起兵响应。他们一起劝说段业起兵反叛后凉。段业一向与王祥、房晷等权臣不睦，经常受他们排挤，担心被害，就同意举旗起义。三人兵合一处，结为同盟，共推段业为盟主。

公元399年二月，段业称凉王，改元天玺。沮渠蒙逊出任张掖太守、临池公、尚书左丞，沮渠男成出任辅国将军，负责军国大事。沮渠蒙逊并不敬畏凉王段业，将北凉军政大权控制在手中。段业不满意，君臣之间貌合神离。

公元401年，沮渠蒙逊设计杀死沮渠男成，又收编附近的羌胡人，以为他报仇为名讨伐段业。攻下张掖城后，段业被杀死，沮渠蒙逊当上大都督、大将军、凉州牧、张掖公，改元永安。

即位之初，沮渠蒙逊注意同周围邻国建立和睦关系。沮渠蒙逊向后秦称藩，送儿子沮渠奚念到南凉做人质。南凉皇帝秃发利鹿孤故意刁难，指名要沮渠蒙逊弟弟沮渠挐为人质。沮渠蒙逊被迫答应。

公元410年，沮渠蒙逊自认为羽翼丰满，开始率军扩张势力范围。他亲率3万大军攻击南凉，夺取南凉国都姑臧，迫使南凉迁都乐都。两年后十一月，沮渠蒙逊从张掖迁都到姑臧，改称河西王，改元玄始。南凉秃发傉檀不甘心失败，于公元413年再次进攻北凉，以失败告终，还被迫送人质求和。

在征伐南凉同时，沮渠蒙逊也向西凉用兵。公元410年，沮渠蒙逊在马庙打败西凉太子李歆。公元420年，沮渠蒙逊声称要攻打西秦浩台，到浩台后，又偷偷率军回川岩。时任西凉皇帝李歆趁机复仇，率3万人袭击北凉国都姑臧。西凉军到达杜渎涧时，遭沮渠蒙逊所部埋伏，西凉全军覆没。几个月后，沮渠蒙逊灭掉西凉，占领整个凉州。

公元433年四月，沮渠蒙逊病死。沮渠牧犍即位，办理完丧事后，把兴平公主嫁给北魏皇帝拓跋焘。拓跋焘十分高兴，把兴平公主封为右昭仪。

沮渠牧犍自幼酷爱学习，非常尊重有学问的人。他把凉州文化名人阚驷逊、张湛、所敞、阴兴、宋钦、赵柔、程骏、程弘等人请到国都，或把他们提拔到显要位置，或让他们主持太学，或让他们辅导太子学习。

北凉处于丝绸之路要道，具有重要地理位置。北魏很重视北凉，北魏皇帝拓跋焘也非常青睐沮渠牧犍。沮渠牧犍不愿意受人摆布，在表面上对北魏谦恭，内心却想制衡北魏。他派人出使建康，向南朝宋称臣，接受南朝宋册封的官职爵位，成为南北朝天子同时承认的藩王。

不仅如此，沮渠牧犍还在柔然和西域诸国抹黑北魏，派人宣扬北魏已经衰落不堪，天下实力最强的国家是北凉，以后北魏使者来了，不用搭理他们。西域国家离北凉近，其势力之强大能够感受得到，而离北魏遥远，不明真相，信以为真，便与北魏貌合神离。

随着中原逐步走向统一，拓跋焘加大了对北凉的控制力度。公元437年春，即刚兼并北燕不久，拓跋焘对众臣说："近几年，我国同西域诸国建立友好外交关系。西域诸国对我国有诚意，经常来朝贡。为保证通向西域诸国的道路畅通无阻，我们有必要把北凉牢牢掌控在手中。3年前，北凉兴平公主成为我的右昭仪。此后，我国同北凉关系更密切。现在，我想把武威公主嫁给沮渠牧犍，让她督促沮渠牧犍永远实行亲魏政策。"大臣异口同声地称妙。

做决定后，拓跋焘向妹妹武威公主详细说明派她到北凉的意图。武威公主通情达理地答应后，向大臣李顺了解河西情况，为出嫁北凉做准备。

公元437年秋，武威公主嫁到北凉。沮渠牧犍受宠若惊，将她被封为皇后。原皇后西凉皇帝李暠的女儿李敬爱被废黜。沮渠牧犍派宰相宋繇向北魏奉献500匹良马，500斤黄金，并请示对武威公主的称谓问题。北魏皇帝拓跋焘与大臣商议后，确认武威公主在北凉称王后，在北魏称公主。

武威公主刚到北凉时，沮渠牧犍对她比较敬重和体贴。时隔不久，沮渠牧犍便对她失去兴趣，和嫂子李氏勾搭成奸。武威公主被冷落，察觉原因后，仗着北魏撑腰，毫不留情地痛骂沮渠牧犍。沮渠牧犍嘴上认错，内心极度不服气，产生逆反心理，与嫂子混得更火热。

李氏也对武威公主不满，在公元 439 年三月，给武威公主的饮食中放入毒药。不知是李氏放的毒药失效，还是放的毒药量不够，武威公主吃后并没死，但经常呕吐，脸色蜡黄。消息传到北魏首都平城后，拓跋焘立即派御医带着药物火速赶到姑臧，为武威公主精心治疗，同时命令沮渠牧犍将李氏送到平城。沮渠牧犍已与李氏达到如胶似漆地步，舍不得将她送到平城，而是悄悄把她送到酒泉。

北魏皇帝拓跋焘忍无可忍，罗列沮渠牧犍 12 条罪状，宣布出兵北凉。公元 439 年八月，拓跋焘亲率北魏军到达姑臧城下，喝令沮渠牧犍出城投降。沮渠牧犍早已经料到北魏军会进攻北凉，已向柔然求救。这时，他估计柔然援兵很快会到，根本就不理会。他想率北凉军配合柔然军，内外夹击，一举击败北魏，一泄内心怨气。

沮渠牧犍侄子沮渠万年分析形势，认为北凉没有战胜北魏的任何可能，主动出城向北魏投降。随即，北魏军攻破姑臧。沮渠牧犍率文武百官等 5 千人投降。姑臧 20 多万百姓和府库中无数珍宝都成为北魏战利品。

沮渠牧犍被押到平城后，拓跋焘仍然优待他。沮渠牧犍反思一段时间后，哀求武威公主原谅他。武威公主顾念夫妻之情，同意与他和好。公元 447 年正月，有人举报沮渠牧犍和北凉遗臣遗民勾勾搭搭。在调查时，他家搜出毒药。沮渠牧犍父子曾经用毒药毒死过数以百计的无辜者。这勾起拓跋焘不愉快的记忆，盛怒之下，他让崔浩给沮渠牧犍送了赐死诏书。

拓跋焘率军攻下姑臧后，又派奚眷率北魏军进攻酒泉。北凉酒泉太守沮渠无讳料定不是北魏军对手，率军主动撤离酒泉，前往高昌。奚眷所率北魏军不战而占领酒泉。半年之后，沮渠无讳又率北凉军夺回酒泉。

此时，拓跋焘正准备向南朝宋发起进攻，无暇顾及河西，顺势将沮渠无讳封为酒泉王。

沮渠无讳不稀罕当酒泉王，而是想收复北凉失地，做北凉皇帝。他对北魏并不感恩戴德，趁机不断进行军事挑衅。拓跋焘非常愤怒。公元441年四月，他派奚眷率北魏军进攻酒泉。奚眷率北魏军把酒泉包围半年之久，城中粮食已全部吃光，1万多人被活活饿死，酒泉最终被攻破。

沮渠无讳趁着酒泉被攻陷的混乱之际逃出城外，渡过流沙，投奔占据鄯善的沮渠安周。公元442年九月，他又率军占据高昌为都，改元承平，被南朝宋封为凉州刺史、河西王。两年后，沮渠无讳病死，沮渠安周继位。

沮渠安周曾在公元441年乘鄯善国内乱之机攻占鄯善，在北凉有较高声望。北魏已经基本统一北方，主要精力放在对战南朝宋上，暂时放过北凉这点残余力量。公元460年，柔然军攻占高昌，沮渠安周被杀，北凉彻底灭亡。

5. 抗击南朝，北魏扭转南北对峙局势

北魏全力逐鹿中原时，当年淝水之战的胜利者东晋也几经兴衰。淝水之战带给东晋的战争红利并未维持多久，东晋在中原的领土不久大多丢失。刘裕崛起后，平定东晋内乱，相继率军北伐中原，消灭南燕和西秦，但最终依然没能持久占领。北伐中原成为刘裕及其继承者心中的遗憾。

刘裕建宋代晋后，依然将北伐中原当作奋斗目标。不过，中原局势已发生变化，北魏已经成为北方实力最强的政权，且有一统天下的势头。南朝宋虽只有半壁江山，对外却可集中用兵，而不像北魏周边还有诸多竞争者，形势比较有利。不仅如此，东晋在中原占有洛阳、虎牢、滑台、

碻磝四个重镇，以及济南、淄博、青州等地。

拓跋焘进行统一北方战争时，南朝宋皇帝刘义隆也在谋划北伐。公元429年，刘义隆派人向北魏要求归还河南各地，声称不归还就用武力夺取。北魏皇帝拓跋焘听罢，付之一笑。

公元430年，刘义隆命令到彦之率宋军北伐中原。四月，到彦之率5万宋军，沿水路从淮河进入泗水，花3个月才到须昌，然后逆黄河向西进军。得知此消息，拓跋焘认为，北魏水军远远不如南朝宋，下令主动后撤，到北部进行休整，等冬季河上冰冻时反攻。

到彦之率军不费吹灰之力便轻易收复四镇，又进屯灵昌津南岸，派前锋军向西进攻潼关。面对不利局势，拓跋焘询问大臣意见。崔浩指出南朝宋军弱点所在——把几万人排成东西两千里的一字长蛇阵，每一处只有几千人，力量非常薄弱，只要北魏军集中力量进攻，必然会取得胜利。拓跋焘非常赞同崔浩的看法。十月，拓跋焘命令北魏军渡过黄河反攻，夺取洛阳、虎牢。

一个月后，南朝宋皇帝刘义隆派檀道济率军进攻北魏。不过，到彦之丢失洛阳、虎牢后，已经胆怯，率军从水路撤退，到历城后，便烧掉船只，丢掉铠甲，徒步退到彭城。北魏军追到历城时，见城门大开，一副毫无戒备景象，估计有伏兵，不敢进城，便撤走了。

公元431年春，檀道济率宋军北上救滑台，在赶到历城的20多天中打了30多仗，重创北魏军。孙建率北魏军紧跟檀道济所部，派小股骑兵袭击他们的运输线，焚烧他们的粮食。北魏军攻下滑台，俘虏守将朱修之。檀道济所部粮草消耗完，被迫撤军。有人叛逃到北魏军，透露相关情报。北魏军追击时，因害怕中檀道济的计，不敢再追。南朝宋军北伐完全失败。拓跋焘主要精力在中原，因而没有派兵反攻。

公元444年，南朝宋皇帝刘义隆又派兵北伐中原。北魏皇帝拓跋焘得知相关消息时，北凉已被灭掉，他便集中兵力对付南朝宋。

公元446年三月，拓跋焘派拓跋那等人率北魏军抢掠兖州、青州、冀州，削弱南朝宋的实力。这一次，北魏军掳走南朝宋4千多百姓，6千多头牛。事后，南朝宋皇帝刘义隆加紧考虑北伐中原的事。他不顾大部分大臣反对，在听完彭城太守王玄谟的建议后，决定实施北伐。

已经统一北方的北魏皇帝拓跋焘也没闲着。公元450年二月，拓跋焘亲率10万大军进攻南朝宋。南朝宋陈郡、南顿郡太守郑琨以及汝阳郡、颍川郡太守郭道隐弃城而逃。拓跋焘率北魏军一路猛进，很快包围悬瓠（河南汝南）。悬瓠守将陈宪率不足千人奋力抵抗。拓跋焘指挥10万北魏军围攻40天不能破城。听说南朝宋援军快到，拓跋焘便率军撤走。

这一次战争失利，北魏皇帝拓跋焘非常郁闷，深感没面子，更让他郁闷的是，在北魏军撤走后，南朝宋派出三路大军北伐：萧斌、王玄谟、沈庆之等人率东路军6万人，经淮泗入黄河，进攻碻磝、滑台等地；臧质、王方回、刘康祖、梁坦等人率中路军10万多人，进攻许昌、洛阳等地；刘诞、刘秀之等人率西路军，进攻弘农、扰洯、陇以及长安。

战争刚开始，南朝宋处于战略进攻地位，北魏处于战略防御地位。南朝宋各路进展顺利，取得程度不同胜利。北魏皇帝坐镇指挥北魏军，却天天听到丢城失地的消息：碻磝戍主、济州刺史王德弃城逃跑，碻磝失守；青州刺史张淮之弃城而逃，乐安被占领；滑台遭到南朝宋水师围攻，岌岌可危；长社戍主、荆州刺史鲁爽败走，长社被攻克；豫州刺史拓跋仆兰率2千步骑兵阻击南朝宋军，被击败，逃奔虎牢，被围困在虎牢；弘农失守，陕城危急，洛州刺史张是连提率2万步骑兵赴援，与南朝宋军激战，惨败，张是连提阵亡；潼关失守，关中震惊……

拓跋焘征战几十年，面对如此局面，不免有些焦虑。不久，他收到好消息：王玄谟率精锐宋军围攻滑台数十天，仍然没攻下。他立即派兵救援滑台，同时调集精兵，寻机进行反攻。

公元450年，援救滑台的北魏军赶到，从外围进攻王玄谟所率南朝宋军。不久，拓跋焘亲自率军到枋头。他派长孙真率5千骑兵，从石济津渡过黄河，负责切断南朝宋军退路，防止王玄谟所部逃跑；又派陆真趁夜率数人潜入滑台城，抚慰守城将士，登城察看宋军动静，然后连夜回营报告。

第二天，拓跋焘亲临前线，率北魏军主力渡黄河，直逼南朝宋军。北魏军号称百万，鼙鼓的声音震动天地，军势浩大。王玄谟见北魏军逼近，惊慌失措，弃军逃跑。南朝宋军失去主将，阵势大乱。北魏军乘势进攻，斩首万余级，缴获无数军资器械。

取得这一战胜利后，拓跋焘率军进驻东平，命令北魏军以缴获南朝宋军的战船，用铁索相连，在黄河上组成3道封锁线，截断滑台以西垣护之所率的宋军。不过，垣护之率部乘河水迅猛顺流而下。宋军将士奋勇作战，全军冲破封锁线后撤退。

不久，镐磝的宋军撤走。北魏军占领镐磝。拓跋焘准备与宋军决战一场时，南朝宋皇帝刘义隆下达撤退命令，弘农、陕城、潼关的宋军主动撤退，战局发生转折性变化。拓跋焘趁机命令北魏军发起全面进攻：拓跋仁率军从洛阳向寿阳进攻；长孙真率军向马头进攻；拓跋建率军向钟离进攻；拓跋那率军从青州攻向向下邳；拓跋焘亲率主力从东平攻向邹山。

十一月初，拓跋焘率军攻下邹山。与此同时，拓跋建率军进驻彭城门户萧城，步尼公率另一支北魏军进驻彭城另一门户留城。江夏王刘义恭派马文恭、嵇玄敬率宋军分别到萧城、留城，观察北魏军动向。马文恭、嵇玄敬所率宋军先后与北魏军遭遇。马文恭所部大败，只身逃回。嵇玄敬所部取得胜利，击败了北魏军。

拓跋焘率北魏军攻到彭城。南朝宋军据城固守，北魏军不能攻克。

与此同时，拓跋仁率8万骑兵从洛阳南进，连克悬瓠、项城，直接扑向寿阳。已向虎牢进军的刘康祖所率宋军接到命令，返回寿阳增援。得到消息后，拓跋仁率8万北魏军先去攻击刘康祖所部援军。在寿阳北数十里处，北魏军击败了刘康祖所部8千人。刘康祖命令宋军将士结车营，沿大道向寿阳走去。

北魏军仗着人多，四面夹攻宋军。刘康祖率宋军抵抗了一天一夜，依然没等来寿阳派来的援军。北魏军分为3批，轮番发起猛烈进攻，用马运草火烧宋军车营。刘康祖率军拼死决战，最终还是因寡不敌众，全军覆没。

随后，拓跋仁率北魏军围攻寿阳城，同时分兵去抢掠马头、钟离等地。镇守寿阳的刘铄下令烧掉四周庐舍，凭坚城固守。

到十一月底，北魏军各部攻到淮水一线。拓跋焘见彭城、寿阳等坚城急攻难下，决定暂时放弃几个孤城，率军渡过淮河，向南进攻，兵锋直指长江。

十二月初一，北魏诸军渡过淮河向南进攻：拓跋那率军攻向山阳、拓跋仁率军攻向横江、鲁秀率军攻向广陵，拓跋焘亲自率军直接攻向瓜步。

北魏军没有随身带军粮，想通过沿途抄掠来供给。渡过淮河后，北魏军得知南朝宋在盱眙城储存有大量粮食，猛攻盱眙。盱眙守将沈璞、臧质等人率宋军奋力抵抗。北魏军攻城不下，绕城而过，继续向南进攻。北魏军沿路烧杀抢掠，许多城邑守将望风奔逃。十二月十五，拓跋焘率军抵达瓜步，与南朝宋首都建康隔江对峙。

到达长江北岸后，拓跋焘命令北魏军大拆民房，割苇造筏，声言渡江。建康城内震动，南朝宋上下一片恐慌。南朝宋皇帝刘义隆命令建康内外戒严，将丹阳所有成年男子都征去当兵，王公以下的子弟也都去军队服役。他还命令刘遵考等将领分别率军镇守建康各重要位置，派水军沿江巡逻，不敢有丝毫懈怠。

南朝宋吓得战战兢兢。拓跋焘其实不过是虚张声势而已。北魏军一路猛攻，从黄河北岸一直打到长江北岸，接连经过南朝宋青州、冀州、兖州、徐州、豫州、南兖州，沿途烧杀抢掠，遭到各州百姓强烈反抗。各州百姓纷纷坚壁清野，对抗北魏军。北魏军根本抢掠不到什么东西，军用物资奇缺，人缺粮，马缺草。

还有一个现实问题，北魏军驻在长江北岸，面前有长江天堑，没有强大水师无法渡江，后方还有南朝宋6个州治坚城没攻下来，随时可能威胁到北魏军的退路。北魏军沿路征战，人马损失过半，到此时已是强弩之末，撤军是上上策。

公元451年正月初一，拓跋焘在瓜步山上大会群臣。第二天，北魏军抢掠5万余户百姓，焚烧房屋住所，撤军北还。在返回途中，为解决军粮问题，北魏军再次围攻盱眙。守将臧质率宋军英勇抵抗。北魏军先后筑长围，运用钩车、冲车等器具连续攻城。南朝宋军以相应办法抵抗，将其攻势一一破解。北魏军死伤累累，接连攻了20多天，依然无法攻下盱眙。

拓跋焘得知南朝宋皇帝刘义隆已经命令彭城守军截断北魏军归路，还派水军自海入淮来攻，不得不下令撤盱眙之围北还。北魏军路过彭城时，南朝宋皇帝刘义隆命令刘义恭率军全力追击北魏军。北魏军早已得知消息，杀掉万余百姓，快速撤回北魏境内。这场持续半年多的宋魏战争，以刘宋失败而告结束。

在这场战争中，拓跋焘挫败了南朝宋收复河南失地图谋，率北魏军长驱直入，实现饮马长江既定目标，直逼南朝宋首都建康。不过，最后他不得不主动撤军。他虽然成为战争胜利一方，但已经明显感觉到消灭南朝宋，是短时间内不可能实现的，南北朝对峙依旧是历史主流。

6. 国史之狱，拓跋焘怒杀北魏重臣

击败南朝宋，是拓跋焘一生中最伟大的功绩。在他率军反击南朝宋前夕，他诛杀汉族大臣崔浩以及相关世族门阀，对北魏历史产生影响深远。

崔浩是"南北朝第一流军事谋略家"，参与军国大计，对促进北魏

统一北方做出了巨大贡献。他父亲崔宏号称冀州神童，崔浩则更有才华，对于天文、阴阳和诸子百家著作也无不涉猎，在精心研讨各家宗旨和深刻含义方面，当时没人能比。

拓跋珪当皇帝时，崔浩就在他身边参与机要。拓跋珪已经年老，病重多疑，精神失常，经常自言自语，想起大臣以前犯过错误或者对他不敬，就会发怒杀人。一时间，北魏朝臣人人自危，有意识逃避皇帝，以避免遭遇不测之祸。拓跋珪成为孤家寡人。崔浩恭敬殷勤，慎守职事，不稍懈怠，有时整日不归家，侍奉皇帝。

拓跋嗣继位后，崔浩出任博士祭酒，负责给皇帝讲授经书。拓跋嗣去郊外祭祀天地时，经常让崔浩乘车一起同往，时人羡慕不已。拓跋嗣喜欢中原传统的阴阳术数，经常听崔浩讲《易经》《洪范·五行传》等，让崔浩占卜吉凶，参考天文，解答疑惑问题。崔浩把天道与人事结合起来，加以综合考察，举其大要，用来占卜各种灾祥变异，大多数应验。崔浩得宠，经常参与军国大事。

公元415年，北魏首都平城因为连年霜旱，秋谷歉收，发生粮荒。云中郡、代郡有很多百姓饿死。太史令王亮、苏坦趁机劝拓跋嗣将国都从平城迁到邺城。拓跋嗣向群臣咨询意见时，崔浩提出他的看法，说迁都到邺，可以暂时解救饥荒，但不是长久之策，提出挑选一批最穷困的百姓到定州、相州、冀州去寻求活路，同时命令三州的汉族人每户出50石租米，共同来养活那些穷人。拓跋嗣觉得很有道理，采纳了他的建议。

公元416年八月，太尉刘裕率东晋军北伐后秦时，派人向北魏借路。拓跋嗣召集群臣商讨对策。满朝公卿大臣群起反对，主张出兵阻止东晋军沿河西上。崔浩主张借路，意见没被采纳。最终结果，拓跋嗣派长孙嵩率10万步骑兵驻扎黄河以北，并派出数千骑兵在黄河北岸监视东晋军西上。刘裕进军受阻后，便在四月以车兵弓弩兵及长矛兵组成却月阵，对抗北魏军。3万北魏骑兵发起进攻，最终大败而归，阿薄干等人战死。

拓跋嗣得知北魏军惨败，后悔不迭，恨自己没有采用崔浩的计谋。到刘裕率东晋进军潼关时，拓跋嗣又问崔浩对时局的看法。崔浩分析时局后，还分析北魏自身优劣，建议拓跋嗣等待一下，看一看形势再动。拓跋嗣完全赞同崔浩的策略。后来的历史完全证明了崔浩预见的正确。

公元423年十一月，拓跋焘继位，在攻灭大夏、讨伐柔然、消灭北燕和北凉战争中，崔浩多次力排众议，提出切实有效的策略，立下显著功勋。尤其是攻打北凉时，拓跋焘另一个亲信李顺被北凉收买，编造地理方面的困难进行劝阻。崔浩利用所学地理知识进行反驳，并揭露李顺受了北凉贿赂。这一战后，拓跋焘更加信任崔浩。

不仅如此，在北魏平息薛永宗、盖吴暴乱，征讨吐没骨、吐谷浑以及南征南朝宋等战争中，崔浩也是屡献奇谋，屡建奇功。

在某种意义上，拓跋焘一系列文治武功，都离不开崔浩。他曾经对崔浩说："你才智渊博，侍奉我祖父与我父亲以及我，我对你特别看重。希望你凡有所思，直言相告，助我治世。我有时脾气不好，也许不能采纳你的建议，但过后静思，却总觉得你说得很有道理。"他曾召集众尚书，下令说："以后遇到军国大事，你们不能决定的，都应先征询崔浩意见，然后才可实施。"

拓跋焘不仅非常信任崔浩，且跟他私人关系非常亲近。拓跋焘有时亲自到崔浩家里向他请教。崔浩接待皇帝仓促之间，来不及制作精美食物，就用家常菜肴招待。拓跋焘总是高高兴兴地吃，经常酒醉饭饱。崔浩进宫见驾，地点也不限于朝堂，可以出入拓跋焘寝宫。

然而，就是这样一个深受皇帝尊敬、信任又极为亲近的重臣，一夜之间，遭到灭族之祸。下令杀崔浩的正是拓跋焘。导致崔浩被杀的，是崔浩长时间得罪的鲜卑贵族。

在镇压盖吴起义过程中，崔浩曾亲见有寺僧藏匿武器。相关佛寺涉嫌参与反叛北魏。笃信道教的崔浩，趁机将这件事的严重性扩大化，主张禁止百姓信仰佛教。拓跋焘没多想，采纳了他的建议，下令诛杀长安僧尼，焚烧寺院，捣毁佛像。当时道教代表人物寇谦之认为杀僧过多，曾苦求崔浩不要杀僧，停止灭佛行动。然而崔浩却坚决灭佛。

一时间，长安没有一个僧人，没有一座寺庙，一时朝野间怨声载道。很多人信奉佛教的鲜卑贵族，受到这次灭佛行动的牵连而丢命。鲜卑贵族都恨主张和执行灭佛的崔浩。

不仅如此，崔浩受到皇帝宠信后，企图按汉族世族门阀的传统思想，整理、分别和规定北魏各氏族的高低贵贱。公元431年九月，崔浩主持评定鲜卑贵族各家族高低贵贱等级时，他表弟卢玄极力劝阻他要三思而行。崔浩不从，又得罪了对自己所评定等级不满意的鲜卑贵族。

令鲜卑贵族难以接受的是，崔浩推崇世族门阀观念，到了不顾事实、睁眼说瞎话的程度。崔浩侄女嫁给了王慧龙。王慧龙出生太原世族门阀。王家世代遗传齄鼻。见王慧龙时，崔浩见到他的齄鼻，竟然夸耀："正宗的王家男子，真正的贵种！"他喜欢王慧龙就算了，还多次对朝中鲜卑贵族称赞王慧龙长得俊美，是真正的贵种。

明明是丑八怪，就因他出身世族门阀，而将他夸成天下最帅。鲜卑贵族长孙嵩听了很不高兴，向皇帝拓跋焘告状，说王慧龙是从南朝归降的人，崔浩过分称赞他，有讥笑和鄙视鲜卑贵族的意味。拓跋焘也认为崔浩那事有些过分，把他叫来批评了一顿。

不久，崔浩又做了一件令鲜卑贵族恼火的事。太子拓跋晃监国时，崔浩自恃才略及皇帝宠任，专制朝权。有一次，崔浩推荐冀州、定州、相州、幽州、并州的世族门阀子弟当郡守。太子对崔浩说："以前征召的人，也都是州郡选出来的。他们在职已经很长时间，辛勤付出了，还没得到回报，应先将那些人派去补充郡县守令，让新征召的人先当郎吏。"崔浩固执己见，坚持把他推荐的人派去任职。很多鲜卑贵族认为崔浩在欺负太子，包括太子在内的鲜卑贵族对崔浩越来越不满。

公元439年，崔浩做了一件令所有鲜卑贵族愤怒的事，直接导致他遭到灭族之灾。

公元439年十二月，皇帝拓跋焘命令崔浩、高允、张伟等人续修国史。拓跋焘特别叮嘱他们写国史一定要根据实录。崔浩等人按照要求，采集北魏上代留下的资料，编写成一本北魏国史《国记》。

拓跋焘编国史的目的，是留给皇室后代看。《国记》写成后，参与编著的闵湛和郗标建议把它刻在石头上公开展示，以彰直笔，同时刊刻崔浩所注《五经》。闵湛和郗标巧言令色，喜欢讨好迎合崔浩，崔浩采纳了。当时，太子拓跋晃也表示赞赏。

在天坛东3里处，一个刊刻《国记》和《五经注》的碑林出现。《国记》秉笔直书，详细讲述拓跋家族历史，忠于史实，没任何避讳，包括拓跋家族早期一些不愿被人知道的黑历史。石碑矗立在大路旁，往来行人看碑文后，忍不住议论纷纷。

鲜卑贵族看碑文后，发现将拓跋家族祖先的丑事也写得非常详细，个个愤怒异常，跑到皇帝拓跋焘面前指控崔浩故意宣扬他们祖先的丑恶。羞辱祖先，是非常严重的事。拓跋焘下令抓捕崔浩及参与编撰的其他人员，审查罪状。崔浩被捕后，还不明白自己犯了什么罪，不承认自己曾经接受过贿赂。拓跋焘亲自审讯崔浩，崔浩惶惑不知说什么。鲜卑贵族纷纷落井下石，控诉崔浩，说他故意丑化鲜卑人祖先，故意欺负鲜卑人。

这件事发生不久，南朝宋又主动发起北伐战争。战争之初，北魏丢城失地，形势非常危急。一些贵族又趁机将此事与崔浩丑化鲜卑祖先的事联系起来。此时，拓跋焘已经统一中原，对崔浩的依赖远远不如以前。为平息北魏贵族不满，公元450年七月初五，拓跋焘下令诛杀崔浩。同时，参与编撰的人也被杀，清河崔氏同族无论远近，姻亲范阳卢氏、太原郭氏、河东柳氏都被连坐灭族，北方世族门阀受到沉重打击。

在诛杀崔浩不久，拓跋焘就后悔了，但无可奈何，面对时局，他不得不全力以赴。同年秋季和冬季，拓跋焘率北魏军反攻南朝宋，但因缺乏崔浩协助，他们在兵临长江后不得不撤退。在撤退中，他们也遭到反击。北魏虽然赢得对南朝宋的战争，但南北朝对峙局面从此也基本固定下来。如果崔浩在，北魏军反攻南朝宋，或许结果会更好。

第五章　南北对峙，北魏改革走向富强

元嘉北伐后，南朝陷入权臣禅让的历史循环中。北魏皇帝拓跋濬成功走出短暂混乱，为冯太后以及拓跋宏汉化改革创造了条件。冯太后以及拓跋宏持续汉化改革后，北魏迅速发展壮大起来。北魏主动对南朝齐发起攻击，却因拓跋宏病死而意外中断。此时，北朝已经领先南朝，但不具备绝对优势。

1. 稳定乱局，拓跋濬全面整顿北魏

拓跋焘反击南朝宋后，撤回北方没多久便被杀，北魏出现了短暂的混乱，他的孙子拓跋濬当上皇帝，稳定了局势，将北魏带进恢复实力期。南北朝对峙局面确立下来。

南朝宋因三次元嘉北伐失败，辉煌时期过去了。刘子业当皇帝时，南朝宋局势走向失控。刘子业残暴无比，刘氏宗王内乱不断。刘子业被废掉，刘彧当上皇帝。与此同时，刘子勋也被拥立为皇帝，获得部分宗王的支持。刘彧采用各种手段，成功消灭了刘子勋部，平定江南和淮南各地，将拥护刘子勋那一派的宗室杀光。

事后，刘彧又诛杀因镇压刘子勋有功的宗王，因此一些地方实力派纷纷投降北魏，北魏成为意外受益者。后来，萧道成脱颖而出，逼迫南

朝宋皇帝刘准禅让，登基称帝，建立南朝齐。南朝齐基本重复了南朝宋的历史，前期皇帝崇尚节俭，反对奢靡，两代皇帝后，就出现内讧，权臣兴起，接着是皇帝荒淫奢靡，喜欢杀害大臣，最终是被在内讧中崛起的萧衍建梁代齐。

南朝处在禅让的历史循环之中，客观上为北魏走向强大提供了良好的外部环境。

不过，北魏为把握这一良好外部环境，是付出巨大代价的。

拓跋焘被杀后，经过一年多混乱，他的孙子拓跋濬继位，而不是太子拓跋晃。为什么会这样呢？在拓跋焘下令诛杀崔浩的一年后，太子拓跋晃病死了。拓跋晃病死，与拓跋焘以及崔浩都有一定的关联。

公元432年正月初一，5岁的拓跋晃被立为皇太子。同年六月，拓跋焘率军攻打北燕，拓跋晃总领尚书事务，负责留守监国（史书为此）。拓跋晃自幼聪慧，记忆力很好，过目不忘，长大后喜好阅读经史著作，都能精通要领，具有超人智慧。

公元439年六月，拓跋焘准备攻打北凉，太子拓跋晃负责主持朝政，裁决日常事务。李顺等人都反对出兵，但拓跋焘采取崔浩的策略，坚持出兵北凉。出兵后，他发现北凉的景象跟李顺说的不一样，写信告知拓跋晃。拓跋晃立即意识到李顺是奸臣，悄悄防范他。

公元443年，拓跋焘带着拓跋晃一起率军去攻打柔然。在作战中，拓跋晃分析敌情，认为应该立即向柔然军发起进攻。尚书令刘洁竭力劝阻，提出相反的看法。拓跋焘将信将疑，没有采取拓跋晃的建议，但事后抓到俘虏，得知柔然军当时状况跟拓跋晃分析的一模一样，非常后悔。从那以后，他遇到国家大事，都会跟拓跋晃商量。

不过，虽然拓跋焘跟拓跋晃商量军国大事，但拓跋晃的意见远远没有崔浩的意见有分量。公元446年，崔浩提出灭佛，拓跋晃表示反对。拓跋焘没有听从拓跋晃的劝谏，下诏灭佛。拓跋晃平素喜欢佛法，多次劝谏拓跋焘停止灭佛，但都没被采纳。他只好拖延时间，慢慢地将相关诏书传达下去，使远近寺院的和尚、尼姑事先得到消息，各自想办法逃命。正因为如此，许多和尚、尼姑都逃走躲藏起来，侥幸躲过被杀的劫难。

公元450年八月，南朝宋军攻打北魏。一个月后，拓跋焘亲自率军南征援助滑台时，命令拓跋晃率军驻扎漠南草原，防止柔然军趁机进攻。

拓跋晃监管国政时，曾经命令有关官员去督促京郊百姓农耕，使没有牛的家庭以人力牛力相交换，垦田锄地。各官员列出家庭人数，所督促耕种面积，明确设立账簿项目。所耕种的人在地头标出姓名，以明辨播种养殖功效。他又禁止饮酒、杂戏、弃农经商，北魏垦田数额大为增加。

拓跋晃为政精明，洞察细微，引起一些奸佞恐慌。中常侍宗爱性格阴险暴躁，有很多违法行为。拓跋晃讨厌他。给事中仇尼道盛、侍郎任平城受拓跋晃宠信，他们掌握不少权力，跟中常侍宗爱关系紧张。

宗爱担心自己会被仇尼道盛等人检举揭发，就编假话向拓跋焘控告仇尼道盛和任平城。拓跋焘非常气愤，下令将仇尼道盛和任平城等人绑到街市上斩首示众。东宫很多官员被牵连，也被杀死。拓跋焘认为拓跋晃没约束好下属，放纵下属作恶。

公元451年六月十五日，年仅24岁的拓跋晃因忧虑过度，生病而死。拓跋焘非常痛苦，后来慢慢发现拓跋晃并没有犯法，他非常后悔。宗爱担心皇帝拓跋焘查出真相，自己遭殃，就在公元452年三月杀死拓跋焘，拥立南安王拓跋余为皇帝。

半年后，中常侍宗爱利用新皇帝拓跋余祭祀宗庙机会，派小黄门贾周等人在夜晚杀死他。这一次，殿中尚书长孙渴侯与尚书陆丽等人率军抓住宗爱、贾周等人，拥立拓跋濬为皇帝。拓跋濬登基后，诛杀宗爱、贾周等人，灭了他们的宗族。

拓跋焘在位时，北魏处在逐鹿中原后期，四处出兵，扩大疆土，国力空虚，再加上朝廷内部不断发生变乱，朝廷官属与百姓都十分痛苦。拓跋濬继位后，按照节令使用百姓，使百姓得以休养生息，安心种植，他尽量减少高压手段，实行怀柔统治，安抚远近内外民众。

不过，此时鲜卑贵族与汉族平民之间的矛盾逐渐突出。拓跋濬多次下诏制止鲜卑贵族的腐败行为，但百官腐化之深，诏令不能有效实行，未能减轻百姓痛苦，致使百姓反抗斗争越演越烈。面对这种局面，拓跋濬对贪官严惩不贷，被他处死的大臣不计其数。他这样的严厉策略，导致北魏内部谋权夺位斗争接连不断。

公元452年十一月，陇西守将王景文反叛朝廷，拓跋濬命令统万城守将拓拔惠寿率军镇压。到公元453年，京兆王杜元宝谋反被杀。拓跋崇和拓跋丽被杜元宝拉拢，卷入叛乱，也被杀死。同年七月，濮阳王闾若文和永昌王拓跋仁起兵谋反。拓跋仁被赐死，闾若文被杀。其他大小谋反事件数不胜数。北魏统治集团内部矛盾重重，皇帝拓跋濬一边武力镇压，一边深入思考，进行调整。

拓跋濬首先调整官制，在公元452年正月下令设置驾部尚书、右士尚书；在公元457年五月改称各部护军为太守，以加强对地方的管控。其次，他在公元458年亲自统率十万骑兵进攻柔然，导致柔然处罗可汗郁久闾吐贺真远远逃走，柔然别部统帅乌朱驾颓等人率领几千个帐落向北魏投降。接下来，他于公元461年亲自巡游天下，所经之处，亲自接见年高长者，询问百姓疾苦，努力争取民心。最重要的是，他推行和平外交政策，与南朝宋、北方各国都建立了和平外交关系，互通有无，进行商贸活动，停止军事行动，让百姓休养生息。

与北魏此前历代帝王不同，拓跋濬特别重视文化建设。他在公元452年下令复兴佛教，使佛教逐渐恢复发展，又在公元453年下令建造云冈石窟。比较特别的是，他规范了北魏酒制，在公元458年正月初一颁布禁酒令，凡是酿酒、卖酒和饮酒者都处以死刑，如果遇到喜事、丧事时，可以暂时开禁，但一定要有日期限制。喝酒成为一种受限制的活动，减少和避免了官民因酗酒而发生的诉讼事件。

在统治期间，为维护统治，拓跋濬曾增设内外侯官，专门负责监察内外官员的过失。侯官微服巡行于各官府之间，探求百官过失。发现有违反有关禁令的官员，拓跋濬就下令严加讯问和惩治，让相关部门对犯禁官员严加拷打。犯禁官员相互胡乱诬告，不少官员被拉下水。拓跋濬采取严峻法律制裁，各部门官吏贪污 2 丈布帛便要处死。又增加 79 章律令，13 种满门诛杀的刑罚，35 种大辟罪，62 种徒刑罪。直到公元465 年，他才下令，只要不是大逆不道、杀人罪，都可免除死罪，贬谪到边疆戍守。

公元 465 年五月十一日，年仅 25 岁的拓跋濬在平城皇宫太华殿死去，留下一个经过严厉整顿的北魏。

2. 扳倒权臣，冯太后奠定改革基础

拓跋濬全力整顿北魏 14 年后死去，12 岁的太子拓跋弘继位，冯太后垂帘听政，北魏进一步发展，走上汉化改革道路，不仅成功摆脱彷徨时期，还走上繁荣富强道路。

冯太后是北魏历史上最伟大的女政治家。她叫冯锦，又名冯淑仪，是北燕国君冯弘的孙女，在北燕灭亡六年后出生。不久，冯家祸不单行，她的父亲冯朗因受一桩大案株连，被拓跋焘下令杀了。冯氏年幼，被没入宫中充当婢女。所幸的是，她姑姑在宫中是昭仪，多方照应她。

13 岁的拓跋濬登基不久，选中 12 岁的冯氏做贵人。冯贵人离开姑母，来到拓跋濬寝宫，过上陪王伴驾的生活。冯贵人的聪明才智很快发挥出来，她不仅获得拓跋濬的宠幸，还在陪伴他的过程中，熟悉和了解北魏最高层的政治运作，深刻认识到稳定和发展国家汉化改革的必要性和重要性。拓跋濬当皇帝期间，北魏内部矛盾重重，但因用人得当，重用汉族大臣高允等人，最终每次危机都逢凶化吉，使北魏基本处于稳定

发展状态，社会矛盾趋向缓和。

冯贵人天天接触高层政治，对拓跋濬所采取政策的优劣看得一清二楚。拓跋濬突破民族成分限制，重用汉族出身大臣，在治理国家方面取得成就。冯贵人进一步分析，认为民族融合，唯才是举，才是振兴国家的根本之策。北魏要走向强盛，需要吸收汉法，重用汉族人，推行汉化措施，全面除去国史之狱事件带来的忌恨汉族官员的错误观念。

公元456年正月二十九，15岁的冯贵人被册立为中宫皇后。拓跋濬与李氏所生的儿子拓跋弘2岁时被立为皇太子。按照旧规矩，他的生母李氏被赐死。冯皇后担当起养育太子的责任，将拓跋弘视若己出，竭尽慈爱。

拓跋濬死后，拓跋弘即位，冯皇后晋封皇太后，垂帘听政，掌握朝政大权，一场危机悄然来临。太原王、车骑大将军乙浑贪权狂傲，欺凌孤儿寡妇，阴谋篡位。

拓跋弘继位当月，乙浑与林金闾勾结，在宫禁中矫诏杀害杨保年、贾爱仁、张天度等重臣，隔绝内外，百官震恐，计无所出。

顺阳郡公殿中尚书拓跋郁率数百殿中卫士从顺德门进入皇宫，准备杀掉乙浑。乙浑害怕，出来问拓跋郁这样做是什么意思。拓跋郁说："见不到皇上，群臣担心害怕，要求见到皇帝。"乙浑窘迫害怕，说："现在先皇尚未出殡，皇上在守丧，所以没接见百官，你怀疑什么呢？"于是，乙浑带拓跋弘去上朝见朝臣，将皇帝不接见群臣的责任归咎于林金闾，将林金闾交给拓跋郁等人。

乙浑又以拓跋弘名义派穆多侯将在外的平原王陆丽召回都城平城。穆多侯劝告陆丽说，乙浑残暴，对皇帝怀有不臣之心，而陆丽为众人所望，要他别急着回京，应该缓行，慢慢图谋乙浑。陆丽拒绝说，听到皇帝驾崩，应该不惧灾祸回京参加葬礼，并急忙赶回平城。

乙浑因悖傲不法，多次被陆丽所惩。没多久，乙浑就寻找借口杀掉了陆丽和穆多侯。皇帝拓跋弘对陆丽之死感到痛惜。乙浑所作所为令朝臣侧目。拓跋郁图谋除掉乙浑，又被乙浑杀掉。事后，乙浑出任太尉、录尚书事，掌握军队指挥权。一个月后，他又出任丞相，位在诸王之上，无摄政之名，却有其实，事无大小都由他决定。

在排除异己的过程中，乙浑还杀死林金闾、林胜、穆安国、安平城等人。拓跋目辰参与拓跋郁谋杀乙浑事件，逃跑了才免于一死。北部尚书慕容白曜依附乙浑，与他共掌朝政，升职为尚书右仆射。

公元 466 年，乙浑又杀河间公拓跋陵。乙浑屡次让掌吏曹事贾秀出面上奏皇帝给自己出身庶姓的妻子封公主。贾秀不吭声。后来，贾秀因公事去乙浑家里。在接待他时，乙浑非常严厉地对贾秀说："你所管的事，没有办不好的。我让你给我妻子奏请一个公主封号，你不愿意去办，不知道你究竟是什么意思。"

贾秀不卑不亢地回答说："公主是皇帝女儿的称呼，尊宠至极，哪里是庶民百姓该称的呢？我宁可死在今天，也不会自不量力，贻笑后世！"

乙浑左右听到此话，莫不失色，替贾秀感到担忧。贾秀神色自若，像没发生任何事情似的。乙浑夫妻不吭声，但已经深深恨上他。

后来，乙浑在太医给事杨惠富手臂上写"老奴官悭（小气吝啬）"，命令他展示给贾秀看。乙浑专权擅杀，北魏朝廷内外危惧。

公元 466 年二月，侍中拓跋丕告发乙浑谋反。一直默默关注朝政局势的冯太后决定除掉乙浑。

冯太后秘密定策，临朝，诏令拓跋丕与拓跋贺、牛益得等人率军捕杀乙浑。乙浑总想寻隙陷害贾秀。乙浑被杀掉后，贾秀才得以幸免。陆隽因参与谋杀乙浑，出任侍中、乐部尚书。四年后，拓跋弘又下令追究乙浑余党，慕容白曜以及慕容如意等人被杀。

平定乙浑之乱，稳定政治局势，冯太后表现出果敢善断的政治才干。接着，她再露锋芒，宣布临朝称制，掌控朝政大权。她凭借多年宫中生活的阅历和非凡胆识，很快稳定了北魏动荡的政局。

不过一年后，冯太后主动决定停止临朝，不再听政事。因为皇帝拓跋弘的妃子李夫人成功生下皇子拓跋宏。冯太后决定将朝政大权交给拓跋弘，转而担当起抚养皇孙的责任。

拓跋弘掌权后，下令在平城等地修建大量房屋，然后强行将塞外鲜卑人及其他胡人内迁到关东地区定居，逼迫他们从事农业生产，促进鲜卑人汉化。不过，这项强制性官方移民政策，既得不到中下层官吏的理解，也得不到底层百姓的理解，一些地方民众极其反感，部分流氓无赖乘机煽动情绪，许多年轻人逃亡集结在外。这些人给北魏统治造成威胁，拓跋弘先是全部赦免，如果有人再反叛，他便派兵镇压，最终成功解决了叛乱。

拓跋弘强制移民，调整、改变过去生存方式，由游牧生活变为先进的农业耕作，对汉族人和胡人同等征税，在繁荣北魏统治集团的同时又能团结汉族地主阶层。

当时，北魏社会已经跃入封建社会，但在赋税方面，实行宗主督护制。宗主随意增加临时征调。官吏没有正式的俸禄，各级官员贪污、贿赂、高利贷公然进行。拓跋弘对腐败分子毫不手软，不少北魏官员为此丢命。

拓跋弘当政时，北魏社会生产力逐步得到恢复和发展。中原经过永嘉之乱后一百多年战乱，到处一派凋敝景象。北魏统一北方，战乱没有了，经过各族人民长期辛勤劳动和共同斗争后，生产关系得到了调整，生产也有明显发展。北魏人口已达 500 多万户，自耕农民显著增加，农业、手工业都有显著发展，商业也随之发展起来。

拓跋弘在军事方面也颇有建树。公元 466 年，北魏和南朝宋在徐州大战。徐州刺史薛安都等人投降北魏，与北魏军合力击败宋军。南朝宋淮河以北青州、冀州、徐州、兖州 4 州及豫州淮河以西 9 郡先后被北魏夺去。公元 470 年，北魏联络高车民族、悦般，一起对付吐谷浑、柔然和嚈哒。后来，嚈哒与高车友好，和柔然通婚，向北魏朝贡，与吐谷浑和睦相处。北魏与柔然争夺西域，柔然对高车屡战屡败，北魏在西域占据上风，已成为西域主宰。

拓跋弘亲政后颇有作为，但在处理与冯太后关系方面，显得不够理智。他贬斥了不少冯太后的宠臣男侍，试图重用虽有才能但冯太后不喜欢的人，以结成自己的心腹。起初，冯太后采取忍让的态度，但公元470年，拓跋弘处死李弈后，冯太后再也忍无可忍了。

冯太后耐不住守寡的孤寂与冷清，专门挑选年轻貌美，仪表堂堂，风流倜傥，又多才多艺，善解人意的大臣做男宠，并安排在朝中做官，发挥其才干。李弈便是其中之一，且在朝廷做官比较有声望。拓跋弘认为冯太后淫乱后宫，导致北魏朝野风言风语，影响皇家声誉。他不敢将冯太后怎样，却杀死李弈、李敷、李显德等人。

冯太后认为拓跋弘此举是冲着她去的。不久，拓跋弘重用杀死李弈、李敷、李显德等人的李欣，让其参与决定国政大事。冯太后更是无法容忍，利用自己的声威与势力逼迫拓跋弘交出皇位。

一番较量后，18岁的拓跋弘在公元471年八月禅位给不满5岁的太子拓跋宏，当上太上皇。冯太后晋封太皇太后，继续抚养新皇帝拓跋宏。不过，太上皇拓跋弘并未放弃手中的权力，继续牢固掌握北魏朝政，亲自处理朝廷各种大小国务，还多次颁布诏书行使大权，甚至多次亲自率兵北征南讨。冯太皇太后对此睁一只眼闭一只眼。

公元475年十月，太上皇拓跋弘在平城北郊举行大型阅兵仪式，天下震动。冯太皇太后感受到空前的威胁，悄悄发动一场宫廷事变，将太上皇拓跋弘强行软禁起来。没多久，拓跋弘在平城永安殿死去。

冯太皇太后再度临朝听政，成为北魏政治核心。她此时已年过而立，无论才识、气度还是政治经验，都更加成熟。她再掌朝纲后，为了北魏长治久安，巩固权力地位，恩威兼施，充分施展高超的政治智慧和政治才干。

她整顿吏治，对违法官吏，或者处极刑，或者流放边疆；对为官清正廉洁者，及时给予不同程度的表彰和赏赐。她不惜大开杀戒，灭掉她猜忌的大臣十多家，杀死数百人，化解潜在的不安定因素，同时安抚笼络明显没有政治野心的大臣，培养扶植贤能的人做亲信，组成效忠她的集团。在这个集团中，有拓跋家族宗王，也有汉族读书人，有朝廷大臣，也有内廷宦官。这些人中不少成为她的宠幸之臣。

依赖忠心耿耿政治集团，冯太皇太后临朝专政取得成功，为接下来北魏政治、经济和风俗习惯等汉化改革奠定了坚实的基础。

3. 太和改制，冯太后大力推行汉化

冯太皇太后一生亲自培育北魏两代皇帝，两次垂帘听政，两次对拓跋弘冷静观望。遗憾的是，拓跋弘执政时，始终没能顾及她的利益和感受。拓跋弘执行的政治方针跟她的执政理念并无冲突。但是，她不能容忍亲自抚养长大的皇帝如此对待她。最终，她选择幽禁已经成为太上皇的拓跋弘，亲自掌权，将希望寄托在孙子拓跋宏身上。

幽禁太上皇拓跋弘，意味着公开宣布她抚养皇帝失败。在抚养小皇帝拓跋宏时，冯太皇太后吸取教训，选择手把手的方式。再次掌权后，她将年幼的皇帝拓跋宏时刻带在身边，亲自照顾皇帝的生活起居，随时随地教他处理政务。冯太皇太后让小皇帝参与军政大事的商议和决策，注重在实践中对他进行全面培养。

冯太皇太后决定从根本上整顿北魏的腐败。拓跋珪开国后，北魏各级官吏都没有固定俸禄，日常开支都依赖贪污、掠夺和皇帝随意性赏赐。北魏统一中原后，以掠夺为主的财富分配方式失去空间。为满足生存和私欲，各级官吏毫无顾忌地盘剥、搜刮民脂民膏，北魏社会矛盾激化，出现统治危机。面对严峻现实，无论是拓跋濬，还是拓跋弘，都采用酷刑惩治贪污腐败，但这治标不治本。冯太皇太后看到腐败根源所在，决定改革，实行官吏班禄制，给官吏固定俸禄。

公元 484 年六月，在冯太皇太后主持下，北魏开始实行班禄制。冯太皇太后下令，在原来户调之外，每户增 3 匹调、2 斛 9 斗谷，用作发放百官俸禄。内外百官都按照品秩的高低确定俸禄等次。俸禄制度确定后，再贪赃满 1 匹调的人，就处以死刑。

这道命令，明面上是增加百姓赋税，但断绝了地方官吏变相增加赋税空间，在实质上减轻了百姓负担。命令下达后，各地百姓一片欢呼。以淮南王拓跋他为代表的鲜卑贵族坚决反对，他奏求冯太皇太后停行班禄制。冯太皇太后召集群臣讨论。她平时笼络的一批有才干的、有远见的鲜卑官僚，和她重用的一批能言善辩的汉族读书人，都发挥了积极作用。在朝堂大辩论中，以中书监高闾为代表的一派，将以淮南王拓跋他为代表的一派驳斥得哑口无言。冯太皇太后表示顺从民意，继续实行班禄制。

为了切实贯彻班禄制，冯太皇太后特意派使者巡视各地，纠举食禄之外贪赃枉法的人。这种人一旦被查出来，她就严惩不贷。李洪之是拓跋宏的亲舅舅。他贪暴无度，除食禄之外，还明目张胆地搜刮百姓财富。冯太皇太后命令李洪之在家自杀，同时下令将其他 40 多个贪官公开处死。经过一番整饬，北魏吏治大有改观，贪赃受贿的人也不得不收敛。

实行班禄制后，第二年十月，在李安世建议下，冯太皇太后颁布均田令，开始进行经济改革。均田令指国家将无主荒田以朝廷名义定时按人口分授给农民。农民耕种后，根据田地的数量，向朝廷缴纳赋税。

均田制实行使失去土地的农民重新得到了土地，流亡无居的人和依附世族门阀名下的佃客也摆脱束缚，成为朝廷的编户齐民，从而增加了朝廷控制的劳动人口和征税对象，也提高了农民的生产积极性。

北魏实行均田制度后，落后社会经济结构迅速向先进封建化经济结构过渡。社会生产因素被尽可能地激活。均田令颁布实施标志着北魏统治者转向接受汉族封建统治方式。这一制度历经北齐、北周，到隋唐约300 年，不仅使北魏社会经济得到了发展，而且奠定了后来隋唐社会经济基础。

除了土地制度，公元 486 年，冯太皇太后改革地方基层组织的宗主督护制，下令实行三长制。西晋灭亡后，北方世族门阀多聚族而居，设坞壁自保，自给自足。北魏建立后，任命世族门阀为宗主，代行地方行政权力。这就是宗主督护制。在这一制度之下，户口隐匿现象十分严重。朝廷征收户调时，只能依据户籍上登记的户口。这样，有些世族门阀加上依附他家的上千人也只算一户。他们跟一家一户的自耕农民缴纳同样的赋税。朝廷赋役征发在数额、轻重方面不公平，不仅影响朝廷财政收入，也导致大量自耕农破产，编户齐民迅速减少。

为了把世族门阀隐匿的劳动人口编入国家户籍，既增加朝廷编户，又抑制世族门阀势力，李冲提出废除宗主督护制，实行三长制。三长制按照什伍里甲组织形式，重建北魏地方基层机构，规定五家为一邻，五邻为一里，五里为一党，邻、里、党各设一长，合称三长，由本乡能办事且守法又有德望的人充任，负责检查户口，催征赋役，管理生产，维护治安。任三长的人，可以免除一二人的官役。

冯太皇太后非常欣赏李冲的建议，赞不绝口，召集公卿讨论。郑义、高佑、傅思益等人提出反对，认为三长制实难推行。太尉拓跋丕极力赞同。还有大臣提出到冬闲时节再慢慢商讨可否实行。李冲认为，实行三长制刻不容缓。冯太皇太后见众人莫衷一是，意见不统一，将手一挥，止住众人争论，直接宣布执行。群臣见此，不再坚持异议，闭口缄默，俯首听命。

不久，北魏建立起较为完善的地方基层组织三长制，既便利清查荫附户口，又确定课征赋税的统一准则，防止那些企图逃避赋役的人钻空子，从而削弱了地方豪强的经济实力，增强了国力。

除此之外，为使鲜卑族逐渐适应汉族人生活方式和礼仪制度，冯太皇太后还大兴教育，尊崇儒学，禁断卜筮、谶纬之学，从而开始鲜卑族汉化过程。

随着日子一天天过去，皇帝拓跋宏逐渐长大，成为冯太皇太后中意的继承人。在冯太皇太后亲自教育与监督下，拓跋宏手不释卷，刻苦读书，日复一日，孜孜以求，对儒家经典精奥谙熟于心，史传百家也无不涉猎，成为颇有才学的皇帝。

从486年正月初一起，冯太皇太后就有意让拓跋宏参与朝廷事务，培养他的政治才干，授意他亲自起草有关诏敕册文。拓跋宏的行为从未超越冯太皇太后允许的界限，从不过多发表意见，更谈不上擅自决定大事。冯太皇太后亲自作《劝诫歌》三百余章和《皇诰》十八篇，作为他的学习指南和行为准则，从思想上向他灌输治理天下原则。同时，她还特别注意言传身教，以身作则，身体力行地对皇帝进行教育和示范。

除平日听政、临朝，冯太皇太后还经常外出巡视。每次外出巡视，她一般都将拓跋宏带在身边，以便让他随时随地得到磨炼。

公元490年九月，49岁的冯太皇太后死于平城皇宫太和殿。临死前，她要求简葬。拓跋宏坚持采用国君葬礼规格，给冯太皇太后修建陵墓。随后，他继承冯太皇太后的改革大业，继续推行汉化政策，北魏进一步走向繁荣强盛。

4. 迁都洛阳，拓跋宏促进各民族融合

拓跋宏是拓跋弘的长子，生母李夫人，5岁时继位为北魏第七位皇帝。北魏实行子贵母死制度，拓跋宏在被立为太子时，生母李夫人即被赐死，由冯太皇太后抚养成人。拓跋宏即位时年纪太小，先由太上皇掌权几年，后由冯太皇太后执政，而冯太皇太后对鲜卑人建立的北魏朝廷进行了一系列中央集权化改革，并让拓跋宏参与其中。因此，拓跋宏很小就有了汉化改革的思想意识。

公元490年，冯太皇太后死时，拓跋宏24岁，但已经当了十几年皇帝。在冯太皇太后长期严格教育和直接影响下，他不但精通儒家经义、

史传百家而才藻富赡，而且积累了丰富的治国经验，增长了实际才干。冯太皇太后病死时，改革大业基础已经奠定，拓跋宏已经具备独自挑起改革重担的能力。因此，24 岁的拓跋宏亲政后，继承冯太皇太后遗志，继续重用汉族士人，在各方面进一步实施改革，全盘推行汉化。他模仿汉族王朝礼仪，作明堂，建太庙，正祀典，迎春东郊，亲耕籍田，祭祀舜、禹、周公、孔子，养国老、庶老，允许群臣守三年之丧。

第二年十一月，拓跋宏仿照魏晋时的官制，大规模制定官品，考核州郡官吏。他在考课诏中宣称："二千石官吏考在上上的，充四品将军，赐一匹黄马；考在中上的，委任五品将军；考在上下的，赐一套衣服。"同年冬，他下令设太乐官，议定雅乐；命中书监高闾与乐官讨论古乐，依据儒家六经，参照各国音乐志制定声律。

公元 492 年正月，拓跋宏颁布五品诏，宣布：宗室远属不是太祖（拓跋珪）子孙和异姓封的王都降为公，公降为侯，侯降为伯，子、男不变。名称虽易，品秩如前，公为第一品，侯第二品，伯第三品，子第四品，男第五品。他又命令群臣议五行的次序，采纳秘书丞李彪等人建议，以为晋承曹魏为金德，北魏应承晋为水德。四月，他又颁布新律令，废除北魏初年残酷的车裂、腰斩，改为枭首、斩首和绞刑三等，把夷五族、夷三族等酷刑加以降等，夷五族降至同祖，夷三族降至一门，门诛降至本身。

在整顿吏治后，拓跋宏为进一步推行汉化改革，决定迁都洛阳，率领鲜卑贵族深入中原，全面接触和实现汉族政策。因为北魏长期建都平城，平城位置偏北，地处风寒之地，不利于北魏对整个中原的统治。

迁都是一件重大的事情，拓跋宏决定迁都洛阳后，为保证迁都顺利进行，进行周密的部署和安排。公元 493 年五月，他召集百官，宣称要大举进攻南朝齐，然后在南伐途中造成迁都的既成事实，减轻那些保守派贵族的反对。

当时，南朝齐是萧昭业当皇帝。萧昭业荒淫无耻，将整个南朝齐搞得乌烟瘴气。按照常理，北魏此时讨伐南朝齐，是一个战略机遇。但是，稳定内部是当务之急，早已经成为北魏君臣的共识。在朝会上，任城王拓跋澄站出来反对，其他大臣也纷纷响应。拓跋宏见此，只好宣布退朝。

退朝后，拓跋宏立即单独召见拓跋澄，然后屏退左右，单独对他说："这次举动要成功达到目的，的确不易。但是，国家兴自塞外，迁都到平城，这里是用武之地，但不能实现文治武功，如今我们要真正移风易俗，在平城实在是太难了！崤山、函谷关、黄河、洛河一带，自古以来，都是帝王居住的地方。我想趁这次大举南伐机会而迁都中原。你觉得如何？"拓跋澄立即表示："那是大好事啊！我完全支持！"

这年六月，拓跋宏下令修造黄河桥，为大军渡河做准备，并亲自讲武，命李冲负责挑选有才干和勇敢的人随军出征。一个月后，他又下令立皇长子拓跋恂为太子，发布文告，派人将文书送到南朝齐，声称北魏大军将大规模南伐；下诏在扬州、徐州征集民丁，准备组建军队；又派拓跋羽持节去安抚北方六镇守将，从那里调发精锐骑兵。至此，北魏大军准备基本就绪。

公元493年八月，拓跋宏祭拜冯太皇太后永固陵后，率领群臣百官以及百余万步骑兵，从平城出发，浩浩荡荡南下。在出发前，拓跋宏命令拓跋丕和拓跋羽负责留守平城，任命拓跋干为车骑大将军，负责关右一带军事事务，和穆亮、卢渊、薛胤等人率军一起镇守关中。临行时，拓跋丕请求拓跋宏带上那些妃嫔一起南行。拓跋宏厉声斥责拓跋丕说："打仗时不准谈后宫的事情，不要再提这些请求了。"拓跋丕只好作罢。

北魏大军列队走出平城，一路之上，阵容整齐，浩浩荡荡，所过之处，秋毫无犯，经恒州、肆州，在公元493年九月底抵达洛阳。

时值深秋，阴雨连绵，大军就地休整待命。秋雨足足下了1个月，道路泥泞，行军困难。拓跋宏下令继续进军，戴盔披甲，骑马出城。大臣们不想攻打南朝齐，出来阻拦。

拓跋宏说："我们兴师动众，如果半途而废，岂不是给后代人笑话？如果不能南进，那就把国都迁到这里。你们认为怎么样？"

大家面面相觑，没有说话。拓跋宏说："不能犹豫不决，同意的往左边站，不同意的往右边站。"

拓跋澄说："只要同意停止南伐，迁都洛阳，我愿意。"随后，他率先站到左边。许多文武大臣虽然不赞成迁都，但听说停止南伐，也站到左边。

拓跋宏把洛阳的事安排好后，派拓跋澄回到平城，鼓动留守的王公贵族迁都。

公元494年，拓跋宏正式宣布迁都洛阳。

迁都洛阳后，大批鲜卑人源源不断地涌入中原，北魏又面临许多新问题：鲜卑人习俗是编发左衽，男子穿袴褶，女子衣夹领小袖，多数人不会说汉话；新迁洛阳的人，没有房子住，没有存粮，不会搞农业，心里都想着以前的生活。

在王肃、李冲、李彪、高闾等汉族士人支持下，拓跋宏改革鲜卑旧俗，全面推行汉化。公元494年十二月初二，拓跋宏下诏，禁止士民穿胡服，规定鲜卑人以及其他少数民族人，一律改穿汉式服装，朝廷百官改穿汉式朝服。几天后，他下诏免除新迁洛阳的胡人3年租赋，鼓励他们在新授予的土地上耕种；招收新迁洛阳的胡人为羽林、虎贲，充当禁卫军。

公元495年五月，拓跋宏召集群臣，商议禁绝胡语。一个月后，他正式发布诏令："不得以北俗之语，言于朝廷，若有违者，免所居官。"当月，他又发布诏令，规定迁到洛阳的鲜卑人，死后要葬在洛阳，不得还葬平城。从代郡迁到洛阳的鲜卑人全都成为河南郡洛阳县人。他又依据《周礼》制度，下诏去长尺，废大斗，改重秤，颁行全国。

这一年八月，洛阳金墉城宫建成。拓跋宏下令在洛阳城内设国子学、太学、四门小学。九月，新都营缮工程竣工，平城的六宫后妃以及文武大臣，全部迁到洛阳。

公元 496 年正月，拓跋宏下令改鲜卑姓为汉姓，将拓跋改为元姓，所以拓跋宏改称元宏。

为各民族进一步融合，元宏大力提倡鲜卑人与汉族人通婚。他带头纳范阳卢敏、清河崔宗伯、荥阳郑羲、太原王琼、陕西李冲等世族门阀的女儿为妃，并亲自为 6 个弟弟迎娶王妃，除河南工元干的妃子是出自鲜卑大贵族外，其他 5 个王妃都是汉族世族门阀的女儿。通过这种互通婚姻形式，鲜卑贵族与中原世族门阀紧紧联系在了一起。

不仅如此，元宏还采用魏晋门第等级制度，在鲜卑贵族中分姓定族，根据姓族等级高低分别授以不同官位，给予不同特权。北魏世族门阀迅速形成，成为从朝廷到地方的统治力量。

5. 惩处太子，断绝反对改革者念想

元宏迁都洛阳，采取暗度陈仓的做法，在一些保守派来不及反对就造成既定事实。元宏迁都洛阳后，采取了一系列更激进的汉化政策，从法律上消除鲜卑人和汉族人的差异，导致北魏统治方式发生了根本性变化。

保守派来不及反对，并不意味着他们不反对，一旦机会成熟，保守派就抵制和反对汉化政策。公元 496 年八月，皇帝元宏率军巡幸嵩岳时，命令皇太子元恂留守洛阳金墉城。

皇太子元恂恰恰是保守派代表人物。元恂是元宏的长子，出生于改革汉化时代背景下。冯太皇太后权倾朝野，对元恂十分溺爱。元恂因自幼受冯太皇太后溺爱，变得嚣张跋扈，目中无人，厌烦学习。冯太皇太后死后，皇帝元宏对皇太子元恂极为严格，但开导不足，这一反差让元恂产生了逆反心理。元宏对他已经略感失望，父子关系有些隔阂。

皇太子元恂身体肥大，适应不了洛阳炎热的天气，经常怀恋在旧都平城的快乐时光，常想寻机返回平城。他不愿说汉语，穿汉服，将皇帝赐给他的汉式衣服和帽子全部毁掉，个人装束仍然是披着头发，露出左膀子，顽固地保持鲜卑旧俗。中庶子高道悦多次苦苦劝他遵从皇帝的命令，顺应时代进行汉化，他不但毫无悔改之意，反而怀恨在心。

皇帝元宏出巡给了皇太子元恂可乘之机。元恂与左右合谋，秘密选取宫中 3 千匹御马，阴谋一起逃回平城。他还准备在宫禁中亲手杀死高道悦。元恂的密谋很快被其他改革派大臣发觉。领军元俨派兵严密防遏各个宫门，阻止事态发展。同时，他还派尚书陆琇驰马奏报皇帝。皇帝元宏得到消息，大吃一惊。他知道元恂恋旧，留恋旧都平城，喜欢鲜卑饮食和服饰，但没想到他敢叛逃，公然起兵反对汉化改革。

元宏吃惊之余，迅速结束巡察，日夜兼程返回洛阳。保守派没想到皇帝会这么快返回洛阳，一时半会儿没有了应对策略。此时元宏政治经验已经非常成熟老到，意识到皇太子元恂是关键人物，便出其不意召见他。元宏怒不可遏，列举皇太子的罪状，亲自杖责皇太子，在场大臣都吓得不敢出声。

元宏一口气仗打了多次，累了，又令元禧等人代替自己打了皇太子 100 多杖。皇太子元恂被打得皮开肉绽，元宏见不能再打了，才令人将皇太子拖出大殿，把他囚禁在城西的别馆。

为了不激化矛盾，皇帝元宏没有深究其他保守派大臣，而是迅速谋划更立皇太子。二儿子元恪进入他的考虑范围。同年十月，已经决定废掉皇太子元恂的元宏，在清徽堂召见群臣，一起商议废黜皇太子的事。改革派大臣积极支持此事，保守派大臣担心祸及己身，虽然内心激烈反对，但也不敢表现出来。

一个月后，皇帝元宏正式宣布废黜元恂皇太子位，将其贬黜为庶人，囚禁在河阳无鼻城。可是，还没等他宣布新皇太子，保守派就进行了武装叛乱。

当月，恒州刺史穆泰、定州刺史陆睿两人合谋，暗中勾结元思誉、元隆、元业、元超、贺头、元乐平、元拔、元珍等人，阴谋推举元颐为首领，起兵造反，企图一起推翻皇帝元宏，另外册立皇帝。元思誉、元业、元隆、元超、元乐平、元拔、元珍等人，都是鲜卑旧贵及其后裔。他们不满皇帝元宏亲近重用中原儒士，而不重用他们来自拓跋鲜卑的贵族旧臣。他们对迁都变俗、改官制服、禁绝旧语，都抱着反对态度。

元丕公开反对汉化改革，他公然在盛大朝会上穿鲜卑旧服，毫无顾忌。这是公开违背皇帝命令的举动。如果是一般人如此，那将会当即遭到惩罚。但是，元丕年纪大，资历老，且建立过巨大功勋。皇帝元宏心怀仁慈，见元丕年老体衰，睁一只眼闭一只眼，没有严厉责备他，更未下令处罚他。

元隆、元超更是顽固保守派。迁都洛阳初期，他们曾企图劫持皇太子元恂留居平城，起兵割据雁门关以北的恒州、朔州。他们分裂北魏的阴谋虽未得逞，但也并未遭严厉处罚，因而叛逆之心不死，这次又与穆泰等人一起公开叛乱。

反叛势力强大，分裂国家却不得人心。保守派一起推荐元颐为叛乱首领，但元颐本人却没有叛乱的想法。他对皇帝元宏忠心耿耿，一边佯装许诺参加反叛，稳住穆泰等保守派，一边暗中派人将叛乱阴谋密报皇帝。皇帝元宏接到密报后，不得不高度重视起来。

在关键时刻，北魏皇帝元宏想到当年被说服支持他迁都洛阳的任城王元澄。当时，元澄卧病在床，接到皇帝召见，带病秘密进宫。进宫后，皇帝元宏决定借助任城王元澄生病这个机会，蒙蔽保守派，同时派他火速到平城，以迅雷不及掩耳之势瓦解保守派。

元宏召集群臣，商谈元澄病退后享受何等待遇。与此同时，元澄接受命令，不顾身体有病，带着圣旨，日夜兼程，经过雁门关，赶往旧都平城。到平城下时，元澄先派李焕单骑入城，出其不意，一一去劝说穆泰同党，说皇帝已经知道此事，现在悔改的话，既往不咎；死不悔改，将会满门抄斩。一番游说后，叛党顷刻瓦解。元澄拿着圣旨，顺利接管平城。

穆泰得知相关消息，无计可施，仓促率数百亲信攻打平城。元澄指挥平城守军抵抗，穆泰等人战败，朝城西逃走时被俘虏。元澄趁机严惩穆泰同党，将陆睿等百余人投入监狱，公开宣布他们的罪行，这一场叛乱迅速被镇压。随后，他将平叛始末写成奏章上报朝廷。

公元 497 年正月，皇帝元宏在镇压保守派阴谋叛乱后，立元恪为皇太子。不仅如此，他反思了此前的治理，对保守派做出一定妥协，鲜卑旧部贵族和北方各少数族首领不堪暑热，特别允许他们秋冬居住在洛阳，春夏回到北方部落居住。当时人称他们为"雁臣"。

不过，这次妥协并未换来长治久安。这年四月，皇帝元宏巡幸长安时，途中接到御史中尉李彪的秘密报告，说废皇太子元恂又与左右秘密谋划造反，保守派再次企图武力反叛。元宏急派咸阳王元禧与中书侍郎邢峦率人带着毒酒赶赴河阳，逼令前皇太子元恂自尽。

这下子，保守派失去核心，再也没有反叛机会。皇帝元宏不惜一切推行汉化改革，无论谁反对，他都无法容忍。这让朝内外看到了他的改革决心。

6. 南北对决，北朝从此走向优势地位

北魏数代皇帝立足于内部改革自强，有一个重要外部环境，就是南北均势，都无力消灭对方。面对这种局面，北魏走上汉化改革之路，从部落走向封建社会，而南朝则陷入朝代更替循环之中。南北朝走上不同道路的结果，是北魏越来越强盛，南朝则越来越衰弱，力量天平从南方逐渐倾向北方。

南朝宋元嘉年间举行北伐，被北魏挫败，北魏皇帝趁机反攻，一直打到长江边，但最终因种种原因，不得不撤军。不过，此时南朝宋损失

巨大，在山东丢失了数州。拓跋宏继位后，北魏势力已经有所壮大，不断加强对南朝的军事攻势，表现出日益强烈的统一江南愿望。他不惜代价迁都洛阳，其最终目的就包含统一南朝的意图。不过，拓跋宏南征及其统一战略，朝臣之中多有分歧，甚至出现激烈争议。正因为如此，拓跋宏在迁都洛阳后，主要精力放在汉化改革上。

等彻底摆平保守派后，北魏皇帝元宏开始努力去实现统一江南的夙愿了。在他实施新的南进战略下，北魏利用南朝宋齐易代的机会，兴兵夺取了淮北数州。而元宏在主政前，深受冯太皇太后天下一统思想的影响，立志要征服江南，统一天下。亲政后，他进一步明确南征战略，并不断亲率大军，发动对南朝齐的军事攻势，表现出统一江南的强烈愿望。

公元 497 年六月，元宏一行渡过渭水，船队进入黄河，回到洛阳。第三天，元宏下令征发冀州、定州、瀛州、相州、济州 5 个州的士兵，共计 20 万人，准备再次大举进攻南朝齐。

经过一番准备，一个月后，元宏率北魏军从洛阳出发，派元澄与李冲、李彪等人留守洛阳，命令彭城王元勰暂时出任中军大将军。元宏率北魏军直取南朝齐的军事重镇襄阳，彭城王元勰等 36 路军前后相继，号称百万，浩浩荡荡。

北魏大军到赭阳时，元宏留诸将攻取赭阳，亲自率兵南下奔袭宛城。当晚，北魏军攻克外城。南朝齐守将房伯玉率军坚守宛城内城。北魏军不能取胜。元宏留咸阳王元禧等人率军进攻南阳，亲自率军去进攻新野，又遭到南朝齐新野太守刘思忌率军顽强抵抗。直到十月，北魏军仍然不能攻下新野。南朝齐皇帝萧鸾急派崔慧景率 2 万步骑兵增援襄阳。双方在襄阳一带的战争更为激烈。

到十一月，南朝齐韩秀芳等 15 员战将投降北魏，北魏军才在沔水以北取得一次胜利。不过，南北朝双方对峙的局面依旧没有改变。战争相持到第二年三月时，北魏军最终才攻占雍州的南阳、新野、南乡等郡。

南朝齐守将刘思忌被杀，房伯玉被迫投降。随后，北魏军在邓城大败崔慧景、萧衍等人率领的齐军。这一战斩首、俘获 2 万多人。

北魏皇帝元宏乘胜率 10 万大军围攻樊城。南朝齐雍州刺史曹虎闭门自守，北魏军久攻不下。过一段时间后，南朝齐军和北魏军在涡阳大战。这一战，北魏军失败，1 万多人被杀，3000 多人被俘，损失上千万军资、器械、财物。元宏急调 10 多万步骑兵救援涡阳，才迫使南朝齐军撤退。双方战争又进入僵持局面。

公元 498 年九月，北魏皇帝元宏得知南朝齐皇帝萧鸾死了的消息，缓了一口气，决定停止战争休养一段时间，便下诏称"趁人丧期进攻，显得不仁义，不符合礼制"，随后率军撤了回去。这次战争持续了一年多，北魏整体上虽然取得一定胜利，但也付出沉重代价。因此，元宏下令撤军时，上下一致支持。

在撤军途中，北魏皇帝元宏身患重病，十多天不能接见侍臣。经过急救，他才转危为安。于是，元宏一边撤军，一边治病，行动非常缓慢，直到公元 499 年一月，才风尘仆仆地回到洛阳。尽管病魔缠身，他还是坚持上朝理事。因为当时北魏的形势不容乐观。

北魏趁机撤走了，在战争中丧失土地的南朝齐却并未因皇帝更替而撤军。为了夺回雍州所失各郡，南朝齐派太尉陈显达督率崔慧景所部 4 万齐军反击北魏。南朝齐军多次击败北魏元英所部，并围攻襄阳以北 300 里马圈城达 40 多天。马圈城中北魏守军粮食断绝，被迫以死人肉和树皮充饥。最终，北魏军被迫突围，死伤千余人。陈显达又派南朝齐军夺回南乡郡，给北魏造成严重军事压力。

得知这些消息，北魏皇帝元宏意识到南征成果化为灰烬了，决定再次率军南征。公元 499 年三月初，北魏皇帝抱病又一次离洛阳，御驾亲征，这次元宏抱病亲征加速了他的病情。

元宏自染病以来，彭城王元勰常在身边侍奉医药，日夜不离左右，饮食必先尝而后进，蓬头垢面，衣不解带，睡不安席。元宏久病心烦，加上频频接到北魏军失利的消息，非常容易生气，侍臣稍有过失，动不动就要被斩杀。北魏军进攻到马圈城时，与南朝齐军相遇，双方展开激战，元宏坚持亲自部署指挥战斗，依然无法击败南朝齐军。元宏见此，病情迅速恶化。

公元 499 年三月二十四日，元宏病重。四天后，他命令元勰派人前往洛阳，请太子元恪到鲁阳登基即位；任命北海王元详为司空公，镇南将军王肃为尚书令，广阳王元嘉为尚书左仆射，尚书宋弁为吏部尚书，与太尉公元禧、任城王元澄等 6 人共同辅佐朝政。四月初一，元宏在谷塘原行宫死去。

当时，南朝齐和北魏处在战争状态。北魏皇帝元宏死后，彭城王元勰与任城王元澄秘密商议，担心皇帝死去的消息外露，南朝齐的将领陈显达会率军追击，秘不发丧。他们一行到宛城时，才派中书舍人张儒奉诏去叫太子元恪前来，将皇帝死去的消息公布。太子元恪到鲁阳后，才为已故皇帝元宏举行丧礼，正式即皇帝位。

元恪继位后，一些保守派又抬头，一部分鲜卑族遗老们怂恿元恪迁都回平城。元恪拒绝他们的建议，下令扩建新都洛阳，进一步巩固汉化改革的成果。同时，他还继承先帝南征的遗志。

南朝齐和北魏在不到两年内先后更换皇帝，但从新任皇帝的表现看，历史又一次将幸运降临在了北魏。虽然在战场上，南朝齐军不逊于北魏军，但南朝齐的新皇帝萧宝卷却远不如北魏新皇帝元恪。萧宝卷是历史上著名的暴君之一，当上皇帝后，迅速将南朝齐搞得乌烟瘴气，上下人心惶惶。

公元 500 年，北魏皇帝元恪趁着南朝齐正处于萧宝卷昏暴统治下，尽失民心，率军大规模南伐。与上两次南伐大不一样的是，北魏军这次南伐比较顺利。北魏对南朝齐发动了一系列战争，前前后后持续了 8 年。期间，南朝齐被南朝梁取代，但南朝梁依然没能扭转对北朝不利的局面。到战争结束时，北魏已经占领扬州、荆州、益州等地，领土疆域大大向南拓展，国势盛极一时。

此时，北魏汉化改革进入收获红利时期，北方民族矛盾有所缓和，经济获得长足发展。不过，在鲜卑贵族和汉族地主的联合压榨下，阶级矛盾仍然十分突出。随着北魏政治的日益腐败而愈来愈尖锐，统治者日趋腐化，吏治逐步败坏。高阳王元雍富兼山海，其住宅、园囿像皇宫一样豪华，僮仆多达六千，妓女五百，一餐费钱数万。他与河间王元琛斗富，奢侈豪华程度超过西晋的石崇、王恺斗富。咸阳王元禧贪昏无能，侵吞了大量田地和盐铁产业。另一辅政亲王北海王元详，大搞"倒官"生意。被称"饿虎将军"的元晖做吏部尚书时，卖官鬻职都有定价，人们称吏部为卖官的市场，称这些官吏为白昼的劫贼。地方州郡刺史、太守也聚敛无已，征收租调时，重新使用长尺、大斗、重秤。

北魏皇帝元恪没有及时严惩贪污腐败，导致贪官污吏横行。加上他笃信佛教，每年常常在宫中亲自讲论佛经，广召僧众，辩明义旨。下面的官员、百姓也都更加笃信佛教，北魏各州郡的僧尼及寺庙迅速增加。大批农民因繁重的兵役和徭役家破人亡。他们不是投靠豪强，重新沦为依附农民，就是为逃避赋役，入寺为僧尼，或者被迫起义。

到元恪统治末期，北魏世族门阀和寺庙势力迅速壮大，而朝政掌控的编户迅速减少。虽然元恪花了大量的精力——镇压了起义，但到他在位后期，外戚高肇专权，朝政一片黑暗，国势逐渐衰弱。北魏繁荣时期昙花一现，鲜卑人高光时刻也迅速过去了。

第六章 内讧频起，北魏从盛世走向分裂

在北魏盛世时期，胡太后垂帘听政，但她处理政务任性妄为，加速了统治阶级腐化。六镇起义后，北魏内部又多次内讧，导致皇帝被迫西逃关中。高欢干脆重新册立皇帝，导致北魏直接分裂成对峙的东魏和西魏集团，拓跋家族的统治也随之走向了历史尽头。

1. 任性执政，胡太后激化各阶层矛盾

公元515年，皇帝元恪死后，6岁太子元诩即位，北魏进入一个新的历史时期。

按照北魏"子贵母死"旧制，儿子被立为太子，亲生母亲就要被处死。北魏皇帝元恪儿子频频夭折，非常焦虑。妃子胡充华反其道而行之，日夜祈祷早生皇子。皇帝元恪被感动，将胡充华生的元诩立为太子，并废除"子贵母死"制度，晋封她为贵嫔。公元515年，胡贵嫔因元诩继位而晋升为皇太妃。后来，高太后出家，胡太妃晋升为皇太后。

当时，皇帝元诩年龄小，胡太后临朝听政，处理政务，北魏再次进入皇太后执政时期。胡太后禀性聪颖有悟性，多才多艺，精通佛经大义，擅长射箭，喜欢亲自乘坐申讼车，走出宫门，为百姓断案申冤，还喜欢在朝堂亲自策试孝廉秀才。垂帘听政不久，她很快就使政局稳定下来，

让北魏君臣从她身上看到了冯太后的影子，也看到了北魏的希望。

不过，胡太后的政治才华远不如冯太后。面对北魏日益严重的腐化问题，她并没有清醒认识，不仅没有严厉反腐措施，还带头奢侈，助长腐化之风。

公元518年后，胡太后就渐渐有些任性了。她特别宠信和放纵亲信、世族门阀子弟。她喜欢佛教，喜欢带众多夫人、九嫔、公主一起出行。一旦高兴了，她就挥手随意奖赏，虽然奖赏对象原本就非常富有，但在利益面前，那些人贪婪的欲望依然被进一步激化。

有一次，胡太后心血来潮，带王公、妃嫔、公主等100多人前往朝廷仓库去视察。见仓库里堆满丝绸，胡太后一高兴，命令他们凭力气随便扛，能扛走多少就赏赐多少。这些养尊处优的贵族子弟和世族门阀子弟，顾不得什么体面，也不顾及平时根本没干体力活的现实，纷纷撸起袖子去"干体力活"，抢着往家里扛丝绸。结果，扛得多的，一口气扛走了200匹丝绸，扛得少的也有100多匹。长乐公主元瑛不在乎那些丝绸，为表示不与众人相异，没有空手而回，仅拿了20匹绢，深受时人称赞，被誉为"廉洁"。

不过，元瑛的"廉洁"并未获得胡太后欢心，令她开怀大笑的是贪婪的李崇和元融。他们所扛的丝绸太多，一不小心摔倒，结果是李崇伤了腰，元融伤了脚。胡太后哈哈大笑，嫌他们没本事，扛丝绸这种简单的活儿都摔倒受伤，不准他们拿走一匹丝绸，以惩罚他们"不争气"。

胡太后以放纵怂恿亲信奢侈腐化为乐，民间为此编出谣谚："陈留公、章武王，摔得腰痛腿也伤。贪婪败德一类人，污我明主好声望。"

胡太后念及宦官刘腾对他们母子的帮助，非常宠信他，封他子爵，还不断给他升官。胡太后让刘腾主持修建洛北永桥、太上公寺、太上君寺以及城东三寺。这几座寺庙都极其华丽，劳民伤财，靡费无度。刘腾趁机贪墨了不少。胡太后自幼信佛，也喜欢奢华，对刘腾不仅没责怪，反而多次奖赏。刘腾因受宠于胡太后，作威作福，满朝大臣都怕他。元琛为复出任职，认刘腾做义父。刘腾还公开卖官鬻爵，派人四处搜刮财物。朝廷百官因刘腾受胡太后宠信，也千方百计地讨好他，唯有清河王元怿经常斥责刘腾。

刘腾利用朝中权贵对元怿的不满，拉帮结派，准备对元怿进行报复。胡太后妹夫元叉既涉政务，又统禁军，虽毫无功业，却在瞬间成为显赫人物，非常骄横，大肆收受贿赂。胡太后曾责备过元叉，清河王元怿也看不起权欲熏心的元叉，常排挤并想罢黜他。

元叉命令党羽宋维诬告韩文殊想谋反篡国，立元怿为皇帝。元怿被拘押下狱，后经审问，实在找不出什么证据来，罪名不能成立，不得不将他无罪释放。元叉想打击元怿的阴谋未能得逞，一直不甘心，又与宦官刘腾狼狈为奸，暗里策划阴谋。

公元520年七月，经过一番密谋后，元叉诱逼中黄门胡玄度、胡定出面诬告元怿，说元怿叫他们在皇帝御食中投毒，害死皇帝，夺取皇位，保证事成后胡玄度、胡定飞黄腾达。刘腾提前告诉皇帝元诩，将他连哄带骗地拥进前殿。随后，元叉矫诏将胡太后幽禁在后宫，命令刘腾封锁后宫与前殿的通道永巷门，隔离胡太后与外面的联系。

元怿对已发生的事一无所知，像往常一样来上朝。在含章殿后，元叉埋伏好的士兵抓住元怿，将其关起来。刘腾马上以皇帝元诩名义召集公卿百官会议，想以谋大逆之罪论处元怿。公卿大臣个个失色，面面相觑，但没人敢有异议。元叉带着百官的意见进去上奏皇帝元诩。一会儿，他出来说皇帝准奏，当场将元怿处死。

元怿在朝野有很高的威望，他惨死，百姓悲痛万分，各地举行不同形式的悼念活动。居住京城的数百少数民族百姓，割面流血，以表哀悼。中山王元熙与元略、元纂与元怿素有交情，联合城阳王元徽、元渊等人，在邺城起兵，上表列述元叉20大罪状，声称不诛元叉，难平民愤。然而起兵失败，元熙被杀。

刘腾和元叉原本是胡太后宠臣，共同谋划，害死元怿后，矫诏称胡太后身染重疾不能理政，还政于皇帝，然后将胡太后囚禁在北宫，宫门昼夜长闭。刘腾是宦官，利用身份便利，亲自掌管北宫宫门钥匙，禁止任何人，包括皇帝元诩，与胡太后见面。胡太后被刘腾限制衣食供应，食不果腹，在北宫受冻挨饿，常常饿得哭嚎。

胡太后侄儿胡僧敬等人谋划杀死元叉，再次拥戴胡太后临朝听政，事情没能成功，张车渠等十几人被杀，胡僧敬宗族人员多被免职。

刘腾、元叉幽禁胡太后后，把持北魏朝政和朝廷生杀大权。他们养婢蓄妓，逼民为奴，卖官买官，百姓怨声载道，导致连曾经参与他们谋划的人都看不下去了。

右卫将军奚康生曾追随元叉、刘腾等人参与幽禁胡太后的阴谋，他和元叉相互不顺眼，彼此都想杀死对方。奚康生决定投向胡太后，联合起来除掉元叉和刘腾。

公元 521 年三月，按照常规，北魏举行了一次集体活动。在刘腾和元叉安排下，北魏小皇帝元诩在西林园朝见胡太后，文武百官都参与，陪同坐在附近。奚康生此前已经秘密与胡太后取得联系，准备寻机刺杀元叉。

朝见完毕后，北魏君臣按常规举行了大型宴会。在宴会上，胡太后与元叉唇枪舌剑，但元叉毫不相让，咄咄逼人。胡太后意识到，她被元叉和刘腾控制着，随时有性命危险，就不再继续争论，强行要带皇帝元诩回北宫。元叉和刘腾示意同党侯刚出面反对。奚康生站出来反驳侯刚，他生性粗武，身材高大，声如洪钟，大声一吼，包括元叉、刘腾在内的群臣，一时蒙住了，没人敢再说什么。

胡太后牵着小皇帝元诩的手往北宫走。元叉、刘腾等人见此，只好在后面跟着，群臣也都低着头在后面跟着。在一拐弯处，奚康生认为时机已到，拔剑直刺元叉。但刺杀失败，奚康生被关进监狱，小皇帝元诩被送回南宫，胡太后被送回北宫。

杀掉奚康生后，刘腾与元叉进一步控制朝政。他们两人分别负责朝政内外，共树党羽，专权擅事。他们规定，朝中八座九卿，早上要去刘腾那里请示，得到指令后，才到相关衙门办公；新上任大臣，必先朝拜刘腾，得到他认可后，才可以上任。

刘腾是个宦官，政治得势后，在经济上愈加贪得无厌。朝臣中有人请求他办事的，他决定办不办的唯一标准就是送礼到不到位。他派人到各地搜刮财物，放高利贷。不仅如此，刘腾还尽挑美女侍寝，广开室宇，营造豪宅，贪暴之状，无以形容。

不过，到公元523年，刘腾因病而死，元叉一个人掌握大权。他不可一世，耽于酒色，才疏学浅，致使政事懈怠，纲纪不举。此时，后宫管控放松了，被囚禁在北宫的胡太后抓住时机东山再起，悄悄将自己受囚禁的真相告知小皇帝元诩。小皇帝元诩选择支持胡太后。胡太后采取以退为进策略，相机解除了元叉的兵权。

公元525年四月，胡太后再次临朝摄政，宣布元叉、刘腾的罪行，将元叉贬为庶人，追削刘腾官爵。她下令杀掉元叉，令人挖掘刘腾墓，随后宣布大赦天下，改元孝昌。

此时，北魏已经被元叉和刘腾折腾得民生鼎沸，起义处在酝酿中。胡太后不管那些，也不整治朝政，任凭朝政荒废，天下州牧郡守贪婪。她和宠臣郑俨在宫廷淫乱。郑俨的同党权势遍布天下，不到一两年时间，郑俨、李神轨、徐纥等人，位居宫禁要职，掌管朝中大小事。

胡太后宫中淫乱传遍朝廷，朝野听到消息都很厌恶和鄙视。文武官员人心涣散，各地叛逆作乱，国家走向土崩瓦解。北魏各族起义迅猛爆发，很快到了一发不可收拾的地步。

2. 六镇起义，北魏从繁荣走向危机

迁都洛阳前，北魏首都在平城。当时，塞北柔然强大，塞内分布着高车和山胡。为防御柔然等少数民族入侵，从东而西，北魏分别设置怀

荒、柔玄、抚冥、武川、怀朔、沃野等军镇，简称六镇，其任务是外御柔然，内制高车、山胡，拱卫京都。

冯太皇太后和元宏进行汉化改革后，六镇成为历史遗留问题。拓跋鲜卑建国时，北魏军是以鲜卑人为主的部落兵，士兵身份很高，作战意愿强，战斗力旺盛。迁都洛阳后，部落兵身份发生了分化，随迁入洛阳的部落兵编入羽林军、虎贲军，其身份与士族相同，其将领还获得世族门阀身份。

相对比的是，六镇镇民身份越来越低。起先，六镇镇民主要是鲜卑拓跋部部民，社会地位较高。后来，随着北魏疆域扩大，汉族及其他族的豪强、部落酋帅逐渐加入镇民中。再后来，犯罪的官员和百姓不断加入镇民中。镇民地位日益下降，成为朝廷眼中的发配戍边囚犯。

北魏迁都洛阳后，政治、经济中心南移，六镇失去往昔军事上的重要地位。更重要的是，北魏汉化改革时，根本没有涉及六镇镇民，六镇镇民仍然保持着鲜卑化，且属于军府，世袭为兵，不准迁移。六镇镇民与中原的鲜卑贵族在政治、经济、文化地位上差距非常大。

不仅如此，到北魏后期，六镇镇民内部贫富差别也加剧了。军镇统治者是主将、参僚和豪强，他们对北魏朝廷不满，想方设法搜刮财物。广大镇民不仅要遭受主将、参僚和豪强欺凌奴役，土地被剥夺，承担着繁重的官私力役，还被洛阳的显贵们歧视。

六镇镇民中有不少人来自高车、山胡。他们和居住塞内的本族人保持联系。山胡久居汾西和陕北。北魏列入编户的山胡人承担着租调徭役，不属州郡的山胡人仍由酋帅管辖。北魏常在不属州郡的山胡人中强行征兵，有时还强行将他们迁徙。

高车分为东、西两部，一直保留部落组织，居住在六镇边塞一带，对北魏承担兵役和贡纳义务。北魏委任山胡、高车首领为领民首领或其他官职，统治有没列入编户的本族人。在改镇为州的地方，酋豪成为世族门阀，受公府、州郡辟举。他们和北魏朝廷既存在矛盾又有一致利益。

公元 523 年，北魏发生饥荒，怀荒镇将于景不分发粮饷，无法生存的镇民杀死于景起义。随后，沃野镇民破六韩拔陵号召镇民杀死镇将，率众攻占沃野镇，改元真王。他率起义军南下，同时派军围攻武川，攻打怀朔。怀朔镇将杨钧提拔武川世族门阀贺拔度拔及其儿子贺拔允、贺拔胜、贺拔岳为将领，率军镇压起义军。

公元 524 年三月，北魏权臣元义派出元彧率北魏军去镇压破六韩拔陵起义军。卫可孤率起义军攻克武川、怀朔，俘虏贺拔度拔父子。到五月，破六韩拔陵率起义军在五原大败元彧所率北魏军。北魏朝廷上下大惊失色，元叉又派李崇代替元彧出任北讨大都督，任命崔暹和元渊为副将，继续率军镇压起义军。

北魏军并未因此改变局势，而是一败再败。七月，破六韩拔陵率起义军在白道大败崔暹所率北魏军，李崇被迫率残余退守云中。而一个月后，北魏更陷入危机之中，东西两部高车背叛北魏，归附破六韩拔陵起义军。

在这种情况下，在元叉怂恿下，北魏小皇帝元诩下诏改镇为州，想以此安抚起义军。不过，这一点也未导致局势好转。乞伏莫于攻杀郡守，万于乞真杀太仆卿，一起起兵，但被秀容契胡首领尔朱荣率军镇压。这年十月，李崇被免官，元渊代替他指挥北魏大军，继续镇压起义军。贺拔度拔父子及武川宇文肱等人，联合各地世族门阀武装，对卫可孤所部起义军发起袭击，取得巨大胜利，卫可孤战死。

六镇镇民起义，北部边塞打成一团。北魏统治者镇压不下去，居然想到邀请塞外柔然派军帮忙。柔然军对六镇军民恨之入骨，北魏邀请他们一起镇压起义军，他们求之不得。公元 525 年初，柔然可汗阿那瓌率 10 多万大军，从武川西向沃野，帮北魏军镇压破六韩拔陵起义军。

在这期间，在小皇帝元诩以及大臣帮助下，胡太后再次执掌朝政，处死权臣元叉等人。不过，面对危急局面，胡太后也无能为力，只好继续坚持收买柔然军镇压起义军策略。在这种情况下，破六韩拔陵起义军被迫与北魏军以及柔然军展开生死搏杀。

公元 525 年六月，破六韩拔陵起义军在五原包围元渊所率北魏军，北魏军惨败，向北撤到朔州。云州刺史费穆放弃云中城，到秀容投降了尔朱荣。北魏主将元渊派于谨去说降了已经起义的西部高车首领乜列河重新归附北魏，破六韩拔陵起义军很快又处于劣势。柔然可汗率军在五原击败破六韩拔陵起义军，破六韩孔雀阵亡。

这一仗损失极其严重，破六韩拔陵被迫率军南下。柔然可汗率军和元渊率北魏军趁机夹击，破六韩拔陵起义军战败，有 20 多万人被迫投降。

胡太后接到相关消息后，下令将降兵分开迁到冀州、定州、瀛州。几个月后，河北遭遇水灾、旱灾，那些降兵没粮食吃，北魏朝廷也不救济，于是再次爆发起义。

公元 525 年八月，柔玄镇民杜洛周聚众在上谷宣布起义。一个月后，胡太后派幽州刺史常景和幽州都督元谭一起率北魏军前去镇压。常景派兵到卢龙塞和军都司沿线险要防守，并不主动向起义军发起进攻，这就丧失了镇压起义军机会，导致起义军发展势头越来越猛。

公元 526 年，北魏安州石离、六城、解盐戍将起兵响应杜洛周，杜洛周集合兵力攻克居庸关，元谭连夜逃亡。同时，鲜于修礼率六镇镇民在定州起义，改元鲁兴，被北魏都督杨津击败，被迫东撤。四月，杜洛周起义军进攻蓟城，打败蓟城都督李琚所率北魏军，但因常景率军截击，被迫退回上谷。一个月后，杜洛周派曹纥率义军进攻蓟南。到七月，曹纥起义军被常景重创，杜洛周起义军也在范阳被北魏军击败。

公元 526 年，鲜于修礼起义军发生内乱，鲜于修礼被元洪业所杀，元洪业又被葛荣所杀，葛荣成为这支起义军的首领。随后，葛荣对起义军进行重新部署，积极准备与北魏军主力进行决战。

一个月后，葛荣率起义军与元琛、元融所率北魏军主力在白牛逻决战，北魏军大败，元融战死。元琛随后也在博陵被葛荣起义军骑兵所杀，北魏军主力被摧毁，起义军实力空前壮大。

公元527年，葛荣起义军相继攻克殷州和冀州，击败元子邕和裴衍所率北魏军，直接进逼北魏重镇邺城。到公元528年正月，杜洛周率起义军攻克定州和瀛州。这时，葛荣起义军和杜洛周起义军发生利益冲突，相互火并，结果，葛荣杀死杜洛周，兼并他属下的起义军。葛荣成为北方最大起义军首领，发展到几十万人。

山东各地也出现起义，邢杲趁机自立为汉王，改元天统。元天穆和尔朱兆迅速率北魏军前去镇压，才侥幸将其扑灭。不仅如此，北魏其余各地都有起义出现。

在关中，胡琛因与破六韩拔陵不和被杀，万俟丑奴接管了胡琛起义军。公元527年正月，万俟丑奴率起义军打败萧宝寅所率北魏军。同时，莫折念生趁机率起义军反击，相继占领东秦州、岐州、幽州（今甘肃宁县）、北华州、雍州（今西安）、潼关，声势大振。莫折念生死后，万俟丑奴兼并了他的起义军，实力进一步强大。

北魏小皇帝元诩派尚书仆射长孙稚率北魏军前去镇压。萧宝寅在部将侯终德背叛后，害怕北魏朝廷怪罪他征讨不力，见北魏军大势已去，率部投降万俟丑奴，至此关中地区都在起义军控制之下。公元528年七月，万俟丑奴称帝，建年号神兽。

公元528年，是北魏历史上最黑暗的一年，从这一年开始，北魏彻底走向崩溃。

3. 河阴之变，鲜卑统治阶层元气大伤

胡太后再度临朝时，北魏已处在起义军风起云涌之时。不过，她并没有将主要精力放在挽救国家上，而是更加放纵自己，疯狂地享受生活。

她也知道自己很多行为不检点，朝内外很多人对她不满。

为了监控宗室对她私生活的指指点点，胡太后在宫内大量安插党羽，随时掌握朝内外一切动态信息。当初，小皇帝元诩支持胡太后等人处置权臣元叉，初衷是亲自掌管朝政大权，而不是再次成为傀儡。因此，他也竭尽全力在朝廷中安排自己的亲信，培育忠于自己的势力。就这样，在朝廷中，太后党羽和皇帝亲信不可避免地形成有冲突的两派。

对皇帝亲信，胡太后以及其党羽根本不留任何余地，直接暴力打击。只要是皇帝元诩所亲近宠爱的人，不论对方什么身份，是否有才干，太后党羽一律寻找借口将其杀掉。有个叫蜜多的道人，会说胡人语言，皇帝元诩把他安置在身边备用。信仰佛教的胡太后见皇帝元诩身边有个道人，怎么看都不顺眼，担心他向外传递自己私生活的消息，决定将他除掉。

有一天，胡太后派人在城南大巷中杀死蜜多道人。堂堂大国首都，大白天有人在街头公开杀人，这件事震惊了洛阳城，皇帝元诩要求洛阳府尹悬赏捕获杀人犯。就在这时，胡太后又在宫中杀死鸿胪少卿谷会、绍达等皇帝亲信。小皇帝元诩顿时明白，蜜多道人是胡太后派人杀的。他越想越害怕，便想通过地方将领率军进京勤王的方式，将胡太后及其同党控制起来。

想来想去，妃子尔朱英娥父亲尔朱荣进入小皇帝元诩视野。当时，尔朱荣统率的北魏军战斗力最强，镇压起义军经常获胜。于是，小皇帝元诩给尔朱荣写了一封信，命令他率军秘密赶到洛阳勤王。

不过，在尔朱荣还没收到信时，胡太后亲信郑俨担心小皇帝元诩会先动手，导致他们遭殃，就向胡太后献计，对外诈称妃子潘充华所生女儿元姑娘是男孩，然后废黜小皇帝元诩，册立元姑娘为新皇帝。册立一个女孩为皇帝，这是历史上从未有的事，胡太后竟然听从了郑俨的建议，下定决心除掉亲生儿子元诩，册立孙女元姑娘为皇帝。

郑俨敢想，胡太后敢干，于是历史上最荒唐悲惨的事情发生了。公元 528 年二月二十五日，因胡太后及其亲信郑俨、徐纥投毒，北魏年仅19 岁的小皇帝元诩在显阳殿暴毙。不久，朝野都议论说这是郑俨、徐纥干的，非常愤慨。第二天，胡太后一党拥立元姑娘以太子身份继位。朝臣和宗室诸王沉浸在皇帝去世的悲痛中，暂时没人怀疑元姑娘的太子身份，未引起混乱。

过了几天，胡太后见人心已经安定，才说元姑娘本是潘充华所生女儿，女孩不适合继任皇帝，现在应另选继位的皇帝。到此时，惊讶不已的朝臣才发现，胡太后竟然让一个女孩即位当皇帝了，胡太后面对已经被起义军造反闹腾得深陷危机的局面，对皇位问题如同儿戏一样。于是，有人怀疑皇帝元诩的死跟胡太后有关系。只不过，他们不敢说，当务之急是选立新皇帝。在胡太后主持下，刚 3 岁的临洮王元宝晖的儿子元钊当上皇帝。胡太后以太皇太后身份继续掌控朝政。到这时，朝臣们都明白了，皇帝元诩之所以死，是妨碍了胡太后集团专权。

率军驻扎在晋阳的尔朱荣素有政治野心，接到皇帝元诩的密信时，他犹豫究竟要不要率军南下洛阳。不久，他听说皇帝元诩暴毙，胡太后儿戏般地换了两个小皇帝，便决定以为皇帝报仇为借口，率军南下洛阳。他女儿尔朱英娥是元诩的妃子，他认为，于公于私，都有足够理由率军去为皇帝元诩报仇。

尔朱荣是契胡部落首领。他有一支善骑射的骑兵，长期驻扎在北部边塞，负责抵御柔然军南下。六镇镇民起义后，尔朱荣借朝廷名义积极镇压起义军。他手下的骑兵善战，经常以少胜多击败起义军，很快成为北魏最有战斗力的军事集团。

为了能够顺利占领洛阳，尔朱荣秘密派尔朱天光等人悄悄进入洛阳城，与长乐王元子攸取得联系。当时，长乐王元子攸声望很高，是北魏宗室青年中的佼佼者。他们商议里应外合攻打洛阳，许诺事成后拥立元子攸为皇帝。作为回报，元子攸承诺登基后册封尔朱英娥为皇后。

双方达成协议后，尔朱荣从晋阳率军向洛阳进发。大军到达到河阳时，尔朱荣不放心元子攸在城内能否接应成功，派亲信潜入洛阳，将他接到河阳称帝。尔朱荣此举是想利用长乐王元子攸的声望争取宗室诸王。随后，他率军从孟津渡过黄河，直逼洛阳。

胡太后得知尔朱荣私自拥立元子攸为皇帝，并率军进攻洛阳，急忙调集大军与尔朱荣所部决战。胡太后派出的军队士气低落，被尔朱荣所率精锐骑兵打得落花流水，不少人直接阵前投降。尔朱荣率军一鼓作气攻下了洛阳城。

胡太后见大势已去，下令后宫嫔妃和她一道到永宁寺出家为尼。她企图通过出家的方式来躲避惩罚，但尔朱荣并未放过她，下令将她监控起来。

尔朱荣想自己当皇帝，不过几次占卜都显示不吉利，便派人将皇帝元子攸送到洛阳，如约册立他女儿尔朱英娥为皇后。他想通过女儿以及亲信监督皇帝元子攸，自己远据晋阳，对洛阳遥控指挥，同时集中力量镇压北魏各地起义军。他认为，等镇压了起义军，建立了绝对权威，再取代元子攸称帝，届时将容易得多。

做好一番安排后，公元 528 年四月十三日，尔朱荣带着胡太后、幼帝元钊一起退出洛阳回晋阳。他们一行走到河阴时，尔朱荣突然下令将胡太后和元钊丢进黄河中，以断绝胡太后集团日后复仇的可能。

不仅如此，尔朱荣还以祭天为名，逼迫朝中文武百官到河阴陶渚。当天，皇帝元子攸率文武百官沿黄河从洛阳向西到河阴，他将文武百官带到行宫西北，告诉朝臣们说要祭天，任何人都不能请假。

百官聚集后，尔朱荣登上高台，四处观望，大声呵斥："如今，天下到处是叛乱，皇帝也年纪轻轻就暴毙了，什么原因呢？都是因为你们这些人贪婪暴虐，不能辅佐皇帝处理好政事，为国分忧。你们这些人，个个该杀，个个该杀！"

尔朱荣指责完毕，大手一挥，早已守候在此的 2 千重骑兵将 2 千多文武百官大肆砍杀。不一会儿，文武百官不分良奸，无一幸免。迁到洛阳的汉化鲜卑贵族和出仕北魏政权的汉族大夫消灭殆尽。

消息传到洛阳城，民心浮动，一片混乱，富家大户担心动荡危及自身，纷纷弃宅而逃，京城昔日繁华荡然无存。尔朱荣派人将皇帝元子攸送回洛阳，自己率军返回晋阳，以大丞相身份遥控朝政。

4. 镇压义军，尔朱荣再度统一天下

河阴之变，尔朱荣杀死胡太后和幼帝以及朝中大臣、世族门阀，他和北魏朝廷、皇室之间已无调和余地，只有成为乱臣贼子一条路可走。

尔朱荣也考虑过篡位，但天下未定，部下意见不一，且他很迷信，派人铸他的金像，一共铸了4次，4次都没铸成。在北魏，做重大抉择时，统治者常铸金人来占卜吉凶。4次铸金人失败后，尔朱荣认为天时人事都不成熟，决定等待。随后，尔朱荣一边严格监控北魏朝廷，一边充分发挥军事才干，消灭各地割据势力，以武力控制天下。

六镇起义后，经过不断战争和吞并，葛荣的势力逐渐壮大，占据燕州、幽州、冀州、定州、瀛州、殷州、沧州。葛荣自称天子，建国号齐，改元广安。公元528年二月，葛荣兼并另一个起义首领杜洛周所部，率号称百万的军队南下，进攻邺城，准备一举推翻北魏，统一天下。此时，北魏政权事实上已落入尔朱荣手中，尔朱荣想取代北魏，必须先击败葛荣起义军。

作出战略决定后，尔朱荣亲自率7千精锐骑兵去解邺城之围。他命令一个人备两匹马，昼夜兼程，快速赶往邺城。在河北大地上，葛荣起义军很长一段时间都所向无敌，且人数众多。听说尔朱荣仅仅率7千人来攻，葛荣大喜，十分轻敌，认为凭借几十万人马，可以对尔朱荣所部形成碾压优势。

尔朱荣直面双方兵力悬殊的现实，采用计谋，扬长避短。他先派兵埋伏在山谷间，准备出其不意地伏击葛荣起义军，又将三人编成一组，

派出几百组，骑马四处奔跑，扬尘鼓噪，制造声势，让葛荣无法判断尔朱荣所率北魏军究竟有多少人。

尔朱荣决定与起义军近距离混战。考虑到刀不如棒好使，他又给每个士兵发一根能藏在袖子里的短棒，以供他们在近战时使用。为防止兵士贪功，割首及求赏，他又下令战后不以敌人的首级为封赏标准，以是否获得大胜为标准。

做好相关准备后，尔朱荣身先士卒，亲自率北魏军冲入敌阵。一时间，数千名精锐骑兵一齐左冲右突，来往挥击，将葛荣30万起义军一下子冲散。实现目标后，尔朱荣回过身来，集中所有精兵杀向葛荣所在的中军。葛荣根本没料到会是这样。在混乱之中，他无法组织有效抵抗。结果，尔朱荣率军一战俘获葛荣，起义军崩溃，死的死，逃的逃，降的降。

7千人对阵30万人，一战而胜，北魏军声势大振。当时，投降的人太多，1个士兵要监管100多个降兵，长时间下去，军粮会成为大问题，且还存在巨大安全隐患。尔朱荣先令降兵就地遣散，可以亲属相随，一概不问。等到散兵游勇出走百里之外，聚不起团来，尔朱荣又派押领官在各路口等候，把降兵分别集中起来进行安置，原来起义军将领量才录用，编入北魏军。这样一来，新附降兵都感服他。

尔朱荣击败葛荣起义军，实力大增。接下来，他又集中力量对付邢杲起义军。

公元528年六月，在青州，河间人邢杲发动流民起义。流民遭到土著豪强欺凌，早已怀恨在心，得知邢杲率流民起义，一时风起云涌，远近各州县流民都跑去投奔。邢杲自称汉王，年号天统。他的实力发展很快，不到一个月时间就发展到10多万人。

北魏朝廷命令李叔仁率军前去镇压邢杲起义军，双方多次交战，相持不下。北魏朝廷又派韩子熙去招降邢杲。邢杲先诈降，继而率起义军重创北魏军。在潍水大战中，邢杲起义军将李叔仁所率北魏军击败。不过，邢杲没能利用这次有利机会扩展势力。

在邢杲诈降前夕，北魏军已镇压葛荣起义军，葛荣被押送往洛阳处死。北魏朝廷命令于晖率军转头进攻邢杲起义军。就在这时，葛荣余部韩楼再度起义，占据幽州，于晖部将彭乐率部逃走，投奔韩楼。于晖不敢率北魏军进攻邢杲起义军，率部退回，邢杲乘机西进，攻占济南。北魏朝廷急令上党王元天穆讨伐邢杲。公元529年四月，邢杲在济南兵败被俘，被送往洛阳斩首。

平定北方后，尔朱荣转身对付南方。河阴之变后，北海王元颢仓皇南逃，投降南朝梁。后来，元颢请求南朝梁皇帝萧衍帮助他当上北魏皇帝。出于战略考虑，萧衍认为，这是一个向北开拓疆域的大好时机，欣然同意。

南朝梁皇帝萧衍命令陈庆之率7千精锐军队，护送元颢北上洛阳，夺取北魏皇帝之位。令人不解的是，在这次军事行动中，萧衍并未在别处派军协助。他不太相信元颢这个北魏流亡贵族有多大机会当上皇帝，并不愿意为他花费太多精力，只是想派陈庆之率少量军队敷衍一下。

谁都没想到，陈庆之率7千精锐军队创造了一个又一个奇迹。从袭取铚城到夺取洛阳，陈庆之率军作战47次，攻取32座城，战无不胜。到这时，黄河以南地区全部归附南朝梁。在关键时刻，皇帝元子攸奔逃到长子避难。

眼看局势对北魏不利，尔朱荣决定亲自率军上场，急忙赶往前线，与元颢和陈庆之所部隔着黄河对峙。陈庆之率梁军3天作战11次，杀死不少北魏军。尔朱荣遇到强硬对手，但他也不是省油的灯，在陈庆之那里吃大亏后，马上改变策略。他令人制作许多木筏，悄悄渡过黄河，直接去抄袭元颢的大营。因出其不意，元颢所部一战即溃。元颢儿子元冠受、陈庆之部将陈思保等人被俘获。元颢也在逃往临颍路上被抓获。尔朱荣率军趁机攻陷洛阳。

如此一来，陈庆之护送元颢争夺北魏皇帝之位的任务不可能完成，只好率部撤退，尽可能保存实力。尔朱荣派贺拔胜率北魏精兵追击陈庆之所部梁军。正值嵩高河水暴涨，陈庆之所部梁军在北魏追兵和大水冲击下，死的死，散的散，全军覆灭。陈庆之削发装扮成和尚，只身一人步行逃回南朝梁。

解决了来自南部的压力后，尔朱荣又将注意力转向关中地区。当初，六镇起义爆发时，关陇地区胡汉各族人也爆发大起义。起义军推举羌族人莫折大提为最高统帅，莫折大提自称秦王。南秦州人张长命等人杀掉刺史崔游，响应莫折大提起义军。敕勒首领胡琛、匈奴人万俟丑奴等人相继起兵响应。不久，莫折大提死了，他儿子莫折念生自称天子，置百官，年号天建。莫折念生战死后，万俟丑奴统率关陇起义军，自称天子，置百官，改元神兽。

在数年间，他们杀死北魏在关中各地官员，转战关陇各处，打败萧宝寅、崔延伯等部北魏军，控制关陇大部。

公元 530 年春，尔朱荣平定关东后，派尔朱天光、贺拔岳、侯莫陈悦一起率北魏军去镇压关陇起义军。当时，万俟丑奴亲自率起义军围攻岐州，另派尉迟菩萨、万俟仵率起义军从武功南渡渭水，围攻北魏军外围营寨。不久，尉迟菩萨 2 万步骑兵在渭河北岸屯扎，与北魏军隔渭水相对峙。

贺拔岳故意示敌以弱，引诱尉迟菩萨主动出击。尉迟菩萨有勇无谋，果然中计，贸然率骑兵渡河追击。贺拔岳趁尉迟菩萨所部起义军半渡之时，亲自挥军掩杀，一举打败起义军，俘虏尉迟菩萨以及 3 千骑兵。随即，贺拔岳率北魏军渡过渭北，收降尉迟菩萨留在北岸的 1 万多步兵，缴获大量辎重。

万俟丑奴得知尉迟菩萨所部全军覆没，非常惊恐，主动放弃岐州，撤到安定城北平亭。此时，尔朱天光也率北魏军从雍州赶到岐州，与贺拔岳所部会合。

到四月时，天气渐热，屯扎在汧水、渭水之间的北魏军故意歇军牧马，放话说"夏季天热，不利行军作战，等到秋凉再行进兵"。他们还有意让俘获的起义军探子逃回，将假情报告知万俟丑奴。

万俟丑奴得知北魏军"歇兵避暑，秋凉再战"的机密情报，信以为真，便放松戒备，只派出部分士兵据险立栅，防敌攻袭；然后，将大军解散为农民，在平畴沃土的细川流域耕田种地，放牛牧马。放眼望去，满目是一派悠然自得的田园风光。

北魏军见万俟丑奴中计，便集结军队，在黎明时分袭占万俟丑奴所部营栅，并将俘虏全都放回去，以乱其军心。其他营栅得知主栅已失，误以为大势已去，无心抵抗，全部向北魏军投降。北魏军一举袭破起义军防线，又昼夜兼程，直抵安定城下。万俟丑奴委任的泾州刺史献城投降。

万俟丑奴失去安定城后，只好丢弃平亭，慌忙撤走，准备撤回高平。尔朱天光命令贺拔岳率轻骑兵追击。万俟丑奴率残部刚刚逃到平凉，贺拔岳也率轻骑兵赶到。不等起义军列成阵势，侯莫陈崇率北魏军一马当先，单枪匹马冲入起义军中，直奔万俟丑奴冲过去。身经百战的万俟丑奴被侯莫陈崇的玩命气势惊呆了，没等他做出任何反应，就被冲到眼前的侯莫陈崇轻舒猿臂，硬生生地从马上拽过去俘虏了。起义军其他部将也被侯莫陈崇的神勇吓傻了，呆愣愣地不敢上前搭救。等到发现后继北魏军陆续赶来，起义军崩溃而逃。

六月，万俟道洛率残部6千人逃入山中。尔朱天光因战马缺乏草料，退到高平城东，派长孙邪利率200人防守高平城。万俟道洛暗中与高平城内百姓联络，一举袭击消灭长孙邪利所部200人。尔朱天光得知消息，率军攻打高平城。万俟道洛所部起义军战败，率残部向西撤走，躲进山中，据险固守，后归附略阳起义军首领王庆云。王庆云在水洛城称帝。一个月后，尔朱天光率北魏军攻破水洛城。王庆云、万俟道洛等人出战，被俘杀。北魏军彻底镇压了关陇起义军。

尔朱荣再次统一北方，北魏一度分崩离析的局面得到根本扭转。

5. 袭杀权臣，北魏再次爆发内战

在河阴之变中，尔朱荣将北魏统治集团上层几乎全部屠杀，尽丧民心。谁都没想到，在镇压各地起义军时，他能一次又一次以少胜多，重振北魏军声威。随着北魏军不断取得胜利，皇帝元子攸越来越担心尔朱荣将夺取北魏天下，他们之间的矛盾日益尖锐。

尔朱荣在晋阳遥控朝政。皇帝元子攸的左右大臣、内侍，都是尔朱荣安插的眼线。皇帝的一举一动，这些人都会禀告尔朱荣。不仅如此，元子攸的私生活也被尔朱荣牢牢监控着。为兑现当初的诺言，元子攸册封尔朱荣的女儿尔朱英娥为皇后。

尔朱英娥当皇后，却从心底里看不上皇帝。她经常和皇帝过不去，发脾气，耍性子。尤其令元子攸难受的是，尔朱英娥常常对人说："我在天子面前放肆，又有什么关系？他是我父亲所立的。我父亲把帝位让给他，已经很不错了，他应该对我家感恩戴德才是！"元子攸内心厌恶尔朱英娥，却不得不每天都跟她生活在一起。

外有强臣逼迫，内有恶后威吓，皇帝元子攸快快不乐。北魏境内各地起义被镇压后，尔朱荣又要求入朝辅政。皇帝元子攸认为，尔朱荣进一步控制朝廷，是为下一步篡位做准备，双方摊牌的时候到了，他想逃避都逃避不了。

此时，皇帝元子攸虽然势单力薄，但尔朱荣残暴，杀人多，寻找潜在支持者也不难。他秘密与一些皇族近臣谋划诛杀尔朱荣，想先动手。然而，尔朱荣到处安插了眼线，他这点小动作很快被尔朱荣知道了。

亲信们劝尔朱荣抢先下手，废掉皇帝元子攸。尔朱荣超级自信，认为元子攸绝没杀他的胆量。尔朱荣从弟尔朱世隆怀疑元子攸举动异常，是在结伙图谋除掉尔朱家族，便采用一个小计谋，以期望引起尔朱荣重视。他派人在自家门上匿名写帖子："天子与杨侃、高道穆密谋，要杀掉太原王！"

尔朱荣的爵位是太原王。尔朱世隆假装发现匿名信，揭下帖子呈送给尔朱荣，劝他先动手。尔朱荣此时没把任何人放在眼里，当即撕毁匿名帖，一脸鄙视地对尔朱世隆说："你真是个胆小鼠！敢杀我？谁敢生杀我的念头？"尔朱世隆被训得不敢再说什么。尔朱荣的妻子也劝他待在晋阳，不要去洛阳处理朝政，尔朱荣也不听。

尔朱荣自信满满地到洛阳，走到朝堂上，当面问皇帝元子攸："外面到处传言，说你要杀我，是不是真的啊？"元子攸很淡定地说："外面的人都说你也要杀我，难道是真的？"尔朱荣无言以对，哈哈大笑。

这次当面质问后，尔朱荣更坚信皇帝元子攸根本没胆量杀他，即使敢想，也不敢做。此后，他每次入朝觐见皇帝时，左右随从都不过数十人，且都空手不带兵器。

皇帝元子攸见尔朱荣戒备心理放松了，便加紧谋划刺杀尔朱荣的行动。正好皇后尔朱英娥怀孕了，预产期即将来临。元子攸决定利用这个令他头痛的皇后做诱饵，对尔朱荣动手。

公元530年九月的一天，皇帝元子攸埋伏士兵在明光殿东厢房，然后派人飞报尔朱荣，说尔朱皇后刚刚生下皇子，文武百官络绎不绝到宫里道贺，请他进宫接受百官祝贺。尔朱荣想了想，也认为皇后产子其中没有什么不对，便急急忙忙进宫入殿。

见到皇帝元子攸时，尔朱荣未等开口道喜，元子攸就令两人提刀从殿东门跑进大殿。尔朱荣意识到情况不对，马上惊起，直奔御座，想挟持皇帝做抵抗。没想到元子攸膝上早已藏着一把刀。见尔朱荣冲上来，他迅速抽刀，朝尔朱荣腹部猛刺，一代枭雄尔朱荣应声毙命。

随后，皇帝元子攸的同伙纷纷举刀砍向尔朱荣随从人员。尔朱荣亲信元天穆也死在乱刀之下。跟随入宫的尔朱荣14岁的儿子尔朱菩提以及30多个随从全被杀死。

尔朱荣被杀的消息传出后，整个洛阳城欢喜腾跃，百官入宫朝贺。

皇帝元子攸也被自己的壮举深深感染，欣喜若狂，亲登闾阖门，大赦天下。

元子攸这一刀痛快是痛快，尔朱荣的确罪该万死，但他也是维持北魏安稳的定海神针。北魏遍地起义军，尔朱荣将其迅速平定，将北魏重归统一，也是大功一件。更重要的是，只要尔朱荣在，谁都不敢放肆。尔朱荣突然死去，潘多拉盒子又再次被打开，刚刚安稳的北魏政局又不可避免地走向动乱。

狂喜过后，皇帝元子攸冷静下来，发现洛阳城中尔朱荣属下军队依然在，而他无力应对，无兵可调，甚至连皇宫禁地也无重兵布防。此时，只要尔朱集团中有人带头率军攻打皇宫，他将无力抵抗，苦心经营的事业又将毁于一旦。

得知尔朱荣被杀，城内尔朱荣党羽急忙商议对策。田怡得知皇宫防守非常薄弱，极易攻破，又见群情激愤，建议直接攻占皇宫。一旦此议被众人接受，元子攸等人只能束手待毙。在千钧一发之际，贺拔胜挺身而出，力排众议，否定了田怡的建议。

贺拔胜虽受尔朱荣知遇，却忠心于朝廷。他说此话的目的，是想挽救皇帝元子攸的性命。因为他英勇无比，众人一向信服他。既然如此勇猛之人都认为事不可为，便无人坚持行此险招。此时群龙无首，尔朱世隆是尔朱家族里唯一能拍板的人，也是胆子最小的人，他倾向逃出洛阳，再从长计议。他下令收拢城中契胡武士，带着尔朱荣的妻儿，趁夜色烧毁洛阳西阳门，率兵慌忙夺门而出，马不停蹄地逃往河阴。就这样，元子攸暂时躲过一劫。

在河阴歇息后，尔朱世隆准备继续狂奔，逃回并州老家去。司马子如对洛阳城中实力了如指掌，又一向诡计多端。他认为，在此关键时刻，一旦逃散，便天下离心，尔朱家族难以东山再起；应乘京城慌乱之际，再次回兵攻击洛阳，杀个措手不及。尔朱世隆见他分析得头头是道，就回军杀向北中城。

契胡兵虽群龙无首，但个个身经百战，他们疯狂进攻，攻下北中城，杀死守将奚毅。皇帝元子攸急忙派人前往尔朱世隆处慰问。尔朱世隆志骄气满，将使者斩首示众，并派尔朱度律前往洛阳城讨要尔朱荣尸首。尔朱度律一行千余骑兵，白衣素缟，浩浩荡荡杀向洛阳城。

见契胡兵攻到城下，皇帝元子攸无兵可战，放下天子之尊，亲自登上洛阳城楼劝降。契胡兵报仇心切，义愤填膺，根本不理会皇帝元子攸。尔朱度律在城下慷慨陈词，言语哽咽，哀不自胜。契胡兵也都落泪，在城下号啕大哭，场景极其震撼。皇帝元子攸见此场景，也怆然泪下。

大哭完毕，元子攸又派人赐给尔朱世隆免死铁券，以示诚意。尔朱世隆却不为所动，率军攻城。到这时，皇帝元子攸不再幻想，决意死战，不惜血本，将国库财物摆出，招募勇士，抵抗契胡兵。不久，李苗率勇士主动出击，重创契胡兵。尔朱世隆实力大损，再次胆寒，毫无恋战之心，忙率军北撤，元子攸又躲过了一劫。

尔朱世隆撤走，尔朱兆率军来了。得知尔朱荣遇刺，尔朱兆从汾州率骑兵占据晋阳，安顿完毕后，又疾驰到山西长子与尔朱世隆会合。两人一番商议，一不做二不休，拥立元晔为帝。

随后，尔朱兆、尔朱世隆联络尔朱仲远一起率军杀向洛阳。皇帝元子攸四处招兵买马，准备拼死一搏。河北渤海豪族高乾、高昂兄弟受到重用。除此之外，元子攸还招安山西土匪去袭击尔朱兆，派元子恭率兵抵挡尔朱兆南下，又派郑先护和杨昱率军去征讨尔朱仲远。

在关键时刻，皇帝元子攸却把低能的城阳王元徽当作左膀右臂，对他言听计从。元徽诡计多端，擅长栽赃陷害、绑架杀人，对军国大事却一窍不通，还怕别人抢功，要与皇帝单独谋议，百般阻挠其他人献出好计谋。结果，元子攸没有在黄河设防。

尔朱兆带兵日夜兼程赶到黄河边，发现往日滔天巨浪的黄河竟然浅得不过马腹。他率军轻松渡过天险后，突发沙尘暴。尔朱兆率骑兵顺势进攻洛阳，攻到皇宫时，皇宫卫士才发觉大敌来临。禁军将领元鸷下令卫兵不要抵抗。众卫士不再抵抗，全部散走。

尔朱兆不费吹灰之力占领洛阳城。元子攸想逃走，却连匹马也找不着，靠两条腿，拼命跑到云龙门外。不久，皇帝元子攸被尔朱兆手下俘虏。尔朱兆将他关押在永宁寺里，让他在寒冬腊月里挨冻。

此后，尔朱兆接连吃败仗。他恼羞成怒，将年仅 24 岁的元子攸勒死，北魏最有气节的皇帝，草草结束了短暂的一生。

6. 消灭权臣，另一个权臣趁机崛起

尔朱家族起兵俘杀皇帝元子攸，立元晔为新皇帝。尔朱家族残暴不仁，人神共愤。鲜卑化的汉人高欢顺应时势站出来，反对尔朱集团。

高欢是渤海蓚县人，世居北边，生活习俗鲜卑化。他祖父高谧当过侍御史，因犯法被流放到怀朔镇，成为镇民。他父亲高树生不事生产，游手好闲。高欢出生后，母亲死去，由姐姐和姐夫养大，从小生活在鲜卑镇民中。后来，他娶了富有的鲜卑女娄昭君，经济状况才有所改善，并结交各式人物，赢得镇将段长等人赏识。

六镇镇民起义时，高欢先后在杜洛周、葛荣手下干过，后来投靠尔朱荣。公元 528 年七月，尔朱荣亲率 7 千人与葛荣起义军决战时，高欢在尔朱荣手下效力。他利用私人关系，诱降了葛荣军中 7 个王和 1 万多士兵，为尔朱荣击败葛荣立下关键性功劳。

这一战后，尔朱荣处置降兵，强行迁离熟悉草原游牧环境的胡人到中原各州。这些人失去牲畜，又没有原住民汉族人的耕种技能，在陌生土地上无以谋生，经常暴乱闹事。高欢出面收编降兵，将他们安置在冀州、定州、相州，亲自监管。这些胡人对给他们生路的高欢感恩戴德。

公元 530 年，尔朱家族起兵讨伐元子攸，拥立元晔为皇帝。高欢没有参与这次行动，而是保存实力，率 20 多万人回河北，观察天下局势发展方向。

尔朱家族残暴不仁，不得人心。尔朱荣死后，尔朱家族并未从中吸取教训，继续用简单粗暴的方式掌控北魏朝廷。高欢逐渐产生消灭尔朱家族取而代之的想法。

原来参加六镇起义的降兵，大多是鲜卑人，还有不少汉族人、匈奴族人、高车族人、氐族人、羌族人。他们迁到河北，不断遭到朱氏契胡兵欺凌，屡屡起义，大小有 26 次。那些降兵被杀过半，仍不时起义，成为反尔朱家族的重要力量。

尔朱兆能够缢死北魏皇帝元子攸，掌握北魏朝政大权，却对六镇起义降兵反复起义措手无策，感到头痛。高欢曾建议过如何安置那些降兵，尔朱兆特意请高欢等人喝酒，咨询处置那些降兵的意见。

已有反叛尔朱家族想法的高欢，趁机给尔朱兆挖坑，建议说："这些六镇降兵的反叛无休无止，又不能将他们全部杀掉，确实麻烦！我认为，大王应选心腹将领去统管他们。如果这些降兵再反叛，那就归罪于统率他们的将领，不能每次都杀掉大批士兵啊！"

尔朱兆觉得建议很好，当即就问："那你觉得派谁去统率他们合适呢？"

高欢见此，推脱说："我没有想过。"

在一旁陪酒的贺拔允不知是计，接过话说："你提出这建议，当然是派你去统领六镇降兵哦！"

贺拔允此话正说到高欢心坎儿上了，但他不能让尔朱兆对此事起疑心，就假装大怒，起身边挥拳打贺拔允，边破口大骂："太原王（尔朱荣）活着时，说怎么样就怎么样，如今太原王死了，天下事都听大王（尔朱兆）的。你算什么东西？大王没发话，还能轮到你说三道四的？"

尔朱兆听到后很感动，认为高欢忠心耿耿，见贺拔允被打伤，就急忙劝解说："算了，算了，别打，他说的就是我想说的。我现在就宣布，任命你为六镇降兵统帅。"

高欢听到这话，便不再打贺拔允。他心中大喜过望，一直以来他在尔朱氏手下当差，缺的就是能直接指挥的军队。

高欢担心尔朱兆酒醒后反悔，出大营后，马上向随从宣布："我已受命统管六镇降兵，你们到汾东去等候我的号令。"吩咐完毕，他刻不容缓地率随从驰奔阳曲川，组建统率六镇降兵指挥机构。六镇降兵一向厌恶尔朱氏和契胡兵，见高欢前来统率他们，非常高兴，接到命令，在极短时间内奔赴高欢指定地方集合。就这样，高欢将那些降兵组织了起来。

整合完降兵，高欢写信给尔朱兆请求说，山西霜灾旱灾多，所产粮食不够供应那些降兵，请求率军到山东（太行山以东），以解决军粮问题。高欢表面说是解决军粮问题，但本意是率六镇降兵远离尔朱兆所部契胡兵，摆脱威胁和控制。尔朱兆的长史慕容绍宗看了高欢的信，劝尔朱兆说，不能让高欢将降兵带到山东，高欢那个人靠不住。尔朱兆有勇无谋，见慕容绍宗那样说，认为他在挑拨离间，下令把他关进牢房，然后回信，让高欢率军到山东解决军粮问题。

高欢率军从晋阳出发，转移到山东。在中途，高欢一行遇见尔朱荣妻子带着大车小车财物从洛阳返回山西，其中有 300 匹好马。高欢下令将他们拦下，用军队中的老弱病残马将那 300 匹好马强行换过来。尔朱荣妻子气得大骂，但也无可奈何。赶回晋阳后，她找尔朱兆哭诉，大骂高欢。

尔朱兆听后大怒，意识到错怪了慕容绍宗，急忙将他放出来问计。简单商议后，尔朱兆亲自率军去追高欢所部。

到了襄垣，尔朱兆一行追上了高欢所部。当晚，高欢设宴招待尔朱兆等人。高欢部下尉景埋伏士兵要杀掉尔朱兆等人，高欢马上阻止。第二天早上，尔朱兆回到自己大营，又派人来叫高欢到他大营去喝酒。高欢想去，部将孙滕劝阻，不让他去。这一次，高欢公开违背了尔朱兆的命令。尔朱兆一行处于劣势，没有主动进攻高欢所部。高欢所部的目的是转移，也没有主动攻击尔朱兆一行。

高欢率六镇降兵到山东，严肃军纪，秋毫无犯，每过麦地，都下马拉住缰绳，受到当地百姓拥戴。此时，高欢也不敢公开和尔朱氏决裂。为了让六镇降兵无路可退，和他一道起兵反叛尔朱家族，高欢派人伪造尔朱兆的军令——命令高欢率六镇降兵返回山西，跟随契胡兵去攻打稽胡。六镇降兵好不容易远离尔朱集团监管，当然不会回去给他们当炮灰。

高欢假装军命严急，从军中挑选 1 万多士兵，催促马上出发。部将孙腾和尉景也假装为士兵请命，要求宽缓 5 天。见士兵们又忧又惧，高欢又假意表示愿意再宽缓 5 天行期。5 天后，高欢与这支 1 万多人的先锋军举行告别仪式，怂恿部下起兵反叛，约定在信都起兵。为了名正言顺，高欢拥立宗室元朗为皇帝，随后宣布与尔朱集团决裂。

公元 532 年，高欢所部初次与尔朱氏集团交锋。高欢所部以少胜多，在广阿大败尔朱兆所部，俘虏了 5 千多人。这一战后，六镇降兵信心大振。

高欢派封隆之留守邺城，亲自率军到紫陌防守。这时，高欢拥有不到 2 千匹战马，不过 3 万士兵，而尔朱兆拥有 20 多万军队。在韩陵一带，他们摆成圆阵，准备迎战尔朱集团的军队。在敌众我寡局势下，高欢令人将牛驴拴在一起，堵塞己方军队的退路，迫使将士们以必死之心冲锋杀敌。

开战后，高欢亲自率中军往前冲锋，高敖曹率左军，高岳率领右军，三军相互配合。高欢率中军迎战不利，被逼后退，尔朱兆率军直扑而来，高岳率 500 名骑兵突前迎战。趁此机会，高欢另外一个部将斛律敦收集败退的士兵，重整旗鼓，从尔朱兆所部后面又扑了上去。高敖曹也亲自率 1 千多骑兵冲到阵中。一场恶战后，尔朱兆所部大败。

这一战后，尔朱家族四散奔逃。原来首鼠两端的大都督斛斯椿等人抢先一步回洛阳，尽杀留守的尔朱集团党羽。他们改立宗室元修为皇帝。

后来，皇帝元修杀死尔朱家族拥立的皇帝元恭，迎娶高欢长女为皇后。

公元 533 年，尔朱兆在秀容兵败，被逼吊死。慕容绍宗带尔朱兆的妻儿及余众归降高欢。高欢对待他们很好，没有杀他们。此时，高欢意识到，他的主要对手不再是尔朱家族，而是斛斯椿等人。

7. 皇帝西逃，北魏走上分裂道路

消灭尔朱家族，高欢在战场上发挥了主要作用，但斛斯椿抢回洛阳，杀光尔朱氏党羽，册立新皇帝，居功至伟，抢夺到辅政大权。见高欢势力强大，斛斯椿感受到严重威胁，他联合元宝炬、元毗、王思政等人，一起劝皇帝元修除掉高欢。

斛斯椿重新安排宫内都督人选，增加侍卫人数，选出数百骁勇的武士充任近卫军。皇帝元修又多次以打猎为名，与斛斯椿一起密谋。他还派人与地方实力派贺拔岳、贺拔胜暗中联络，准备内外响应，寻机一举灭掉高欢。

司空高乾是高欢的死党，皇帝元修想收买他为己用，借一次在华林园宴饮的机会，忽然主动提出与他结拜为兄弟。事出突然，高乾来不及多想，只得表示自己"以身许国，不敢有二心"。事后，高乾发现皇帝元修增加侍卫人数，又多次结交贺拔岳等人，意识到即将发生事变，就悄悄写信劝高欢做好准备。

高欢将高乾叫到并州商议，高乾劝高欢自立为皇帝，高欢觉得时机还不成熟，拒绝了高乾的提议。高乾进退两难，猜不透高欢的心思。在都城里，他夹在两派之间很难受，就请求到地方任职。不久，他被任命为徐州刺史。

高乾外任为官时，元修担心他泄露自己密图高欢的事，先发制人，写信告诉高欢说高乾与自己立过盟誓，反复两端。高欢得知高乾与元修盟约一事，也很生气，为了试探，就把高乾劝自己称帝的事也告诉皇帝元修。元修把高乾叫到殿上质问。事已至此，高乾也无计可施，被赐死。

元修又派人去杀高乾的弟弟高敖曹。高敖曹劫夺杀他的敕令，带领十几个人跑到晋阳，投奔高欢。高欢与他抱头痛哭。高乾另一个弟弟高慎也跑到了晋阳。

公元534年，皇帝元修准备率军进攻驻扎在晋阳的高欢所部，下诏戒严，假称要讨伐南朝梁。他又和斛斯椿征发河南诸州兵马，在洛阳近郊进行阅兵。为了麻痹高欢，他下密诏给高欢，说要率军攻打关中宇文泰和贺拔胜。高欢马上回信，说已派出5路共22万兵马，前来援助皇帝征讨，并清除朝中的奸佞。

皇帝元修没想到高欢反而逼他不得不摊牌，他命令温子升以个人名义给高欢写一封书信，披露皇帝忧惧无奈的心迹。高欢见信，丝毫不为所动，上表列举斛斯椿等人的罪恶，继续朝洛阳进军。

王思政劝皇帝元修躲避高欢的兵锋，前往关中依附宇文泰。谁也没想到，元修采纳了这个建议，彻底改变了鲜卑人的历史发展方向——不仅导致北魏分裂，还导致拓跋鲜卑统治者不是让位给胡化的汉族人，就是让位给旁支宇文鲜卑人。

宇文泰的先祖源出南匈奴，后融入鲜卑族中。宇文部被慕容部兼并。宇文家族的后裔先后在慕容诸燕、北魏效力。在北魏时，宇文家族徙居武川，成为六镇镇民。公元526年，怀朔镇镇兵鲜于修礼起义，宇文泰一家也参加起义。

鲜于修礼死后，宇文泰加入葛荣起义军。葛荣失败后，宇文泰到尔朱荣部将贺拔岳帐下效力。公元530年春，尔朱天光、贺拔岳、侯莫陈悦率军去镇压关陇起义军，宇文泰随贺拔岳进入关中。在镇压起义军时，宇文泰乘机扩大自己的影响力，对吏民施加恩惠，赢得不少人好感。

公元532年，高欢攻灭尔朱氏，元修即位为皇帝，皇帝元修任命贺拔岳为关西大行台，贺拔岳任命宇文泰为行台左丞，领府司马，加散骑常侍，事无巨细，都委任于他。高欢在朝中位居大丞相，秉掌大权。皇帝元修暗中与贺拔岳勾结，想牵制高欢。宇文泰出使晋阳，观察高欢的为人。高欢发现宇文泰是人才，想留为己用，宇文泰坚决推辞，回到关中。

宇文泰回到长安，对贺拔岳分析形势，劝贺拔岳派兵扼守关陇要害，以德行令民众信服，向西安抚氐、羌等少数民族，向北羁縻漠北部族，占据关中而称霸天下。贺拔岳采纳了他的建议，并派他到洛阳见皇帝元修，密陈其打算。

公元533年，贺拔岳遭到侯莫陈悦暗算，不幸死去，贺拔岳部三军无主，惶惶不安。在危急时刻，宇文泰挺身而出，赶赴凉州接管指挥权，约集众将，陈说利害，巡视各营寨，稳定军心。

随后，他一面命诸军戒严，准备进讨侯莫陈悦，一面上表皇帝元修，表示愿意全力扶助皇室。皇帝元修下诏任命宇文泰为大都督，负责统领贺拔岳的旧部。得到皇帝元修的任命后，宇文泰就派李虎、李弼等人讨伐关中不服者，很快平定秦陇一带。元修又任命宇文泰为侍中、骠骑大将军、开府仪同三司、关西大都督、略阳县公，宇文泰已经成为北魏仅次于高欢的实力人物。

紧跟着，皇帝元修采纳王思政的建议，任命宇文泰为关西大行台、尚书左仆射，又下诏宣示高欢的罪恶，号召天下军民一起讨伐高欢。于谨也劝宇文泰上书皇帝元修，迁都关中，效仿曹操挟天子以令诸侯。于是，宇文泰将高欢结好自己的书信都交给皇帝元修，以示效忠皇室。高欢得知这些，任命高敖曹为先锋，率军攻打关中宇文泰集团。

宇文泰被拉入战争后，也发檄到各地声讨高欢的罪恶。他从高平率军到弘农防守，贺拔胜率军驻扎在汝水，观望待变。

公元534年七月，皇帝元修亲率10万军队到河桥，命令斛斯椿率先锋军到邙山之北列阵。在关中的宇文泰得知相关消息，对左右说，皇帝御驾亲征，不主动渡河决战，反而沿河据守，此为失策，必败无疑。

两军未交锋，贾智、田怙等人与高欢暗中约降。高欢率军迅速渡过黄河。皇帝元修慌忙召集大臣商议对策，众说纷纭，不能定夺。朝臣元斌之与斛斯椿争权，从军中跑到皇帝元修那里，欺骗皇帝说高欢已率军逼近了。

元修又惊又急，一边派人去召斛斯椿撤军，一边带着几个宗王率5千人准备出逃。高敖曹为哥哥高乾报仇心切，率精锐骑兵追击皇帝元修，一直追到关中。皇帝元修一行人一路饥渴困顿，缺粮少食，最终在长安东阳驿遇见率军迎驾的宇文泰。

从晋阳发兵以来，高欢给皇帝元修上了40多封奏表，元修都没答复。高欢亲自率兵追赶皇帝元修一行，最终没有追上。高欢回洛阳后，拥立清河王世子元善见为皇帝。换掉皇帝后，他又觉得洛阳西近西魏，南近南朝梁，便迁都邺城。到邺城后，高欢任命司马子如为尚书左仆射，高隆之为右仆射，高岳为侍中，孙腾留守邺城，共执朝政。他专心考虑消灭关中宇文泰集团的事。

皇帝元修一行人慌忙逃到长安后，军政大事全部交给宇文泰处理。他仍受制于人，心中不悦，与宇文泰慢慢产生了嫌隙，不满之情溢于言表。不久，皇帝元修与堂姐元明月乱伦的事曝光，引发内外议论，宇文泰趁机毒杀皇帝元修，拥立元宝炬为皇帝。

到此时，北魏正式分裂为以邺城为中心的东魏和以长安为中心的西魏，双方国号都是魏，皇帝也都是拓跋氏皇族宗室，也都是傀儡皇帝。汉族人高欢全面控制东魏，宇文鲜卑人宇文泰全面控制西魏，鲜卑人历史进入一个新阶段。

第七章　三足鼎立，北朝依然占据战略优势

北魏分为东魏和西魏，与南朝梁形成三足鼎立。东、西魏对峙，历史天平逐渐倾向西魏。侯景没有祸害到东魏和西魏，却祸害了南朝梁。侯景之乱时，北朝双方暂时放弃敌对，抓住时机向南朝扩张，最终成功削弱南朝优势，让历史天平向北朝倾斜。

1. 数次对决，东、西魏形成均势

高欢册立新皇帝后，集中力量对付关中宇文泰集团。

高欢和宇文泰分别掌控东魏和西魏，进行了 20 多年竞争，分别奠定了北齐和北周基础。他们一生数次交手，但谁也无法彻底征服谁。

东、西魏对峙开始时，东魏丞相高欢处在势强一方，西魏相国宇文泰处于弱势一方。双方展开数次大战，争夺正统，战争结果互有胜负，但最终走向势均力敌，谁也无法消灭谁。

高欢一举夺取尔朱家族的胜利果实，没想到中途出现一个宇文泰。宇文泰也模仿他册立皇帝，公开与之对峙，令高欢感到了危机。因此，高欢在北魏分裂成东、西魏后，唯一的愿望就是率军消灭宇文泰所部，重新统一北方。

公元 536 年，高欢率东魏军修建 3 座浮桥，在蒲坂准备抢渡黄河。

面对危险的局势，宇文泰对诸将说："高欢率军三面包围我军，搭建浮桥表示他要渡过黄河发起进攻，实际上是想吸引我军注意力，然后派窦泰从西进军，实现两面夹攻我们的目的。窦泰是高欢一员骁将，他所部屡战屡胜，将士们必起骄心。我们只要发奇兵先行攻击窦泰所部，就可以不胜而胜。"诸位将领都不以为然，认为高欢所部近在眼前，不战不防而掉头攻击窦泰，万一出了差错会全军覆没。而宇文泰坚持派出精锐骑兵直接攻击潼关附近的小关，引诱性急的窦泰率军来战。

果然，西魏军突袭小关时，东魏窦泰慌忙率军迎战，被宇文泰引诱到牧泽中。西魏伏兵趁机杀出，一举击败窦泰所部东魏军，窦泰被迫自杀。当时，黄河冰薄，东魏人马辎重无法过去，只能撤毁浮桥回军。西魏军从后面追击，高欢派出殿后大将薛孤延，薛孤延一战砍坏十五把钢刀，战况异常惨烈，最终才保得高欢一行人逃脱。

东魏高敖曹率的另一路人马进军顺利。在进攻上洛时，高敖曹被流矢射中，遍体鳞伤，他不顾伤痛，忍痛骑马免胄巡城，大大鼓舞了士气，东魏军攻陷上洛城。小关之战后，高敖曹全军而还，出任军司大都督，统率76个都督。当时，高欢属下以鲜卑将领为主，都轻视汉族将领，唯独惧怕高敖曹。

被宇文泰击败，高欢并不服气。公元537年，高欢趁着关中地区旱灾的机会，亲自率军20万，从壶口出发，赶往蒲津，准备大举进攻关中。关中旱灾大饥，宇文泰不得不迎战高欢，率不到1万人，在恒农谷仓休整了50多天，才让饿得几乎皮包骨的西魏将士缓过来。得知高欢率军渡过黄河，他赶忙入关备战。

高敖曹率3万东魏军把恒农团团围住。手下劝高欢，现在高敖曹已经围住恒农粮仓，粮食运不出去，东魏军分兵诸道，不与西魏军接战，等到麦秋时分，再进行进攻。高欢报仇心切，加上兵力雄厚，根本不将宇文泰放在眼里，没有听从部下的意见，率军从蒲津渡过黄河，发起进攻。

宇文泰率军到渭水南岸后，不顾诸将以逸待劳的建议，下令制造浮桥渡过渭河，命令将士们只带 3 天的口粮，在距东魏军 60 里的地方驻扎下来。他又派达奚武带 3 个骑兵化装成东魏士兵，傍晚混入东魏军营内侦知军中口令，昂首扬鞭，假装成督察官，到各军营转了一圈。查明东魏军的一切部署后，他们才返回营中复命。

宇文泰听从李弼的建议在 10 里以外渭曲长满芦苇的沼泽地中设置埋伏。等东魏军接近芦苇时，埋伏在芦苇丛中的西魏军伴随鼓声一齐冲出。东魏将领斛律羌举劝高欢不要在芦苇中与西魏军决战，应将其围困起来，同时派精兵袭击长安。高欢想放火将宇文泰烧死，而侯景认为应该活捉宇文泰，当着天下百姓面处置他。彭乐又盛气请战，认为兵力占优势，可以一鼓作气活捉宇文泰。

高欢下令进军后，东魏兵望见西魏兵寥寥无几，个个贪功冒进，应有的战阵散不成形。西军相交之际，宇文泰亲自播响鼓号，埋伏于芦苇丛中的兵士奋勇而起，李弼一支铁甲骑兵又从侧面突出横击，东魏军队被截成两段，士兵惊恐而逃散。

见军队散乱，高欢想先收兵集结后再出击，但部下报告说各军营都空了，士兵死的死，散的散，无人应答。高欢不甘心，还在犹豫，斛律金劝他军心离散，不能再犹豫，应立即退到黄河东边去。高欢叹息不动，斛律金示意左右护送他撤退。

这一战，东魏军损失 8 万精兵，丢弃 18 万铠仗。高敖曹闻听败报，也从恒农撤围，退保洛阳。西魏宇文泰经此一胜，一改此前缺粮少兵的窘境，兵精粮足，成为高欢名副其实的心腹大患。

战争依旧在继续，高欢消灭关中宇文泰的决心依旧没改变。公元538 年，高欢部将侯景率东魏军从西魏重新夺回洛阳金墉城。侯景下令烧毁洛阳大量民居官寺。当时，宇文泰正带着西魏文帝元宝炬回洛阳祭扫先帝陵庙，得知侯景如此残暴的消息，宇文泰大怒，率军迅速赶往洛阳城，击败东魏军，阵斩东魏大将莫多娄贷文。

侯景率东魏军连夜突围，宇文泰率西魏军紧追不舍，被迫率军摆阵，北据河桥，南依邙山，与宇文泰所部西魏军决战。在混战中，宇文泰的战马中流箭受惊，把宇文泰甩在地上。危机时刻，李穆率西魏军赶到，救下宇文泰，大败侯景。东魏名将高敖曹率军抗击西魏军，宇文泰调集西魏军精锐围攻，高敖曹所部全军覆没，残部跑往河阳南城。河阳守将是高欢堂侄高永乐，与高敖曹有过节，坚决不让高敖曹进城。西魏军追上，将高敖曹及其残部全部射杀。高欢得知高敖曹死后，气得把高永乐打了200军棍还不解气。

这次大战军阵极大，首尾悬远，从早到晚，交战数十合，形势万变，团团相杀，谁也不知道谁胜谁负。西魏独孤信、赵贵等人交战不利，混乱中又不知宇文泰和元宝炬的消息，都先行撤退了。其他将领见状，也都和他们一起逃走。宇文泰得知这些消息，也只好下令撤走。在撤退过程中，王思政和蔡佑所部西魏军殿后，两支军队血战，最终全部战死，才保全宇文泰等人撤走。

这一战，西魏战败，东魏损失也很惨痛。双方都不得不停下来准备再战。而这一准备就是5年。五年后的公元543年，东魏和西魏在洛阳附近的邙山展开了生死大决战。

高敖曹的哥哥高慎率北豫州投降西魏，东魏战略要地虎牢关落入西魏之手，宇文泰亲率诸军接应高慎。西魏军到达洛阳，包围河桥南城。高欢也亲率10万东魏军从黄河北岸渡河，占据邙山为阵，数天不战。宇文泰想率轻骑兵趁夜登上邙山突袭高欢。西魏军距离东魏军营地只有40里时，高欢得知消息后，将计就计，下令分兵摆阵待敌。

黎明时分，彭乐率数千东魏骑兵直冲入西魏北军，所向皆溃，一直深入西魏军营内。有人报告高欢说彭乐临阵叛逃，高欢大怒。不久，彭乐派人报告说俘获西魏临洮王元柬等5个宗王及督将参谋等共48人。高欢下令东魏军主力鸣鼓出击，同时传令彭乐加紧追击宇文泰。

宇文泰狼狈不堪，边跑边在马上向彭乐求情。彭乐受到宇文泰蛊惑，就没追他，到宇文泰丢弃的军营中把一大袋金宝放在马上，返回东魏军营。高欢得知宇文泰侥幸逃跑，气得暴打了彭乐一顿。消气后，他又大量奖赏彭乐。

第二天，东魏军与西魏军重整旗鼓，再次交战。高欢身边一个士兵私自杀驴，被执法官杖责，那个士兵一气之下逃到西魏军营，告知了高欢的位置所在。宇文泰亲率西魏军，绕过东魏军主力，袭击高欢营帐。

高欢仓促之间来不及应敌，营外步兵几乎全被俘虏。在都督尉兴庆拼杀掩护下，高欢侥幸逃脱。东魏有投降士兵为了请功，把高欢逃跑方向告诉了宇文泰。为报前日之仇，宇文泰派贺拔胜率3千敢死队追击。

贺拔胜发现正在策马飞奔的高欢，亲率13个骑兵，丢下大部队迅猛追击。他们追了数里，好几次矟尖都几乎刺到高欢。高欢一边还击，一边逃跑。关键时刻，段韶率一支东魏军赶到，利用人数优势，令人射击贺拔胜等人的马。贺拔胜等人摔下马，段韶趁机护卫着高欢撤走。

高欢撤回东魏军主力营帐后，立即率主力卷土重来，向西魏军大肆反攻。西魏军没防备，被打了个措手不及，战场形势又发生变化。西魏军阵被冲散，难以招架，大败而逃。东魏军乘胜大举追击。高欢想一鼓作气消灭战败的西魏军，但东魏将领皆无斗志，士气衰竭，不敢再战，高欢只好作罢。事实上，此时西魏军几乎全军覆没，已成强弩之末。只要东魏军坚持追击，宇文泰必死无疑。

高欢错失了这次历史机遇，再也无力消灭西魏。邙山大战后，西魏进行了战略调整，宇文泰专心于内政改革，而其他将领则坚壁清野，以阵地消耗战来抵抗东魏军。公元546年十月，年过五旬的高欢又率10万东魏军进攻西魏。

这一次，宇文泰没有亲自出战。玉壁守将韦孝宽守城的战法，令高欢绝望。玉壁只有数千西魏守军，高欢指挥10万东魏军昼夜攻城，一刻不停，并采用那个时代能想到的所有办法，例如断绝水源、堆积土山、挖掘地道、巨木尖铁攻车撞城、向城内抛燃烧物等，都被韦孝宽一一破解。高欢派人诱降韦孝宽，也被拒绝。最终，东魏军苦攻玉壁 50 多天，没攻下城池，而军营中瘟疫爆发，战死病死 7 万多人。高欢只好绝望地结束战争。

玉壁久攻不下，东魏军又损失惨重，高欢忧愤发病，一病不起。为稳定军心，高欢带病在露天大营召集诸将宴饮。当时，斛律金唱《敕勒歌》："敕勒川，阴山下。天似穹庐，笼盖四野。天苍苍，野茫茫。风吹草低见牛羊。"高欢亲自和唱，唱得泪流满面。

公元 547 年正月初一，年仅 52 岁的高欢病死在晋阳家中。他死后，长子高澄继承爵位，继续掌管东魏。

2. 潜心改革，宇文泰奠定扭转劣势基础

邙山之战后，宇文泰将更多精力转移到扭转劣势的战略思考上。

公元 541 年，宇文泰颁行六条诏书："先治心，敦教化，尽地利，擢贤良，恤狱讼，均赋役"，提出改革基本原则。

宇文泰总结历代兴衰经验，最终确定"以德治教化为主，法治为辅"原则。他要求各级官吏学儒家学说以修身，躬行仁义、孝悌、忠信、礼让、廉平、俭约等，同时又用儒家伦理纲常观念束缚百姓，向百姓灌输孝悌、仁顺、礼义，以心和志静，稳定统治秩序。

为争取中原世族门阀拥护和归顺，宇文泰令卢辩仿《周礼》更改官制，实行六官制，表示崇尚中原文化。六官制从西魏实行，经历北周，直到隋朝实行三省制时终止。

当然，宇文泰也看出世族门阀政治致命弱点，他争取世族门阀支持，同时又奉行唯贤是举原则，用人不疑，不限资荫，只要德才兼备，哪怕出身微贱，也可身居卿相。大批有才干的人，无论是鲜卑族的，还是其他民族的，无论是出身世族门阀，还是出身寒门庶族，都被宇文泰成功笼络到帐下。在宇文泰领导下，朝廷上下协力，内部团结，各项政策措

施都能顺利执行。

宇文泰比较注意听取臣下意见，还要求法律上既要"法不阿贵"，官吏犯法一视同仁，又要求断案者慎罚，力戒楚毒之下，自痛自诬，尽量减少冤假错案。西魏吏治逐渐清明起来。

宇文泰改革目的是增强实力。公元537年，宇文泰开始整军，提高士气，增强战斗力，开拓兵源，扩充军队。通过整顿，西魏军战斗力大大提高。沙苑之战，西魏以少胜多，大败高欢，俘敌8万余人。宇文泰趁机建立六军，将军队整编成10万人，还建立八大柱国制度。

邙山之战，西魏军损失大半。当时，关陇地区的鲜卑人有限，不可能再大量补充军队。为改变不利局势，宇文泰征募关陇世族门阀的地主武装，将其编入军队中，由朝廷选择关陇地区有名望的人统率。既加强朝廷对军队的控制，削弱地方势力，又促进武川军人集团与关陇世族门阀联合。一些有能力的世族门阀子弟成为掌握军权的人。到公元550年，征兵对象进一步扩大到所有均田户，不分民族和阶层。

根据儒家先富后教观念，宇文泰积极劝课农桑，奖励耕植，积极恢复和改进均田制，使无地农民和土地重新结合在一起，又颁行户籍制度和计账制度，规范赋役征收，还明确规定地方官吏在发展生产方面的职责，引导社会重视农桑生产。

宇文泰雅好儒术，推崇儒家学说，摒弃空谈玄理、崇佛论道的腐朽风习，通过学校教育，培养大批具有儒家思想观念的人才作为政权支柱。

此外，宇文泰恢复鲜卑旧姓，给进入统治阶层的汉族人赐予胡姓。例如，杨忠授姓普六茹，李虎授姓大野等。

宇文泰一生，处在由乱到治的历史转折点。他观时而变，顺乎历史发展潮流，转弱为强，奠定北周崛起基础。他的改革成果，滋养着北周和隋唐，对隋唐走向盛世有奠基作用。他是历史上继孝文帝元宏之后又一位鲜卑族杰出人物。

　　宇文泰改革成功，西魏逐渐强大起来，但皇帝元宝炬依然是傀儡，与宇文泰保持着微妙的关系，保持着密切配合。同时，他也注意融合鲜卑贵族与汉族世族门阀的关系，支持与汉族人通婚。不过，他的傀儡人生始终无法自己做主。

　　元宝炬父亲京兆王元愉曾在公元508年在冀州谋反称帝，兵败被擒，自缢而死。仅仅1岁的元宝炬与元宝月、元宝晖、元宝明及妹妹元明月都被幽禁在宗正寺。到公元515年，时任皇帝元恪才赦免了他们。后来，北魏历次动乱，元宝炬都幸运地置身事外。

　　公元532年，元修即位为皇帝，元宝炬出任太尉，加任侍中，后又进位太保、开府、尚书令。公元534年，皇帝元修与权臣高欢决裂，逃避关中投奔宇文泰时，元宝炬随他进入关中，出任太宰、录尚书事。元修宠幸元宝炬的妹妹元明月，丞相宇文泰逼迫元氏诸王杀害元明月，元修对此愤愤不平，不久被毒杀。群臣大多赞成立年幼的广平王元赞，侍中濮阳王元顺劝宇文泰不要效仿高欢立幼主以专权，而应反其道而行之，拥立长君。于是，宇文泰拥立元宝炬为皇帝。宇文泰对元宝炬既有恩又有仇。

　　当时，中原陷入东、西魏对峙状态，西魏是处在弱势的一方，而塞外柔然的威胁更让西魏寝食难安。宇文泰劝皇帝元宝炬娶柔然可汗的女儿，册立为皇后，以搞好两国关系。元宝炬与皇后乙弗氏非常恩爱。乙弗氏人品也非常出众，生性节俭，平日穿旧衣，吃蔬菜，从不配饰珠玉罗绮，为人仁恕且没有嫉妒心。

　　面对宇文泰的劝谏，元宝炬不得不在公元538年二月，宣布废掉乙弗氏皇后，迎立柔然公主郁久闾氏为皇后。郁久闾氏性情好妒，十分不满乙弗氏还住在都城。元宝炬只好让她和武都王元戊一起到秦州。这事并没有了结，公元540年春，柔然军再次大举南侵，不少人认为这是因为乙弗氏的缘故，元宝炬被迫赐乙弗氏自尽。

　　为缓解宇文泰的猜忌，元宝炬即位当年，就把他和乙弗氏生的太子元钦托付给宇文泰教养。宇文泰将女儿嫁给太子元钦做正妃，并时刻将元钦带在身边。元钦跟宇文氏非常恩爱，甚至因为她而不置嫔御，且不愿做傀儡，对宇文泰极度不满。

公元 553 年十一月，宗王尚书元烈密谋除掉宇文泰，事泄被杀。事后，元钦不仅没有避嫌，还愤愤不平。公元 554 年正月，元钦密谋除掉宇文泰，夺回朝政大权。他和分掌禁军的李基、李晖、于翼都是宇文泰女婿。宇文泰得知元钦密谋后，将他废黜，幽禁在雍州，改立元廓为皇帝，下令恢复元姓为拓跋。

西魏皇帝只剩下皇帝空名，宇文鲜卑禅代拓跋鲜卑只是时间问题。宇文泰在等待时机。

3. 抢先继任，高澄掌控了险恶形势

高欢郁闷而死后，长子高澄袭承爵位。高澄是高欢能够专心对阵宇文泰集团的关键性人物，而他的遭遇，对鲜卑人在中原的统治走向也有着决定性影响。

高澄于公元 521 年出生于怀朔镇，自幼聪颖过人，能言善辩，10 岁时曾独自出马，招降了高敖曹（史料如此）。11 岁时，他以高欢特使身份，两次去洛阳朝觐皇帝元修。高澄经常被高欢叫去谈论时事政务，高澄每次都能对答如流，且详加剖析，<u>丝丝入扣</u>。高欢极为赏识他，让他参与军国要务筹划。

公元 536 年，高澄自请入东魏朝廷辅政，担任左右京畿大都督。朝臣们虽然听说高澄年轻老成，有风度，有见识，但总觉得他是个少年，心里并不服气。当看到他驾驭全局，有胆略，有气魄，在朝堂上做宰相时从善如流，处理问题及时妥切，不由得个个心悦诚服。公元 538 年，高澄兼任吏部尚书。

当上吏部尚书后，高澄着手改革制度弊端。北魏从崔亮开始挑选官

员就论资排辈，不按才能选取。高澄废除论资排辈制度，根据才能名望挑选官员，亲自写书征召各地有才学、有名望的读书人为朝廷效力。当时，品德好、有本事的人，都得到提拔重用。有的一时安排不了相应职位，高澄就将他们召为宾客，在自己府中供养起来，有时间便与他们一起游园，娱乐赋诗，使那些人各得其所，各尽所长。

河阴之变后，为安定朝中人心，尔朱荣上奏滥封官爵，赠荫一事渐渐变得杂滥无章，平庸无能的官员动辄高官厚禄。有识之士认为，这些都是弊端。高澄纠正其过失，建立追赠褒扬的规章制度。为整顿史治，改变官场风气，高澄推荐铁面无私的崔暹为御史中尉，严厉打击那些无法无天的贪官污吏。那些窃据高位的权贵，很多被绳之以法。公元541年，高澄还在麟趾阁和群臣编纂议定律法《麟趾格》，并颁布天下。

在高澄主持下，朝廷将治国政策用榜文公开张贴在街头，供天下百姓自由评论，发表意见。对那些提出建议或批评时事的人，都给予优厚待遇，即使言过其实或言辞激烈，也予以宽容，不加罪责。由于百姓的称赞，高澄威望更加上升。

在这段时期内，东魏与南朝梁关系比较和睦，双方使节往来频繁。然而，为显示各自的国威，双方的使者都竭力在言辞、才学方面争锋，常常出现激烈的辩论场面。无论是南朝梁的使者到邺城，还是东魏的使者到建康，都是如此。高澄非常喜欢辩论场面。每逢设宴招待南朝梁的使者，高澄或者亲自到场，或者派属下参与。为此，他招揽了一大批文人学士，或者让他们做自己门下的宾客，或者将他们推荐给朝廷，出任各级官吏。

北魏末年战乱，导致经济紊乱，货币贬值，民间私铸大量假钱，严重妨碍了经济的发展。公元541年，有一只麻雀衔着永安五铢钱飞到高欢的座前，这件事被称为祥瑞。高澄令百炉别铸五铢钱。后来，高澄进一步改革铸钱方面的弊端。他令人前往全国各地，将铸钱用的铜和原有的钱币收集起来，重新铸造。然而，民间偷铸假钱的情况仍然屡禁不绝。

公元 548 年，高澄进行新的货币改革，改用悬秤五铢。这年铸造的永安五铢钱，"重如其文"，是一种足重货币。它的铸造是魏晋南北朝货币史上由乱到治的转折点。为促进足重货币流通，高澄还采取强硬手段。他令人在市场门口放置秤，并宣布标准钱的重量是 100 钱重 1 斤 4 两 20 铢。

北魏末期战乱，很多百姓流离失所，四处逃亡，或被世族门阀所控制，变成奴隶，或编为私人武装。这些世族门阀不缴税，也不上报奴隶人数，藏匿人口，暗地里保有很多钱财和奴隶，导致东魏户口数目和税收锐减。他们因此拥有大批私兵，不受朝廷管辖，严重影响国家稳定。高澄辅政后，几次派高隆之等人前去河北审核人口数，惩罚"逃隐者身及主人、三长"。结果，户口增加，百姓回到土地上耕种，缴税给国家，国家财政税收也因此充裕。

审核户口过程中除掉的那些世族门阀，他们财产也被充公，给朝廷提供了不少军费，被审核出来的奴隶和充公私兵也给国家提供了充足兵源。对于河北一带的世族门阀在乱世中逐渐形成日益强大的乡党，高澄也进行逐一打击和削弱。例如，高慎、李元忠等人或被贬斥或永不叙用，解除了一定的隐患。

当时，私盐泛滥，官盐产量远远跟不上，私盐又利用市场交易偷逃高额盐税。崔暹建议在海滨盐场大量增灶煮盐。高澄则听从度支尚书崔昂建议，关闭盐市，允许民间私盐卖给官府，只收取少量盐税。此法平衡了官府与私人在盐务方面的矛盾，令双方获利。

经过这一番改革整顿后，东魏政治经济开始走上正轨，勋贵势力受到抑制。高澄作为高欢继承人，从此地位彻底稳固。

公元 546 年十一月，高欢在征伐西魏过程中身患重病，迅速班师回朝，同时飞速将高澄召来，一起回到晋阳。当时，司徒、河南大将军、大行台侯景早有异志，只是碍于高欢的威信与实力，才不敢肆意妄为。

当他得知高欢患病的消息后，立即在荆州等河南之地拥兵自重，谋生异图。

高澄深知形势险恶，在父亲高欢去世后，秘不发丧，迅速采取措施巩固自己的权力与地位。5 天后，侯景得知消息，意识到掌控东魏朝政无望，就派人到关中，表示愿投靠西魏。侯景掌管 13 个州，处于东魏、西魏、南朝梁交界处，如何处置将会引发整个局势变化。而当时，东魏和南朝梁势力都要强于西魏。

宇文泰曾与侯景交过手，深知侯景的为人，认为他能对高澄不忠，也一定会对自己不忠。于是，他决定坐山观虎斗，提出侯景不可能接受的受降条件：侯景交出军权，到长安任职，荆州等 13 州土地由朝廷另派守将接管。此时，高澄已派遣诸军镇压侯景反叛。侯景无法答应宇文泰的条件，转而投靠南朝梁。

南朝梁武帝萧衍封他为河南王。高澄一方面部署诸将征讨侯景，另一方面则密切注意境内其他各州的情况，防患于未然。他安排弟弟高洋为京畿大都督，留守邺城，让黄门侍郎高德政辅佐，他亲自在同年六月回到晋阳，为父亲发丧。

同年七月，高澄出任使持节、大丞相、都督中外诸军、尚书事、大行台、渤海王，他弟弟太原公高洋负责摄理国事。高氏兄弟牢牢地控制着东魏朝政。

4. 权臣遭杀，北齐成功取代东魏

南朝梁皇帝萧衍答应侯景请降，封他为河南王。高澄派兵继续进攻侯景，同时分精力解决内部问题。高澄牢牢控制东魏朝政后，加强进攻侯景，旨在将他消灭。

高欢曾经留下遗命，让高澄重用慕容绍宗。高欢死后，高澄前后派韩轨、元坦、高岳等人率军去镇压侯景造反，一点儿效果都没有。慕容绍宗是尔朱荣余党，高澄因为这一点，不敢轻易重用慕容绍宗。陈元康以慕容绍宗向他行贿探听高澄态度为由，劝谏高澄放心任用。于是，高澄任命慕容绍宗为尚书左仆射。

侯景造反后，反军声势非常大。侯景对东魏诸将非常了解，十分猖狂。韩轨率军前去镇压时，侯景轻蔑地称他为"啖猪肠小儿"，率军将他打败；高岳率军前来镇压时，侯景仍不为所动，说他"兵精人凡"，与其长期对峙，将之活活拖垮；慕容绍宗率军前来镇压后，侯景方才"有惧色"，自言自语地嘀咕："是谁叫这个鲜卑小儿（高澄）派慕容绍宗来的？果真如此，高王（高欢）应该不是真死啊！"随后，他派人去西魏请降，又派人去南朝梁请降。比较西魏和南朝梁的条件后，侯景最终投靠了南朝梁。

高澄立即派慕容绍宗率东魏军进攻南朝梁。在寒山，慕容绍宗率东魏军击溃南朝梁军主力，俘获主帅萧渊明，并派军追击侯景所部到悬瓠。

公元 547 年底，侯景率所部退到涡阳（今安徽蒙城）据守。慕容绍宗与刘丰生、段韶、斛律光等人率东魏军追击并包围涡阳。

在几个月的对峙之后，侯景所部反军被慕容绍宗在决战中击溃，全军覆没。最后，侯景率 800 名残兵南逃入南朝梁，进袭南朝梁的寿阳，将其监州事韦黯驱逐。

南朝梁皇帝萧衍不但没有责备侯景，反而任命他为州牧。侯景大喜过望。东魏面临南朝梁和侯景联军的夹攻，镇压侯景叛军难度进一步增大。此时，高澄高超的政治智慧显现了出来。

在萧渊明被俘后，高澄亲自接见了他，并请他写信给萧衍，建议两国和解。萧衍回信同意和解。南朝梁的司农卿傅岐对皇帝萧衍说："高澄既然没有战败，为什么要主动求和呢？他此举明显是反间之计，其目的是刺激侯景。侯景如果起了疑心，就一定会变心的，我们不可跳进这个圈套啊！"萧衍认为，情况没有傅岐说的那样险恶，就没理会他的建议。

东魏和南朝梁的使者往来频繁，商量着和平相处的事。侯景得知此消息，果然非常恐惧，上奏章跟萧衍说："如果两国和解，恐怕我不能幸免遭到高澄的毒手啊！"萧衍回信向侯景保证说："我是天下之主，怎么会失信于人呢？你要深知我心，我说会保护你，就一定会保护你！"侯景还是信不过，假冒高澄名义写了一封信给萧衍，提议用俘获的萧渊明交换侯景。萧衍此时露出真面目，回复说："你早上将萧渊明送回国，我晚上就将侯景送回国。"侯景截获回信后，决心叛变，他集结兵力，从寿阳南下，直指建康。

高澄在追击侯景，对南朝梁用兵的同时，也对西魏进行了一系列军事威胁。这不仅因为西魏是他的宿敌，还因为西魏曾试图纳降侯景。

公元547年，西魏丞相宇文泰派王思政出任荆州刺史。第二年，侯景叛离东魏时，曾向西魏请援。宇文泰一边拒绝侯景投降，一边派王思政以救援为名，率西魏军趁机攻占了侯景所据的7州12镇。侯景率部下投降南朝梁。而东魏前来镇压侯景时，一时无法收回侯景管辖的7州12镇。随后，王思政以河南诸军事一职，率西魏军镇守在颍川（今河南禹县）。

这一年，东魏派高岳、慕容绍宗、刘丰生等率10万步骑兵进攻颍川的长社城。王思政率西魏军击败了他们。高澄见颍川数攻不克，屡次派兵增援，并决洧水灌城，城中顿时水流涌溢，不可遏止。东魏军趁势进攻。王思政率西魏军英勇抗击，亲自到前线同士兵并肩作战。宇文泰得悉王思政被困，随即派赵贵率军救援。西魏援军到穰城（今河南邓州）时，被陂泽所阻挡，长社城得不到外援，危在旦夕。不过，西魏守军依旧顽抗。而在这一年三月，高澄亲自领兵南下虎牢、洛阳，在新城俘虏西魏大将裴宽。此时，东魏和西魏虽然战局胶着，但东魏军整体上占有优势。

这一年八月，侯景起兵，攻击南朝梁。侯景率反军如入无人之境，渡过长江，于十一月抵达建康，百道攻城。南朝梁各路勤王军队云集城外，但每天跟美女饮酒欢宴，不敢与侯景的反军作战。萧衍把皇帝诏书系到风筝上，命他们进攻解围，但没有人听从他的命令。

在侯景之乱过程中，高澄下令停止进攻侯景和南朝梁，而是一直密切关注南朝梁的局势。侯景率军进攻建康后，高澄派尚书辛术前往两淮之地，趁火打劫，侵吞了大片南朝梁的土地。两淮之地多处州郡因不堪侯景袭扰，纷纷转投东魏。不到一年时间，东魏借着侯景之乱从中渔利，共得了23个州，并攻陷淮南重镇寿阳，将疆域从淮河以北一直拓展到长江沿线。

到公元549年四月，高澄以大将军身份兼相国，封齐王，并加殊礼，即赞拜不名、入朝不趋、剑履上殿。作为人臣，他此时已经到达顶峰。于是，他的亲信们开始密商正式夺取元氏政权。

在密谋期间，东魏对西魏发起了一次进攻，高澄亲临战场，转败为胜，树立了他个人的声望。

公元549年夏，高澄晋封齐王不久，慕容绍宗、刘丰生、慕容永珍认为长社城不久就能攻破，便乘楼船观察城中情况。忽然，大风骤起，将他们所乘楼船吹到长社城下。西魏守城将士从城上用长钩牵船，弓弩乱发。结果，慕容绍宗赴水溺死，刘丰生中箭而死，慕容永珍被俘虏斩首。

东魏军损失几个主将后，士气大丧，不敢再逼近长社。高澄得知消息，大吃一惊，亲率11万步骑兵赶到前线。他听从破六韩常和可朱浑道元的建议，在关口、大谷的咽喉要地驻兵守卫，扼住王思政所部西魏军的粮道，迫使长社城彻底断粮。

大军抵达长社城后，高澄亲临前沿阵地，监督将士们制造土堰，重新聚水攻城，并组织督励敢死队，持续不断地攻城。不久，西风突起，黄河水随风入长社城。长社城北面工事被冲毁，东魏将士趁势攻入长社城。这一战，东魏取得了最终胜利。

同年八月，高澄从颍川前线凯旋班师，在北城东柏堂内，与亲信大臣们密谋禅代东魏的事情。当时，他为了保密，将大部分卫士调走。对高氏家族怀恨在心的厨子兰京假装入内送吃的，趁机察看情况。高澄认为他行动鬼祟，对他产生了怀疑，令他退下，并对在座的人说："我昨夜梦见这个奴才用刀砍我，看来我得处死他。"

兰京在外面偷听到这句话，更下定先下手为强的决心。于是，他藏刀于盘底，再度进来送吃的。高澄非常生气地呵斥他："我没有下令，你怎么敢再进来？"兰京大喝一声，说："我来杀你！"

随即，他握刀扑向高澄。杨愔最先逃脱，崔季舒躲进厕所里，陈元康以身体遮挡高澄，被刺成重伤。高澄从床上跃下时崴伤了脚，无法逃走，只得钻入大床底下躲避。兰京的6名同党赶来，将前来营救高澄的2个侍卫长砍得一死一伤。众人一齐掀开大床，将高澄杀死。

高洋闻讯赶来，将兰京和同党斩杀。但是，年仅29岁的高澄却早已身亡。随后，高洋继承父兄基业，继任齐王，继续掌控东魏朝政。第二年，即公元550年，高洋废除东魏，建立北齐，中原局面进入新的历史时期。

高洋当皇帝后，见西魏的宇文泰在战略上与北齐一致，趁着南朝梁混乱局面蚕食其领土，因而改变与西魏的关系，以和平为主，然后集中兵力、财力向北方和南方扩张。公元552年以后，北齐军连年出塞，攻打库莫奚、契丹、山胡以及柔然等，然后趁机修建了从幽州到恒州900余里长城，为北齐的安定做出了重要贡献。而南朝梁历经侯景之乱，国势骤衰。公元552年，北齐兵锋南抵长江。此后，北齐军曾两度兵临建康城下，都被陈霸先率军击退，但北齐疆土已扩展到淮南一带，最终与南朝陈以长江为界对峙。

高洋初即帝位时，比较谨慎，注重法制，虽勋贵外戚也不宽容，政治清明。高澄在东魏掌权时，曾经主持修撰东魏法典《麟趾格》。高洋称帝后，认为《麟趾格》还不够精细，便命令群臣讨论制定齐律。在编写齐律过程中，高洋重用冀州封氏家族著名律学家封述以及崔暹、李洋、魏收等数人，让他们全面总结汉魏以来历代王朝立法经验，简化法典结构，提炼篇名，锐意创新，最后制定《北齐律》。

起初，北齐兵制继承东魏，是从北魏那里来的，实行兵民分离，鲜卑人为兵，汉族人为民。高洋下令实行改革，吸纳汉族人加入军队。后来，北齐出现一种新兵制，将当兵与种田结合起来，最终发展成为府兵制。

北齐率先脱离军镇制度，实现了兵农分离，实行均田制，这使得北齐农业、盐铁业、瓷器制造业都迅速发展起来，使北齐在高洋时代成为与南朝陈、西魏（北周）三足鼎立中最富庶的，这也成为北齐统治者奢侈的基础。

高洋早期独自决断军国大政，经常亲自率军冲锋，但到晚期就腐败起来，整天不理朝政，沉湎于酒色之中。他在都城邺修筑三台宫殿，十分豪华，动用了 10 万民夫，简直是奢侈至极。高洋在位后期对百姓的压迫更重。朝政的腐败，国势的衰落，北齐军队也日益削弱。高洋甚至一度放任鲜卑化，只不过，他虽昏虐而尚能任用汉族士族，例如，他用杨愔为宰辅，为他"补漏"，处理了很多事情，才不至于亡国。

公元 559 年，年仅 31 岁的高洋死去，他儿子高殷继位，他六弟高演辅政。高演位高权重，产生了觊觎皇位之心。公元 560 年，高演发动政变，登基称帝。高演在位期间，文治武功兼盛，留心于政事，积极寻求及任用贤能为朝廷效力，关心民生，轻徭薄赋，并下诏分遣大使巡省四方，观察风俗，问人疾苦，考求得失，还亲征北讨库莫奚，出长城，虏奔遁，分兵致讨，大获牛马。不过，高演当皇帝不到一年就因坠马事故重伤而死。为保住儿子高百年的性命，他传位给九弟长广王高湛。高湛性格优柔荒淫，继位后昏庸无能，沉湎于美色，不思国事，北齐岌岌可危。公元 565 年，高湛传位给太子高纬，自任太上皇，最后也因为酒色过度而死。

高纬宠幸和士开等奸佞，妒忌贤良，除去了保卫北齐有大功的名将斛律光，自毁栋梁；毒死了骁勇善战，多次立下汗马功劳的兰陵王高长恭。这些事发生在北周实力蒸蒸日上，积极图谋灭掉北齐的时候。公元575年，北周皇帝宇文邕亲自率军攻打北齐。经过三年战争，北周灭掉北齐，再次实现中原统一。

5. 侯景之乱，搞乱了南朝，成就了北朝

对鲜卑历史以及南北朝历史发展方向有巨大影响的，侯景是不可回避的人物。

侯景是六镇镇民出身，深受边镇剽悍好武风习影响，不拘小节，擅长骑射，骁勇好斗，做过怀朔镇功曹史。北魏末年，北方大乱，侯景率部投靠了尔朱荣。公元528年八月，尔朱荣率军与葛荣所部起义军在滏口决战时，侯景俘虏葛荣，立下大功。高欢消灭尔朱家族后，侯景依靠原来与高欢同是怀朔镇镇兵，又都参加过六镇起义的交情，率部投降高欢。

高欢重用侯景，封他为司徒兼定州刺史，拥兵10万，统治河南地区。侯景天生长短脚，很有谋略，立下不少战功。高欢深知侯景的为人，但因对付强敌宇文泰，用人之际，多个帮手总比多个敌人好，就没有限制侯景的势力。不过，他临终前特别嘱咐儿子高澄要小心侯景。

侯景向来轻视高澄，高澄登基后，他立刻叛变。开始，侯景想获得宇文泰支持，但宇文泰对他心怀戒备，提出接纳条件非常苛刻。不得已，侯景率部投靠无条件接纳他的南朝梁。南朝梁皇帝萧衍希望借侯景的力量北伐成功，因而接受他投降，给他很高的待遇。高澄派大将慕容绍宗率军进攻侯景时，萧衍派萧渊明率梁军支援，结果大败，萧渊明被俘。

正在此时，东魏提出和解，侯景感到恐慌，萧衍却没有意识到这一点，继续与东魏进行谈判。侯景假冒高澄写了一封信测试出萧衍的真实

态度后，大怒，决定率军叛变。南朝梁已经 40 多年处在和平时期，但内部早已经腐化，充满各种矛盾。侯景充分利用南朝梁各种矛盾，他以南豫州牧身份镇守寿阳，废除梁朝盘剥百姓的市场税和田租，引诱百姓都来参与叛军，又将百姓子女分配给叛军，使寿阳变成大军营。

南朝梁皇帝萧衍养子临贺王萧正德久蓄异志，侯景与之联结。他屡屡向南朝梁朝廷索求钱财武器，言辞也愈发傲慢。不过，萧衍从未拒绝，一味姑息。萧范、羊鸦仁、元贞、裴之悌等人相继向萧衍报告侯景欲谋反的消息，萧衍及朱异等人却不以为意。侯景便利用萧衍昏庸的绥靖政策迅速壮大起来。

经过数月准备，公元 548 年八月十日，侯景以诛杀朱异、徐驎、陆验、周石珍等奸佞为借口，率 8 千人在寿阳起兵。萧衍得知消息，派邵陵王萧纶统率诸军，前去镇压侯景叛乱。

侯景知梁军来攻，决心争取主动，放弃淮南，率轻骑兵突袭建康城。九月，侯景留部将王显贵守寿阳，自己诈称游猎，率轻骑兵出寿阳城。十月，侯景扬言进攻合肥，实际上却袭占谯州、历阳，进而率兵攻打长江沿岸。萧衍征询都官尚书羊侃讨侯景之策，羊侃请求派 2 千人迅速占领采石，另派一支军去袭击寿阳，从而迫使侯景进退失据。不过，羊侃的建议未被采纳。

萧衍任命萧正德为平北将军、都督京师诸军事，率军驻守丹阳。萧正德早已与侯景约为内应，派数十艘大船，以运芦苇为名，暗中接济侯景叛军辎重。当时，王质率梁军水军 3 千巡弋江上，侯景将要渡江，担心被他阻击，便派间谍查看。

此时，陈昕向萧衍建议，采石急需重兵镇守，王质所率水军力量较弱，要求增加军队，萧衍便命令王质与陈昕换防。间谍将此消息告侯景，侯景便趁王质与陈昕换防的机会，率军 8 千人从横江渡江，抢占采石。继而，他又分兵袭取姑孰城，俘获淮南太守萧宁，率主力军进到慈湖。建康震动。

萧衍将军务托付给皇太子萧纲。萧纲部署建康防务，命令宣城王萧大器总督城内诸军，并赦免囚徒以充军。百姓听说侯景率军到了，争相逃入城中，士大夫几十年不见兵器，柔弱不堪，得知战争来临，惶惶不可终日。羊侃布置防守，整顿秩序，萧纲欣赏羊侃胆识，对他很倚赖。

十月二十日，侯景率军渡过长江，四天后就到了朱雀门。由于有萧正德做内应，侯景反军很快攻破朱雀门，守门的东宫学士庾信逃走。接着，萧正德开宣阳门，迎接侯景反军入城。侯景反军围攻台城（宫城），但由于有羊侃率军坚守，久攻不下。反军就修筑长围，隔断台城内外联络。

公元 548 年十一月初一，萧正德登基为皇帝，改元正平，侯景出任南朝梁的丞相，并指挥反军加紧进攻台城。第二年，侯景反军攻破台城，皇帝萧衍被饿死。侯景又废掉萧正德皇帝之位，改任大司马，立太子萧纲为皇帝，自封为大都督，强娶美貌的溧阳公主。

公元 551 年，侯景废黜萧纲，再立豫章王萧栋为皇帝，改元天正。同年，侯景再命萧栋禅让，登基为帝，国号为汉，改元太始。到此时，南朝梁原本处于观望状态的勤王军加强了攻势。公元 552 年，侯景反军被陈霸先、王僧辩所率梁军击败。侯景企图逃亡，被部下所杀。祸乱东魏、西魏、南朝梁的侯景最终得到了应有的下场，但被他搅乱形成的烂摊子，还继续影响着历史的发展。

6. 削弱南朝，西魏趁机掌控险要之地

高欢死后，宇文泰的对手发生了变化。高澄执掌东魏朝政，相比高欢，高澄在政治方面更胜一筹。当时，手握重兵的侯景与高澄不和，企图在高欢死后夺权，但高澄隐瞒高欢的死讯，在完全掌控政权后，才对外宣布消息。侯景得知消息，以河南 13 州之地向西魏投降。

宇文泰想借此机会削弱东魏，但对侯景的人品不信任，愿意接受侯

景投降，同时又对机诈权变的侯景十分谨慎，分派大军接收侯景所占土地，并要求侯景交出军队，到长安担任高官。

在侯景叛变后，高澄非常担心侯景加入关中集团，因此派兵加紧进攻侯景。侯景接受不了宇文泰的受降条件，在高澄紧逼之下，侯景来不及跟宇文泰讨价还价，转身投靠了南朝梁。这样，侯景巧妙将他与高澄的内部矛盾转化为东魏和西魏的矛盾，东魏和南朝梁的矛盾。

局势变化如此快，宇文泰不得不调整策略。侯景投降南朝梁后，高澄将目光始终盯在侯景身上，也对南朝梁发起了战争。西魏被晾在一边。宇文泰令人占领侯景的领地后，便不再进攻东魏，而是就地待命，寻找最佳的时机。东魏在打败南朝梁后，主动表示和平的意思，与南朝梁进行谈判，期望通过谈判解决问题。但没想到的是，东魏和南朝梁的谈判直接导致侯景之乱，让看似强大的南朝梁进入混战之中。在这种局势变化下，宇文泰采取跟死对手东魏同样的战略，放弃东、西魏之间的仇恨，趁机夺取南朝梁的土地。

公元549年，侯景起兵造反，率军攻陷梁都建康。东魏军趁机占领长江下游江北诸郡。宇文泰也没闲着，将目光盯向了南朝梁长江中上游地区。当时，驻守长江中上游地区的南朝梁宗室诸王割据自立，并借助西魏力量互相攻击，争夺帝位。宇文泰乐得支持其中的一些力量，以便寻机夺取土地。

占据襄阳的梁雍州刺史、岳阳王萧詧率军进攻荆州刺史、湘东王萧绎，兵败后投靠西魏。宇文泰趁机册立他为梁王。公元552年，萧绎在江陵称帝，史称西梁。随后，他派人到西魏，请求西魏出兵攻占梁州、益州，消灭已在成都称帝的梁益州刺史、武陵王萧纪。

公元554年，萧绎派人向西魏要求归还西魏军所占之地，而且言辞非常傲慢。这令实力蒸蒸日上的西魏非常生气。同年九月，西魏大丞相宇文泰派于谨、宇文护、杨忠等人一起率5万精兵进攻江陵。十月，西魏军从长安赶到樊城、邓州一带，臣属于西魏的萧詧也率军配合作战。

萧绎得知相关信息，下令戒严，调兵遣将，抵御西魏军进攻。

一个月后，西魏大军渡过汉江，宇文护、杨忠奉命率精锐骑兵先行占领了江津，切断了西梁军的水路，使西梁守军无法向东撤退，而下游援军也无法渡江，向西援助江陵。

面对西魏军的巨大攻势，萧绎派各将领分别率军扼守江陵各要点，在外城树立树木栅。西魏将领于谨率军赶到江陵城外后，下令军队修筑长围，隔绝江陵城内外的联系。西梁的信州刺史徐世谱、晋安王司马任约等人率军在江陵南岸马头筑垒，与江陵城遥相呼应。

当时，西梁各处所征兵马还没赶到，西魏军多路攻城，受到挫折。于谨命令西魏军加紧猛攻，不久在内应协助下，西魏军攻破江陵城西门，攻下了江陵城外城。萧绎被迫率残部退保内城。当晚，他命令属官焚 14 万卷图书后，在第二天率残部出城投降。

取得巨大胜利后，宇文泰意识到保留西梁，对西魏有利，就命令册立萧詧为西梁皇帝，留下一部分军队协助江陵防守，同时命令于谨率西魏军主力回师，同时将被俘的梁王公以及数万百姓迁到长安。

当时，于谨在江陵百姓中挑选了 10 多万精壮男女，全部迁到关中，只把一座空城留给萧詧。不仅如此，他还将原来梁朝控制的雍州诸郡收归西魏作郡县。西魏疆域扩展到今四川、湖北一带，成为当时三国中最具统一实力的政权，为以后北周统一北方奠定了基础。

萧詧被西魏册立为西梁皇帝，地盘仅有荆州一带 300 里范畴，是西魏的臣属国。西梁的刑赏制度，基本是遵循南朝梁的旧制。萧詧任命蔡大宝为侍中，王操为尚书，在他们协助下维持西梁小朝廷。蔡大宝足智多谋，晓畅政事，萧詧委以重任，依靠他管理民政；王操也是能臣，竭诚辅佐。萧詧外倚强国，内任贤臣，西梁小朝廷初具规模，致使在建康取代南朝梁的南朝陈，始终无法攻灭西梁。

萧詧是个大孝子，生活上崇尚俭朴，不饮酒，不奢华，不好声色犬马。他虽然有些猜忌，但知人善任，厚抚将士，因而深得人心，部属都愿意为他效力。不过，他虽然名义上是西梁皇帝，但他依靠西魏立国，奉西魏正朔，向西魏皇帝上疏称臣，是货真价实的西魏附庸。当时，宇文泰还在江陵设置了城防将军，统率军队驻守在江陵的西城，名义上是协助萧詧防御，实际上是监督并提防萧詧。西梁巴掌大的一块地盘，又面临四面受敌，萧詧根本就没有独立自主的资本。因为一旦他真的脱离西魏宣布独立，用不了几天，西魏军就将其吞灭掉。在这种情况下，他只能忍气吞声，维持现状，延续梁朝的国祚。

萧詧登基后不久，王琳率军侵犯。王琳原来是萧绎部将。萧绎死后，他凭据湘州，想以此争夺南朝梁的天下。得知萧詧被西魏立为傀儡皇帝，王琳以为争夺荆州的机会来临，派部将率军前来犯境。没想到，萧詧并非王琳想象的不得人心。他率江陵的军队，成功击退来犯之敌。过几年后，萧詧率军主动出击，攻占王琳所占据的长沙、武陵、南平等郡。以后，西梁就基本没有什么大的战事，萧詧安稳地做附庸皇帝。

事实上，萧詧始终不甘心做附庸皇帝。当初，西魏军刚刚攻破江陵时，部将尹德毅就曾劝说萧詧脱离西魏而自立。尹德毅献计，利用犒赏宴请西魏诸将机会一举除掉他们，然后安抚江陵百姓，任命百官，登基称帝，以立万世功业。萧詧认为尹德毅言之有理，同时计谋也妙，但觉得西魏对待自己非常好，不愿忘恩背德，坏了名声；同时也担心实力不济，弄巧成拙，因而没有采纳这个建议。

后来，西魏将江陵全城 10 多万精壮迁到关中，而襄阳也让西魏将精锐迁走了。萧詧又气又恨，后悔没有听尹德毅的话。面对疆域缩小，城邑残破，民居坏毁，干戈不休，家国受制于人，萧詧恨自己不争气，终日抑郁忧愤，扼腕喟叹，最终忧愤成疾，背发毒疮而死。

萧詧驾崩后，萧岿即位。萧岿孝悌仁慈，有君主雅量，生活俭约，御下有方，在位期间境内安宁，将西梁一片小天地建设得不错，直到公元 585 年才死去。他儿子萧琮即位。萧琮文武双全，但生不逢时，遇到志在一统天下的隋文帝杨坚。公元 587 年，隋文帝征召萧琮入朝，降封为莒国公，取消了这个小朝廷。

在对西梁用兵的同时，宇文泰加强掌控西魏步伐。宇文泰亲自养育长大的西魏皇帝元钦，对他充满反感，与不甘心政由宰辅的元氏宗室密谋，想从宇文泰手中夺回大权。尚书元烈阴谋发动政变诛杀宇文泰，事情泄露后，被宇文泰所杀。西魏皇帝元钦不仅不收敛，还对元烈之死深感同情，继续密谋除掉宇文泰。事情再次泄密后，宇文泰在公元554年九月废杀元钦，册立元廓为皇帝，并重新恢复皇室旧姓拓跋。此后，西魏皇帝手中只剩下皇帝空名，宇文鲜卑取代拓跋鲜卑只是时间问题。

宇文泰办事比较沉稳，不像东魏高洋那样直接利落，他需要进一步积蓄势力，寻找最佳时机。公元556年正月，宇文泰又推出一套由汉族士人苏绰、卢辩依据《周礼》制定的新官制。这套新官制仿《周礼》设立六官：宇文泰为太师、大丞相；李弼为太傅、大司徒；赵贵为太保、大宗伯；独孤信为大司马；于谨为大司寇；侯莫陈崇为大司空；余官称号也都仿《周礼》，并参照使用秦汉官制。地方官职仍行秦汉旧法而不变。趁着改革官制的机会，宇文泰将地方官吏任免权收归中央，加强中央集权。

宇文泰改革官制具有浓郁的复古色彩，他通过托古改制，给自己的统治披上一件正统外衣，消除民族间的心理隔阂。他名义上是进行鲜卑化，照顾鲜卑民族的感情，实际上是消除民族界限，将关陇世族门阀笼络到其统治范围内。这是后来隋唐关陇世族门阀能迅速崛起的重要原因。

公元556年四月，宇文泰北巡西魏境内，八月，他率部渡北河（今内蒙古境内乌加河），九月回到牵屯山，染上了重病。此时，宇文泰尚未完成自己的梦想，深知自己病重难以康复，就派人急招侄子宇文护前去托付大事。宇文护赶到泾州时，宇文泰已经病危。他托付宇文护说："我的儿子们都还年幼，如今外敌强悍，内部对手也很多，今后国家之事，都由你决定，你一定要努力完成我的志向。"

宇文泰没想到，宇文护模仿他当年挟持元宝炬建西魏，在公元557年，扶植宇文觉建立北周，成为北周实际主宰人。而接下来几年，因争权夺利，宇文泰的两个儿子接连死在宇文护之手。幸亏宇文泰儿子中出现像宇文邕那样优秀的人才，才除掉宇文护，实现了宇文鲜卑的又一次崛起。

第八章　宇文北周，鲜卑最耀眼的辉煌

宇文泰死后，他侄子宇文护废黜西魏皇帝，拥立宇文泰儿子为皇帝，建立北周，掌控朝政大权。宇文鲜卑人取代拓跋鲜卑人成为统治者。宇文护一手遮天，北周皇帝短暂时间内换了三任。宇文邕一举灭掉宇文护，进行经济改革，率北周迅速壮大起来，消灭北齐，再次统一中原。宇文邕英年早逝，宇文赟丧失人心，深得人心的杨坚建隋代周，鲜卑人退出历史舞台。

1. 开国傀儡，宇文觉为自主而亡

公元556年，宇文泰死了，他15岁的嫡子宇文觉继任大丞相、太师、大冢宰，被封为周公。公元557年正月初一，宇文觉登基称帝，改国号周，史称北周。

宇文觉称帝后，祭天地，追封祖先，给功臣封官晋爵，在乾安殿接见并赏赐百官，下诏招纳贤能之士，表彰孝义贞节之人，关心鳏寡孤穷之人，等等，一举一动，从形式上看无不像天子登基的模样。实际上，这一切都由大司马宇文护所操控。

当初，宇文护接受宇文泰遗命，负责掌管宇文家族。他想独揽朝政大权，又无法顶替宇文泰职位，便图谋不轨，将年幼的宇文觉推出来夺取西魏天下，让宇文觉承担篡夺天下罪名，自己充当大冢宰，控制宇文觉，掌控朝政大权。当然，他最终目的是寻机取而代之。

宇文护是宇文泰亲侄子，很小就有志向，有气度，深受宇文泰器重。17岁那年，他到宇文泰身边效力。当时，宇文泰的儿子们都还年幼，为全力处理政务，宇文泰委托宇文护管理家族事务。宇文护很快将宇文家族治理得井然有序，很多家族人员都怕他。后因战功，宇文护升职到小司空。

宇文泰西行巡视，到牵屯山时，得了重病，派人传见宇文护。宇文护到泾州后，宇文泰已经病危，对他说："我病成这样，已经无法治好了。我的儿子们都还年幼，敌人还是尚未平定，天下大事都托付给你；希望你勉力从事，完成我的心愿。"

宇文泰死后，宇文护秘而不宣，直到撤回长安，才将丧事公布。宇文护全权处理内外大事，安抚各位高官，人心逐渐安定下来。等安葬宇文泰后，宇文护借口天命当有所归属，派人威胁西魏皇帝拓跋廓把皇位让位给周公宇文觉，否则后果自负。拓跋廓无实权，也害怕被杀死，实在没办法，只好同意禅让。

宇文觉登基后，宇文护任大司马，封爵晋国公，一手操控朝政大事，将皇帝宇文觉当作傀儡来操纵。

宇文觉内心不愿意，朝中一些大臣也不愿意。太傅赵贵、太保独孤信等重臣大权旁落，秘密谋划，想趁上朝之机，杀死宇文护，帮助皇帝收回权力。宇文护提前得知消息，将计就计，趁上朝之机，先发制人，将赵贵拿下，逼迫宇文觉下诏处死赵贵及他的同党。

宇文觉的命根子被宇文护捏着，不同意也没办法，只好下诏杀死赵贵等人。这事牵涉到独孤信，独孤信吓得一身冷汗，庆幸总算逃过死罪。但是，他还是以同谋罪免职。因为宇文护深知独孤信实力雄厚，众亲戚都掌有实权。独孤信被免职后，宇文护掌控朝中军政大事，猜忌杨忠、李虎等与独孤信关系亲密的大臣。

宇文护不肯放过独孤信，想方设法要杀他。由于独孤信一向很有名望，他的亲戚也有不少人掌有军队，不好公开他的罪过，便借皇帝宇文觉名义，逼迫他在家自尽。独孤信为保全儿子及女儿，只好自尽，年仅55岁。

独孤信死后，老臣人人自危。李植和孙恒等人在宇文泰时代就是朝廷重臣，他们担心受到排挤，秘密邀集乙弗凤、张光洛、贺拔提、元进等人，一起谋划除掉宇文护。

李植劝皇帝宇文觉说："处死赵贵以来，宇文护威望愈来愈高，权力愈来愈大，谋臣宿将争着依附他，朝中大小政事都由他决断。依我看来，他将不会谨守臣子节操，希望陛下早作打算。"

宇文觉性格刚直果决，见宇文护执掌大权几乎架空他，也十分忌恨。他年轻气盛，认为身为天子却眼睁睁地看着朝中老臣被逼死，是一种耻辱，想召宇文护问个究竟。散骑常侍、车骑大将军杨坚极力劝阻了他，但他内心越来越厌恶宇文护。

见宇文觉有憎恶宇文护的意思，乙弗凤又趁机劝他联合李植、孙恒等人，主动除掉宇文护。宇文觉听了乙弗凤的话，一股愤怒从心中燃起，猛拍几案，下定决心除掉宇文护。李植提出，让他以寻找伴读名义，召集少年到宫内训练，然后趁宇文护进宫之机，将他拿下，再宣布他的罪恶。宇文觉觉得可行，采纳了。

当时，宇文护对杨坚不放心，悄悄派人调查，却发现宇文觉在培养杀手。宇文护深入调查后，强行将李植调出京城，出任梁州刺史，将孙恒调到潼州出任刺史。没多久，皇帝宇文觉准备将李植和孙恒召回长安，宇文护极力劝谏宇文觉，阻止他调回李植等人。

"李植和孙恒离间我们兄弟关系，将他们留在京城，必将祸乱朝廷，引起朋党之争。为天下大计，请你不要将他们召回来！"

宇文觉敷衍宇文护说："李植和孙恒是朝中老臣，许多政事少不了他们辅佐。"

宇文护见宇文觉当着朝臣面，提出对他不利的策略，便跪着作秀痛哭，历数他为国尽心尽力的忠心。虽然很多大臣也认为宇文护在作秀，但不能站着看热闹，也都装模作样地下跪求情。宇文觉见此，也只好作罢，不再召回李植和孙恒，但与宇文护的关系就此恶化。

乙弗凤等人更加恐惧，加紧密谋，请宇文觉召集公爵宴会，乘机杀掉宇文护。宇文觉同意了他们的谋划。但乙弗凤的同党张光洛却向宇文护告了密。

宇文护大吃一惊，召见贺兰祥、尉迟纲等人，与他们商议应对方略。贺兰祥等人劝宇文护趁早废黜皇帝。宇文护命令尉迟纲统率禁军加强控制宫廷，然后假传圣旨召见乙弗凤等人议事。

等到乙弗凤等人出来时，尉迟纲率军将他们抓起来，押送到宇文护家里。宇文护乘机遣散宫廷护卫，派贺兰祥去逼迫宇文觉退位，将他幽禁起来。

宇文护召集所有大臣，哭着诉说他亲受遗命忠心耿耿辅佐皇帝宇文觉，但宇文觉从登基以来，荒淫而无节制，亲近小人，猜忌骨肉，想把大臣名将一一杀掉，为了不辜负先王重托和国家，建议改立仁慈孝悌的宁都公宇文毓为皇帝。

宇文护控制了宫廷，幽禁了皇帝宇文觉，然后哭哭啼啼地说他一切都是为了国家，谁都看得出来他在干什么，但事已至此，反对也无效，大臣们就不再反对。

随后，宇文护逼迫宇文觉下旨，杀死乙弗凤、李植、孙恒等人。他又秘密毒死宇文觉，派人到岐州接宇文毓回来即位当皇帝。

宇文觉从接受西魏皇帝拓跋廓禅让的帝位，到被宇文护杀死，前后不到 1 年。宇文鲜卑人建立的北周，从一开始就充满残酷和险恶。宇文护的恐怖统治，给北周增添了血腥气氛。

2. 讨好仇人，天子也是保命要紧

在宇文觉被杀死后，宇文毓被拥立为皇帝。

一登基，宇文毓就下诏："帝王治国之道，宽恕仁慈最重要。魏国时所有犯有轻罪的人、村民中一家有罪而连累数家被发配远方的人，全部释放。善良人的后代，尚且可以世代获得宽恕，何况魏国以美德禅让而结束，能不加以怜悯吗？元氏（拓跋氏）家族子女，从赵贵等人犯罪以来，所有被株连而没为官奴婢的人，全部放回。所有被贼人掠去的人，都放回。"

由于一系列笼络人心的政策，北周人心惶惶的局面结束，天下又稳定下来。

宇文毓即位时已经19岁，且早已经结婚。北周在礼制上推崇周礼。按照周礼，宇文护作为护国公执政合法性不足，应该尽快还政给皇帝。宇文护为消除野心嫌疑，装模作样地请求将朝政交还给皇帝宇文毓。

宇文毓多次挽留，试探宇文护，但说出的话泼出的水，宇文护也不好收回，只得坚持表示要将朝政还给他，表明杀死前任皇帝宇文觉不是为夺权，而是为天下，迫不得已而为之。

宇文毓惧怕宇文护，见他执意要交还朝政，就开始亲理政事。为消除宇文护疑虑，宇文毓仍然将军事交给宇文护管理，改任他为都督诸州军事总管。

宇文毓亲政后，任命了一大批官员，不管是宇文护信任的还是不信任的，只要他认为行，就毫不犹豫地任命和提拔。宇文护见皇帝宇文毓如此笼络大臣，尤其是他猜忌的大臣，心里非常不舒服，就想办法挑拨宇文毓与大臣的关系。

杨忠功高震主，迁得最快，是宇文护猜忌的对象。不过，杨忠人缘好，口碑好，想诬陷他却无处下手。

想来想去，宇文护决定挑起皇帝宇文毓与杨忠儿子杨坚的矛盾，让他们相互猜忌，甚至相互搏杀，起到"一石击二鸟"甚至"一石击三鸟"的效果。

宇文毓除掉杨坚的话，必然与杨忠爆发矛盾。杨坚和宇文毓是连襟关系，宇文毓除掉杨坚，也必将挑起他与另一个连襟李昺的矛盾。李昺是太尉、柱国大将军、大都督、左仆射、陇右行台、少师李虎的儿子，北周实力派之一。

此计得逞，宇文护将除去他许多潜在的政敌，必将削弱皇帝宇文毓的势力，能更有效地控制朝廷。退一步讲，即使此计不成，让他们之间关系疏远，让他们相互猜忌，最后得到实惠的还是宇文护。

宇文护派人到处散布流言，说杨坚相貌非常，有天子气相。宇文毓鉴别能力出奇的差，不知道最大威胁是控制北周实权的宇文护，而不是空穴来风的相貌奇特的杨坚，居然相信了流言，私下派善于相面的亲信赵昭去给杨坚看相，密令赵昭一旦相貌如传说所言，立即杀死他。

宇文毓鉴别能力差，赵昭却是聪明理智的人，杀掉杨坚对他没任何好处，且有被杀人灭口的风险。赵昭去杨坚家里待了一会儿，就回去对宇文毓说他没帝王之相，做官顶多做到三公而已。宇文毓听罢，放心下来，也不再提这件事。

令人没想到的是，宇文毓害人不成反丢一条命。他没害死杨坚，却被宇文护荒唐地认为他不是平凡之辈，有识见胆量，不好控制，从而害怕他，非常急迫地想除掉他。

有一个叫李安的人，以厨艺得宠于宇文护，被提为膳部下大夫。宇文护派李安负责皇帝宇文毓的饮食。公元560年四月，他悄悄命令李安在宇文毓食物中下毒。李安在宇文毓食物里下了慢性毒药。不久，宇文毓得重病死了。

宇文毓患重病后，怀疑是宇文护下的毒手，在皇位继承这件事上，他冥思苦想，没有传位给年幼的儿子，而是特意写遗诏，将皇位传给睿智过人的四弟宇文邕。因先帝有遗诏，宇文护没办法改变，只得遵命立宇文邕为皇帝。

17岁的宇文邕登基，宇文护统领百官，掌管北周12军，政事无论大小都是他先决断再上报皇帝。作为皇帝的宇文邕，看到宇文护检查过的奏折，无一例外批准。

宇文邕意识到时局艰难，明了对北周威胁最大的是宇文护，便采取"欲先取之必先予之"的策略，将国家大事都交给宇文护处理，还不断地拍他马屁。不管皇帝不皇帝的，先将权臣宇文护稳住了再说。

登基后，宇文邕立即下诏：以大冢宰宇文护都督中外诸军事，政事无论大小，先由大冢宰决断再上报皇帝；一切文书不得直呼宇文护的名字，以示尊崇。宇文护又回到权力顶峰，继续专权北周朝廷；皇帝宇文邕积极配合，一副甘愿做傀儡的样子。

宇文护大权独揽，拍马屁的人自然很多，络绎不绝，门庭若市。宇文邕不但没有表现出不高兴，反而跑去凑热闹，经常拜访、请安，还近乎肉麻地下诏拍马屁说宇文护是"周公"。宇文邕这种"捧杀"策略非常高明，宇文护很受用，有了皇帝这道诏书，没有人再敢说他专权不轨。

在宇文邕精心维护下，他和宇文护和睦相处，北周也在稳定中逐步强盛起来。在对北齐的战争中，北周越来越具有优势。宇文鲜卑人也在天下三足鼎立中悄然成为最强大的一方。

3. 如期惨败，宇文护代天子出征丢尽脸面

皇帝宇文邕讨好护国公宇文护，成为朝野皆知的事。不过，这一次事先让大臣们目瞪口呆，事后让群臣敬佩不已。宇文邕为拍宇文护马屁，让他代天子出征，率 20 万大军进攻北齐。

谁都清楚，宇文护军事才干非常有限，没有领军作战的实际经验，根本没能力统率 20 万大军讨伐北齐。数年来，北周攻打北齐，取得辉煌战绩，主要是由在北齐和北周军民中威望较高的杨忠统兵。

公元 562 年冬，杨忠出任元帅，带领杨纂、李穆、王杰、田弘、慕容延等 10 多个将领率军从北路进攻北齐，一口气攻下了北齐 20 多个军

镇。第二年正月，杨忠率军与 10 万突厥军一起会攻晋阳。当时，正值大雪纷飞，寒风凛冽，北齐集中所有精锐军队展开反攻。突厥军害怕，不敢迎战；北周军兵少，也有些畏惧。杨忠鼓舞将士，亲自率 700 人步战，损伤大半后还继续进攻。由于达奚武所部南路北周军没有如期赶到，杨忠见僵持下去不利，才不得不退兵。

宇文护虽然跛扈，却是个孝子。由于战乱，他母亲阎姬以及其他家人被东魏兵掠去，至今关押在北齐。他想将母亲接回北周来孝敬。当时，北周和北齐连年战争，宇文护又是北周实际掌权人，北齐一直不愿意放回阎姬。

北周势力蒸蒸日上时，北齐处境却越来越不妙，外战失利，内耗连年，内忧外患交相困扰。为缓和局势，在杨忠率军讨伐北齐后，北齐皇帝决定与北周讲和，送回扣押在北齐 30 多年的北周皇族家眷，包括宇文护的母亲阎姬。

不过，到放人那一天，所有人都被放了，北齐唯独不放阎姬。原因很简单，宇文护是北周当家人，比皇帝还皇帝，放回他母亲，他撕毁和约，北齐就没有了制约北周的筹码。宇文护亲自写信去北齐催逼放人。北齐皇帝也很郑重，让阎姬亲笔回信。双方书信往来好几次，北齐就是不放人。

在这个时候，宇文邕又一次拍了宇文护马屁，将此事拿到朝堂商议，说北齐此举很不讲信用，宣称如果北齐再不放人，就再次出兵攻打北齐。杨忠想趁机与宇文护搞好关系，主动请缨，表示愿意再次率军出征。

宇文护是个孝子，见大家为他母亲的事如此上心，很感动。这次朝议的结果是，以朝廷名义给北齐皇帝写一封信，敦促北齐放人；如果北齐再不放人，就派杨忠率军攻伐北齐。杨忠也以个人名义写信给北齐皇帝，说如果不将阎姬送还，将率军进攻北齐，大肆屠城；如果将她及时送还，两国将友好相处。

北齐将领深知杨忠勇猛无敌，纷纷劝说北齐皇帝送还阎姬，以避免战祸，换得两国之间的和平。北齐皇帝终于同意将阎姬送回北周。

阎姬回到长安，北周朝野欢庆。宇文邕将马屁一拍到底，为此事下诏大赦天下，普天同庆。见母亲归来，宇文护潸然泪下，母子抱头痛哭，30多年不见，此情此景，感天动地。从此，宇文护亲自照顾母亲饮食起居，一应供给侍奉，都非常豪华。

宇文邕继续对宇文护摆出百般谦恭姿态。每逢春夏秋冬节日和伏日、腊日，他都亲率皇族成员到宇文护家里，向阎姬行家人之礼。阎姬享受到的待遇，丝毫不亚于皇太后。

阎姬到长安后，宇文护与杨忠父子关系有所缓和，与皇帝宇文邕关系也有所缓和。随后，宇文护安排杨忠去负责征集粮草。他奏请任命杨忠为北路军总指挥，负责到沃野去筹集粮草以及与突厥军联络事宜。

第二年，皇帝宇文邕借口与突厥人的约定，让宇文护代替天子出征，率军攻打北齐，同时命令杨忠率军引导突厥军，作为北路军对北齐进行牵制性进攻。代替天子出征，宇文护想借此机会提升自己在军队中的声威，非常开心地接受了任务，亲自率北周军主力出发。

宇文护率军出发不久，杨忠领军出沃野镇，负责接应突厥兵。宇文护率部到弘农驻扎下来，命令尉迟迥为先锋，率军围攻洛阳，宇文宪和达奚武等人率军进驻邙山，预防北齐救援军。

尉迟迥是宇文泰外甥，能征善战，好施爱士，位望崇重，曾随宇文泰收复弘农，攻克沙苑，又曾入蜀平萧纪，出任大都督，镇守蜀地，管益、潼等18州诸军事。北周建立后，尉迟迥升为柱国大将军。无论是资历，还是能力，他都是出色的先锋。不过，他遇到的是北齐名将段韶，在这一次声势浩大的战争中损兵折将了。

北齐是胡化汉族人建立的政权，胡人缺点和汉族人缺点俱备，皇帝更换得频繁。高洋死后，高殷当皇帝不到两年，高演夺取皇位；高演当皇帝不到两年死去，高湛登上皇位。公元563年，高湛当上北齐皇帝不到两年，虽然荒诞不经，但大敌当前也不敢有丝毫含糊，得知宇文护

"恩将仇报"率军攻打北齐，命令北齐名将兰陵王高长恭、大将军斛律光率军抵抗。高长恭和斛律光率北齐军被宇文宪和达奚武等人率北周军阻挡在邙山附近，无法前进。

眼见北周军进攻洛阳一天比一天凶猛，北齐皇帝高湛担心洛阳失守，派段韶悄悄率 1 千精锐骑兵，从晋阳出发，去帮助高长恭和斛律光。

5 天后，段韶率北齐军渡过黄河，到达洛阳附近。一天清晨，段韶率 200 名骑兵与诸将一同登上邙阪，观察北周军的阵势。到大和谷时，他们遇上北周军，段韶立即传令各营集中兵马摆开阵势，迎战北周军。

段韶为左军，高长恭为中军，斛律光为右军，与北周军对阵。随后，段韶采用心理战术，让人对着北周军喊："你们大冢宰有幸接回母亲，不怀恩报德，还派你们来进攻我们，是什么意思？恩将仇报吗？"

这话击中北周军的痛处——不仅北齐人认为宇文护恩将仇报，北周官兵也有人认为他"不仗义"。毕竟无论是北周军还是北齐军，他们都是从原来北魏分裂出来的，同出一源。

尉迟迥听到此话，也有些心虚，但嘴上绝不能承认，令北周军大声回道："老天派我们来的，有什么大惊小怪的？"

段韶又让人大声说："上天赏善罚恶，派你们来送死的吧？"

尉迟迥见北齐军这样说，感觉到羞辱，下令步兵向山上冲去，消灭那些狂妄的北齐军。

段韶见北周军被激怒，企图利用步兵上山追杀他们，便率部众边退边引诱，一步一步将北周军引诱到有利于北齐军的地形。北周军以为北齐军胆怯，不堪一击，紧追不舍。等北周步兵追得疲惫不堪时，北齐骑兵从马上跳下来，改作步兵，利用地形优势和体力优势，向北周军发起反攻。一番短兵相接，北周军溃败。

段韶趁机率军猛攻。北周将士本来就不愿意为"恩将仇报"的宇文护卖命，得知追杀北齐军的军队惨败，斗志立即瓦解。结果，北齐军所到之处，北周军都迅速瓦解。围攻洛阳的 10 多万北周军，听说外围的北周军惨败，马上逃走，从邙山到谷水 30 里内，到处都是丢弃的军资器物。

尉迟迥控制不住局势，只好率卫队进行局部阻击。最终，在宇文宪等人配合下，尉迟迥保护宇文护安全撤回北周，阻止住了北齐军的攻势。宇文护代替天子东征北齐以惨败告终。

与此形成鲜明对比的是，负责出兵沃野、接应突厥军的杨忠却利用权谋机变降服稽胡各部落，获得大批军用物资。

宇文护灰头土脸回北周，按照常理来说，他的惨败，不仅将他个人的脸面丢尽，还将北周皇帝宇文邕的脸丢尽，必须承担责任。宇文护率东征诸将向宇文邕请罪时，宇文邕谁也没责怪，还对宇文护说了些诸如"胜败乃兵家常事"的安慰话。

那些参加东征的将领原以为惨败回朝后不可避免会遭皇帝斥责，但没想到皇帝什么话都没说，反而安慰他们，不禁从内心对皇帝产生一种亲近感。宇文护惨败后见宇文邕对他如此体贴，也对此前他那些跋扈行为有些懊悔。

此后，宇文护虽然依旧是大冢宰，掌控着北周政权，但对皇帝宇文邕及朝臣的态度好多了。毕竟，一个不容回避的事实是，这次东征惨败，让他在诸将和文武百官中的威望下降了。宇文邕达到了打击宇文护气焰的目的，败坏了他的形象，也赢得了部分大臣由衷敬佩。

4. 借助太后，宇文邕一举除掉权臣

东征失败改变了北周朝廷的气氛。宇文护的势力虽然未受大的损失，他也未受到处罚，但威望空前降低，在朝廷里不得不低调了很多。宇文邕虽然达到目的，但依然还没有实力摆脱宇文护的控制，其他朝臣或者投向宇文护，或者保持着中立，或者两边都保持友好关系。攻打北齐惨败的事，谁也不愿意再提起。北齐皇帝高湛忙于荒淫的生活，忙于

对付国内政敌，也没心思进攻北周。就这样，中原大地出现短暂的和平时光。

公元568年，61岁的杨忠病死，杨坚袭承职位和爵位，他继续奉行中间路线，双方都搞好关系，同时严格管束家人，不准任何人在外面惹是生非。杨门子弟没一个在外面乱来的。这颇受同僚称道，连宇文护也不得不佩服。因为宇文护的兄弟子侄仗势在外面胡作非为，丑闻被接二连三曝光，让他颜面丢尽。

作为北周大冢宰，宇文护掌控北周朝政，因东征惨败丢人现眼，变得收敛了很多，但他的儿子们依然我行我素。宇文护的几个儿子都无法无天，贪婪成性，仗着宇文护的权势，欺上瞒下，无所顾忌。他们放纵自己家人、部属，残害百姓，祸乱一方。跑到宇文护那里讨说法的人越来越多。

宇文护不拿自己的儿子开刀，对那些人也没采取过激的举动。敢于到宇文护那里讨说法的人大多是有权有势的贵族，宇文护多少要给几分面子。他也知道树敌宜少不宜多。

那些人慑于宇文护的权势，见他不严管儿子们也没办法。对宇文护儿子们不满的人又跑到皇帝宇文邕那里讨说法。大冢宰宇文护都不管的事，傀儡皇帝宇文邕当然也处理不了。宇文邕只好安抚他们说大冢宰会处理的。这样一来，恨宇文护的人越来越多，替宇文邕鸣不平的人也越来越多。

宇文护依仗着权势飞扬跋扈，他有辅政能力，却没有相应修养，从来不把皇帝放在眼里，对宇文觉、宇文毓如此，对宇文邕也是如此。相府的卫兵比皇宫的还多。没有他的手令，皇帝宇文邕不能调动兵马。宇文邕每次在宫中遇见他，都要先行家弟之礼。两人一同去看望皇太后，皇太后得赐宇文护座，而让宇文邕在一旁站着——堂堂的皇帝变成大冢宰的侍从。因此，虽然宇文护在东征之后言行举止收敛很多，但很多大臣依然觉得他在皇帝面前太跋扈，太不像话。

这一切，宇文邕看在眼里，记在心里，装聋作哑，一忍再忍。与此同时，他也在暗自磨刀霍霍，等待时机。

宇文邕的五弟宇文直率军与南朝陈军作战失利，被大冢宰撤职。宇文直非常失落，对大冢宰怀恨在心。宇文直请求皇帝宇文邕授他官职，宇文邕为难地说想封五弟官职但没权力，所有军国大权都委托大冢宰了，要想做官找大冢宰去。宇文直非常生气，联络宇文神举、王轨、宇文孝伯等人，策划除掉大冢宰。

鉴于当年赵贵策划除掉大冢宰不成导致皇帝宇文觉被杀的旧事，宇文邕很谨慎，试探他们几次后才敢表示支持。宇文邕认为，仅凭他们的势力还不足以不动声色地除掉大冢宰。他想到了杨坚，设法向杨坚暗示他准备除掉大冢宰。

大冢宰宇文护是皇帝大敌，谁都看得出来。杨坚岳父独孤信被宇文护逼死，杨坚也三番五次差点死在他手中。当时在地方任职的杨坚暗中采取一些配合举动，私下给所管辖州县属吏下一道命令："出入各州县的任何官员，如果没有朝廷下发的文书凭信，一律扣押！"

这道命令显然是为准备解决宇文护准备的。一旦发生除掉宇文护的事件，如果宇文护输了，他的亲信或者子孙逃到这里，杨坚扣押他们，就可送到皇帝那里请功；如果皇帝宇文邕输了，他或者亲信逃到这里，杨坚可以收留他们，以此为根据地自保或者起兵勤王。

公元 572 年三月十四日，宇文护巡视同州回到长安，宇文邕亲自到文安殿迎接。大冢宰到地方视察回京城，皇帝亲自迎接，这规格待遇空前。宇文邕还认为不够，还对宇文护一番歌功颂德，陪同宇文护一起前往含仁殿拜见皇太后。拜见皇太后是宇文护每次出巡归来的惯例。

快到含元殿时，皇帝宇文邕突然对大冢宰宇文护说："皇太后年龄大了，但最近很爱喝酒，时喜时怒，脾气有些反常，不是亲近的人，不让拜见。我劝过她好多次，她都听不进去。她平常最听大哥的话，现在你前往拜见皇太后，希望能好好劝慰，劝她少喝酒！"说完，宇文邕从怀中取出《酒诰》，交给宇文护，让他借《酒诰》劝诫皇太后。

当时，北周经济比较紧张，为节约粮食，宇文邕曾经多次下令非重大节日或朝廷特许的日子，任何人禁止饮酒。皇太后爱喝酒，在非重大节日喝酒，明显违反当时法律。作为儿子，宇文邕既不能去追究皇太后的法律责任，又不好出面去提醒，让大冢宰宇文护拿着《尚书》中的《酒诰》，去劝皇太后不要喝酒，于情于理也说得过去。

宇文护没多想，接过《酒诰》就走进了含元殿，向皇太后宣读，意图劝她戒酒。大冢宰宇文护权力再大，但于国他是臣子，于家他是皇太后的侄子，无论从哪个角度讲，此举都是犯上之举。在宇文护一本正经地宣读《酒诰》时，宇文邕轻轻走到他身后，迅速取出早就藏在袖子里的玉笏，朝着他后脑勺猛地一击。

宇文护的脑袋遭到突击，顿觉天旋地转，晕倒在地。宇文邕趁机大声喝道："宇文护犯上作乱，对皇太后无礼，罪该万死。"说完，他又令皇太后的贴身太监何泉拿刀砍杀宇文护，何泉不知所措。这时，预先藏在殿内的宇文直冲出来，挥刀砍断宇文护双手。宇文邕情急之中从何泉手中夺过刀来，捅进宇文护胸膛。

宇文护曾杀死宇文邕两个哥哥，宇文邕和弟弟宇文直一起合力将他乱刀砍死，不仅结束了一代权臣宇文护掌控朝政的局面，还替哥哥们报了血仇。

杀死宇文护后，宇文邕非常冷静理智，先密令各地心腹抓捕宇文护的同党，然后召见长孙览等人入宫，宣称宇文护对皇太后不敬，图谋刺杀皇太后，被皇太后的侍卫何泉所杀。宣布完毕，他又下令捕杀宇文护的儿子们及其亲信宇文乾嘉、宇文乾基、宇文乾光、宇文乾蔚、宇文乾祖、宇文乾威、龙恩、万寿、刘勇、尹公正、袁杰、李安等人，这些党羽不是被杀就是四散而逃。

杀死宇文护后，北周皇帝宇文邕大赦天下囚犯，改年号建德，并迅速采取深化改革的措施：调整主要职位，诏令公卿以下官员举荐人才，诏令百官军民上密封奏章，放言指陈政事得失，诏令取消全国各地的特别赋税，大赦天下囚犯，百官各加封号或晋级。

他进一步深化改革，选拔诸军将帅，召集诸军将领，以武事相勉励；亲自巡视记录囚徒的罪状，到夜里才结束；带头戒掉奢侈的生活，过上勤俭的生活，以充实国库；撤并郡县，裁汰冗员，提高各地政府效率；召集各军都督以上官员50人，在道会苑举行射礼，亲临射宫，军容整盛；夜以继日地处理朝政。

宇文邕确实非一般人才，不仅进行大胆改革，还一心发奋图强，力图统一中原，不猜忌朝中大臣，尽量任用能臣。

改革两年后，宇文邕逐步铲除北周有野心的官员，稳定了民心，训练了军队，改善了百姓生活，充实了国库，鲜卑人又一次高光时刻即将来临。

5. 一统中原，宇文邕再造鲜卑辉煌

宇文邕不愧是鲜卑历史上最杰出的人物，经过几年全面改革后，北周的国家实力迅速强大起来。统一北方，消灭北齐，成为宇文邕当前最重要的任务。北周"将相之花"韦孝宽也想率军进攻北齐，上疏陈述了3条计策，宇文邕都采纳了。

见机会已经成熟，宇文邕在大德殿召集高级官员，宣布："我父亲（宇文泰）承受天命，神威英武，开创基业，当时，我们军威所向，都不战而胜，只有东边的伪齐怀有野心，一直没有臣服。虽然我们屡次征讨他们，然而大功未成，没有最终实现目标。我愚昧无知，有幸继承帝业，只不过过去大权旁落，无法实现自己的主张。自从我亲理万机以来，就在谋划东征的事。我节衣缩食，修整军备，数年以来，已大体做好征战准备。伪齐主昏庸暴虐，一意孤行，我们进攻他们，是伐除残暴，时机正好。如今，我们准备数路出兵，水陆并进。伪齐军从北边要防守太

行山的通道，从东边要扼守黎阳险关，如果我们能攻克河阴，那么兖州、豫州都可不战而克。然后，我们养精蓄锐，待敌军来犯。只要抓住一次战机，我们必能战胜伪齐军。各位怎么看呢？”

宇文邕的卓越才能，大臣们有目共睹。大臣们听罢，无一不支持，无一不请求率军冲锋陷阵。

宇文邕见大臣们都支持，做了战略部署，他任命陈王宇文纯为前 1 军总管，荥阳公司马消难为前 2 军总管，郑国公达奚震为前 3 军总管，越王宇文盛为后 1 军总管，周昌公侯莫陈琼为后 2 军总管，赵王宇文招为后 3 军总管，齐王宇文宪率 2 万大军进军黎阳，隋国公杨坚和广宁侯薛回率 3 万水军从渭水入黄河，梁国公侯莫陈芮率 1 万大军扼守太行的通道，申国公李穆率 3 万大军扼守河阳的通道，常山公于翼率 2 万大军从陈州和汝州出发，向北齐发起进攻。

宇文邕的布局得到大臣们支持，他亲自率军赶到河阴。宇文宪、杨坚、薛回、陈芮、李穆、于翼也分别率军出发，一起发起攻打北齐的战争。

不过，北周这次出兵非常不顺利，北周大军进入北齐境内后，宇文邕染上重病，只好下令撤退。宇文邕才德出众，立志统一天下，却因身体不好，导致这次声势浩大的伐齐战争不了了之，将士们内心多少有些遗憾。不过，宇文邕是个有雄心壮志的人，不会因这次失利而放弃他的理想。他的身体康复后，又于第二年十月率军伐齐。

为了消灭北齐，宇文邕亲临前线，召集各位军事将领讲话，激励他们说：“伪齐背弃信约，恶贯满盈，我要亲率各位东征，兴师问罪。上次，我们大军所到的地方，战无不胜，攻无不克，敌人吓得人心惶惶，无法自保。等到我率军班师回朝后，伪齐竟然又纠集那些乌合之众，在边境蠢蠢欲动，威胁我们。今天，我再次率各军出征伪齐，各位要抓住机会，务必将伪齐军全部消灭掉。”将士们深感鼓舞。

北周军发起进攻后，宇文邕又乘着千里马，带随从数人巡视前线阵地。所到之处，他都主动呼唤军事将领的名字，与他们握手拥抱，表示慰问勉励。将士们深感知遇之恩，无不精神振奋，发奋有所作为。果然，在大决战时，北周军一鼓作气，奋勇直前，拼死杀敌，一举击败北齐军。

北齐军完全溃败，几百里内，丢弃的辎重、盔甲和兵器堆积如山。在紧急关头，齐国皇帝高纬率数十骑逃回并州，北齐将领韩建业举城投降，被任命为上柱国，封郇国公。其他北齐将领见此，一个接着一个争先恐后地投降北周。

隋国公杨坚奉命率军追击高纬，攻破并州。宇文邕非常高兴，立即调杨坚去任亳州总管，然后亲自率军直捣北齐首都邺城。

公元 577 年正月，北周军在邺城大破北齐军，北齐皇帝败走青州，宇文邕派兵继续追击。北齐皇帝没办法，派人送传国玉玺请求投降。

宇文邕接受北齐皇帝投降，得到北齐 55 州，162 郡，385 县，在河阳州、幽州、青州、南兖州、豫州、徐州、北朔州、定州等地设置总管，在相州、并州各设置宫室和六府官，负责接管原来北齐各州事务，任命杨坚率北周军追击北齐残军。仅仅花几天时间，杨坚就平定了冀州的北齐军。

在灭掉北齐后，北周皇帝宇文邕议定各军战功，在北齐太和殿摆设酒宴，按等级颁给不同赏赐。在这次赏赐中，杨坚被任命为定州总管，又转任南兖州总管，已经成为北周既有声望又有势力的大臣。

北齐灭亡后，在北齐流亡者游说下，突厥背叛与北周结盟，转而与北齐残余力量结盟，挥军进攻幽州，杀掠不少官吏百姓。突厥不愿意中原统一，期待北周和北齐长期对峙，然后联合其中一方进攻另一方，趁机抢夺财物。此前，突厥一直是北周的同盟，而北周统一中原后，突厥又反过来武力干涉，目的是虚弱中原实力，避免中原出现强有力的对手。

此时，无论北周愿不愿意与突厥为敌，突厥都将北周当作进攻对象，双方战争不可避免。

宇文邕非常吃惊，慌忙召集各位重臣，一起商议征讨突厥。当时北周刚刚灭掉北齐，将士们士气非常高。大臣们见突厥军进攻幽州，纷纷主张武力抗击，要一举打败突厥，迫使突厥不敢南下侵扰。

宇文邕下诏征集军队，准备迎击突厥军。杨坚多年与突厥人打交道，知道突厥军战斗力，认为皇帝亲征，与突厥军决战有些盲目，便劝谏他不必兴师动众亲征，只要派出良将率军迎战，就能打败突厥军。

宇文邕很自信，想趁士气高涨之时，与突厥决战建功立业。其他重臣也纷纷附和，杨坚没办法，只好不再阻拦。

结果，天妒英才，北周大军出征 3 天后，身体不好的宇文邕就病了。宇文邕本想带病坚持完成征战，但他的病情恶化，到云阳宫时，他便令北周军停止前进。又过了 3 天，宇文邕不得不下诏停止一切军事行动，率军撤回京师。大规模皇帝亲征就在短短几天内不了了之。

在返回京城路上的一天晚上，宇文邕死在所乘车辇中，年仅 36 岁。宇文邕死前留下遗诏，令王公大臣辅佐太子宇文赟；要从俭办理丧礼，遇吉日及时下葬；妃嫔以下没生儿子的，一律放她们回家。

宇文邕亲政不到 10 年，就通过改革将北周发展成强大国家，兼并了北齐，打败了南朝陈。但是，他积劳成疾，在亲征幽州，抗击突厥征途中，丢下蒸蒸日上的北周，撒手西归。

历史的遗憾！北周的遗憾！谁也没想到，这一大遗憾竟然为鲜卑人丧失天下埋下了伏笔。

6. 叛逆治国，宇文赟的疯狂丧尽人心

皇太子宇文赟登基即位，杨坚升为上柱国、大司马，成为辅政大臣。

宇文邕在政治军事方面非常成功，但在教育儿子方面却非常失败。

长子宇文赟虽被立为皇太子，但由于平时陪伴时间少，且教育严厉，导致他养成叛逆性格。宇文赟登基后，包括岳父杨坚在内的王公大臣才发现，他不仅任性，而且混蛋透顶。

在宇文邕灵柩前，群臣痛哭，如丧考妣，宇文赟却没有半点悲痛神色，还暗自庆幸终于当上了皇帝。继位后，他第一件事就是把所有宫女召集在一起，清点人数，辨别美丑，看看哪些长得有些姿色，然后让她们排队等待，依次陪他享受鱼水之欢。

与宇文邕办实事不一样，宇文赟喜欢被人吹捧，重用郑译、刘昉等顺着他心意做事，不讲道德和法律的人。郑译从吏部小官一跃成为开府仪同三司、大将军、内史中大夫，几乎代理了皇帝处理朝政。宇文赟不管郑译办事合理不合理，只要自己开心就行。后来事实证明，郑译是结束鲜卑人近 200 年统治的关键人物。

宇文赟不喜欢处理政务，却喜欢收拾那些他看不顺眼或让他感到不爽的人。皇叔齐王宇文宪性格通达机敏，做人有气量，能征善战，战功卓著。因宇文宪以前与宇文护关系亲密，宇文护死后，他虽被免罪，但还是主动隐退，不干涉朝廷政事。

新皇帝宇文赟认为，宇文宪威胁最大，令郑译、于智等人诬陷他造反，逼他自缢。与宇文宪关系密切的王兴、独孤熊、豆卢绍等人，也被以谋反罪一一处死。那时，宇文赟继位才 5 天，就如此大胆地诛杀皇室和大臣。

宇文赟刚继位就任性妄为，不遵守先帝遗嘱，让那些重臣、权臣，包括杨坚在内的辅政大臣都寒心了，他们不得不韬光养晦，重足而立，缄口不言，任由皇帝尽情表演。

没人反对就是大家都支持。皇帝宇文赟很高兴，更加肆无忌惮。他又随心所欲地杀了王轨、宇文孝伯、宇文神举，将另外五位皇叔赶出京城。他还立下行为准则：只要是皇帝决定的事，谁敢劝谏阻止，就让谁付出血的代价。

宇文赟担心群臣规劝，无法按自己意志行事，常常派人跟踪侦察群臣，将他们一言一行记录下来，稍有过失，就给他们扣上罪名，定罪施刑。公卿以下官员，几乎都有被严刑拷打的经历，被杀被罢官的人，更是不计其数。每次拷打，他都以120杖为标准，称之为天杖。宫女和女官也难逃此劫，即使是皇后、妃子也大多被杖责过。

内外恐惧，人人自危，大家都抱着明哲保身态度。宇文赟又下诏广征天下美女充实后宫，供其淫乐，日夜在后宫与宫女、太监饮酒，发酒疯。同时，他还大兴土木，令人不停扩建洛阳宫殿。杞国公宇文亮实在看不下去了，劝谏了一次。宇文赟要杀他，最终因宇文盛、尉迟迥、李穆、杨坚等人苦苦求情才避免一死。

令人侧目的是，宇文赟册立杨坚女儿杨氏为天元皇后，司马消难女儿司马氏为正阳宫皇后，妃子元氏为天右皇后，妃子陈氏为天左皇后，还不满足，找借口杀死西阳公宇文温，将宇文温的妻子尉迟繁炽册立为皇后，还常常带着5个皇后招摇过市，尽情玩乐。

为所欲为，无人敢制止，宇文赟进一步膨胀。天元皇后杨氏不迎合他的淫乱行为，他下令天元皇后自杀，天元皇后依然不为所动。其他几位皇后和在场嫔妃感到事态严重，慌忙跪下替天元皇后求情，他不依不饶，双方僵持不下。天元皇后母亲独孤氏得知消息，进宫向他请罪，叩头流血，苦苦哀求。他变态的自尊心获得满足，才勉强免去天元皇后的死罪。

杨坚得悉此事，非常害怕，但只能一切听天由命。他继续韬光养晦，喜怒不形于色，管教好自己的家人，不给宇文赟以任何治罪的把柄。宇文赟告诉左右，杨坚在觐见时，只要稍微变了脸色，就毫不犹豫地杀死他。但杨坚走进大殿时神情自若，一本正经地叩头请安，一本正经地问召见他有何事。左右侍卫见此，面面相觑，都不动手。宇文赟反而有些手足无措，前言不搭后语地与杨坚说了几句话。

杨坚见此情形，赶紧找个冠冕堂皇的借口告辞而去，逃过一难，杨坚心里一直不安，他低调处世、韬光养晦，暗中积极采取行动，做些符合皇帝喜好的事，减轻皇帝的反感，同时想办法和皇帝身边的人搞好关系，让他们充当耳目。

杨坚还没行动时，一直在追捧皇帝宇文赟的郑译就主动找上门来。郑译文武双全，曾做过宇文赟老师，比谁都了解他。郑译是宇文赟身边为数不多的大红人，权势冲天，但也看到他越闹越过分，意识到迟早会引发政变。郑译便事先要找条后路，最终选择处世低调，在朝野上下威望很高的顾命大臣杨坚。

杨坚和郑译曾是同学，很快建立同盟关系。郑译还拉拢宇文赟另一个宠臣刘昉。刘昉比郑译在宇文赟面前还要红，在他面前说话比郑译管用得多。有了郑译和刘昉暗中协助，杨坚对皇帝宇文赟的一举一动了如指掌。

宇文赟铁心要整治杨坚，只是没办法，又气又急。杨坚想辞去朝廷职位，去外地任官。郑译知道他的想法后，也积极支持。公元580年四月，陈军侵犯北周边境，宇文赟命令郑译率军南征，郑译推荐杨坚率军去。宇文赟对杨坚越看越不顺眼，便同意了。

公元580年五月初四，宇文赟任命杨坚为扬州总管，郑译为长史，一起率军南征陈国。宇文赟派郑译监督杨坚，却不知郑译早已成为杨坚心腹。杨坚正准备离开京城时，脚病突然发作，站都站不起来，被迫拖延几天，等脚病好了再出发。

就在这几天，杨坚的命运发生大逆转，北周的历史发展方向发生了转变。公元580年五月初九晚上，宇文赟像往常一样夜游，在前往天兴宫路上突遇狂风暴雨。风呼啦啦地吹，雨如倾盆般地下，电闪雷鸣，宇文赟被淋成了落汤鸡，狼狈地逃回宫里。第二天，在长期淫乐中被掏空身体的宇文赟全身发烧，四肢无力，头晕目眩，脉络紊乱，太医们束手无策。

宇文赟意识到他不行了，召刘昉和颜之仪进入寝殿，托付后事。刘昉立即让杨坚迅速进宫。在接见杨坚时，宇文赟莫名感到恐惧。他后悔不该杀死宇文宪，关键时刻，他才想起还是自家人可靠。他想到被他逐出京城的另外五位皇叔，火速召五位皇叔进京，让他们辅佐幼主。赵王宇文招、陈王宇文纯、越王宇文盛、代王宇文达、滕王宇文迪接到命令，火速进京。

郑译和刘昉着急了。宇文赟将五位皇叔逐出京城，是他们背后出的主意，如果五位皇叔辅政，他们人头难保。两人商量后，决定伪造遗诏，阻止五位皇叔辅政，改由杨坚一人辅政。他们假传圣旨，宣称皇帝病中，暂时不能亲理朝政，文武百官都听隋国公杨坚的。

颜之仪见郑译和刘昉假传圣旨，与一帮宦官商议，准备先让大将军宇文仲监国。郑译得知此事，马上率杨惠及刘昉、皇甫绩、柳裘等人入宫，同时派人告知杨坚，让他率人迅速进宫。宇文仲和颜之仪等人迅速被抓捕。

五月二十四日，皇帝宇文赟死了，辅政大臣杨坚迅速掌控京师的禁卫军，彻底控制京师。三天后，郑译等人对外宣布宇文赟的死讯，召集文武大臣，宣读遗诏：由 8 岁的太子宇文阐继位，以杨坚为假黄钺兼左大丞相，全权负责军国大事。

宇文邕在事业蒸蒸日上之时突然死去，宇文赟继位后任性妄为，大失民心，杨坚坚持宇文邕制定的政策，给天下军民带来希望。在郑译和刘昉的协助下，杨坚迅速控制京城局势，取得辅政权力，成为北周实际掌舵人。北周政局变化如此之快，宇文邕想不到，杨坚也想不到，所有鲜卑贵族也想不到。

7. 主少国危，深得民心的汉人建隋代周

因众望所归，杨坚成为任性妄为皇帝宇文赟死后北周的实际掌舵人。他接管乱摊子，需要平衡各方势力，进一步巩固权力，以便尽快将宇文

赟在位几年造成的混乱局势稳定下来。

当五位皇叔从外地赶到京城时，已经六月初四，京城局势大变，杨坚已经实际掌握北周朝政大权，他们不得不面对既成事实，京城总算免除了动乱之祸。

杨坚自任大丞相，设丞相府，让郑译出任丞相府长史兼内史上大夫，刘昉出任丞相府司马，李德林出任府属、仪同大将军，负责管理丞相府一切文书及机要的事情。同时，他把聪明能干、懂军事、擅谋略的高颎召进丞相府，协助处理日常事务。郑译想出任大司马、刘昉想出任小冢宰，与杨坚一起共同执掌朝政，而杨坚让他们成为丞相府属官，心里非常不满，只不过他们得罪的鲜卑贵族太多，暂时离不开杨坚的庇护。

随后，刘昉以"立新皇帝"为诱饵，哄骗上柱国、右大丞相、汉王宇文赞主动辞职。宇文赞原本与刘昉关系不错，加上政治上不成熟，很高兴地辞官了。与北魏拓跋家族不同，宇文家族的子孙特别多。宇文赟死后，朝政大权落到汉族人杨坚手中，宇文家族其他成员大多不乐意。

哄走汉王宇文赞后，杨坚软硬兼施，对付宇文家族其他成员。毕王宇文贤等人不服气，杨坚毫不犹豫地杀了他们。秦王宇文贽和杞国公宇文椿愿意放下皇族架子归顺，杨坚分别任命他们为大冢宰和大司徒。

杨坚知道，在宇文家族中，真正有实力的是"五王"：赵王宇文招、陈王宇文纯、越王宇文盛、代王宇文达、滕王宇文逌。他们都是经过战火洗礼的人，位高权重，有实力，有兵权，在朝中素有威望。杨坚下令收缴"五王"的一切兵权，让他们留在京城。他们不愿接受现实，暗中和雍州牧、毕王宇文贤取得联系，让宇文贤在雍州起兵，率军杀向京城，来个里应外合，一起诛杀杨坚。遗憾的是，当时北周大部分官员向着杨坚。宇文贤如约起兵，但不久就兵败被杀。

杨坚明知毕王之乱是"五王"从中捣鬼的，却故意装作不知，摆出一副很尊重"五王"的样子，命他们入朝不拘常礼，上殿可佩剑着履。

在分化、控制、瓦解宇文家族势力的同时，杨坚又刻意拉拢其他异姓大贵族，给他们加官晋爵，争取他们的支持。在宣布宇文赟死讯的第二天，杨坚任命上柱国、郧国公韦孝宽取代尉迟迥出任相州总管。神武公窦毅、修武公侯莫陈琼、大安公阎庆、燕国公于翼、郕国公贺拔伏恩等人都进位为上柱国。

更重要的是，杨坚迅速纠正宇文赟的残暴政策，实行笼络人心的惠民政策，大力推行仁政、廉政，严明法纪。他带头节俭，吃穿住行都非常简朴，坚决杜绝奢侈浪费的风气。他坚决打击贪官污吏，整顿吏治。没多久，官场风气肃然，与宇文赟时代形成了鲜明对比。吃尽宇文赟苦头的大臣以及百姓，都没理由不支持杨坚。

"五王"不甘心接受杨坚摆布，时时想着推翻杨坚，夺回大权。一些地方异姓大员，有的和宇文家族有亲戚关系，有的深受宇文家族恩惠，有的因和杨坚有过节或者妒忌杨坚，在各地纷纷响应"五王"。相州总管尉迟迥起兵，申州刺史李惠起兵，荥州刺史、邵国公宇文胄起兵，青州总管尉迟勤举兵，司马消难起兵，豫州、荆州、襄州三总管辖区内蛮族各率部落反叛，益州总管王谦起兵，沙州氐帅、开府杨永安聚众发难，响应王谦……

此外，北方还有突厥，南方还有陈国虎视眈眈。

面对来势汹汹的各路叛军，面对各种反对势力，杨坚全力应战。他派高颎协助韦孝宽率军去镇压势力最强的尉迟迥所部叛军；派王谊率军去讨伐司马消难；派梁睿率领于义、张威、达奚长儒、梁升、石孝义等部所属20万步骑兵讨伐王谦。三大叛乱势力全部被平定，其他零星叛乱势力也被杨素等人率军镇压。没多久，杨坚就用军事手段解决地方军事寡头，彻底控制了北周。

尉迟迥等人举起"反杨"大旗后，"五王"坐不住了。他们见藩镇叛乱不断，告急信像雪片似的飞来，杨坚应接不暇，忙着抽调人马去镇压。"五王"认为，除掉杨坚的时机到了。赵王宇文招精心策划了一个饭局，准备在饭局上杀掉杨坚。不过，在杨弘、元胄、元威以及陶彻护卫下，杨坚侥幸脱险。

杨坚见赵王宇文招设"鸿门宴"，再也包容不了他。七月二十九日，杨坚让皇帝下诏，称赵王宇文招和越王宇文盛谋反，处死了他们。

诛杀赵王和越王后，杨坚又立即采取行动，控制京师长安内外局势，将一切权力控制在手中。他以小皇帝名义宣布废除左、右大丞相，设置大丞相一职，自己出任，相权被他一人独揽。随后，他又任命长子杨勇为洛州总管、东京小冢宰，掌管洛阳的军政大权。

随后两个月，杨坚相继找借口杀掉陈王宇文纯、代王宇文达和滕王宇文逌。"五王"被诛杀，他们的党羽被一网打尽，宇文家族元气大伤，再也无力和大丞相杨坚对抗。

大丞相杨坚由丞相晋升相国，爵位由公晋封为王，称隋王；又封10郡之地，加上前面所封，共20郡；佩剑着履上朝，入朝不趋，向君王行礼时，称官不称名，备九锡之礼，加授玺绂、远游冠、相国印绶，地位在诸侯王之上。

在杨坚指使下，一帮人鼓动皇帝宇文阐和杨太后宣布"禅让"。皇帝宇文阐吓得六神无主，杨太后也左右为难，群臣摆出一副不达目的绝不罢休的架势。杨太后见状，意识到局势已无法挽回，只好让小皇帝下诏"禅让"。

公元581年二月十四日，北周小皇帝宇文阐在临光殿举行禅让大典，杨坚登基即皇帝位，在南郊设坛，烧柴祭祀告天。杨坚禀告祖庙，大赦天下囚犯，国号"隋"，改元开皇，定都大兴。

登基第一天，杨坚任命高颎为左仆射兼纳言，虞庆则为内史监兼礼部尚书，李德林为民部尚书，韦世康为户部尚书，元晖为都官尚书，元岩为兵部尚书，长孙毗为工部尚书，杨尚希为度支尚书，杨惠为左卫大将军，六部长官初步确立起来。

随后，杨坚又大肆封赏杨氏其他成员：弟弟杨爽被封为卫王、雍州牧，杨惠为滕王，二儿子杨广为晋王、并州总管，三儿子杨俊为秦王，四儿子杨秀为越王，五儿子杨谅为汉王。

跟皇室有近亲关系的陈留郡公杨智积为蔡王，兴城郡公杨静为道王。

其他功臣宿将，也一并迁升：申国公李穆为太师，邓国公窦炽为太傅，任国公于翼为太尉，观国公田仁恭为太子太师，武德郡公柳敏为太子太保，济南郡公孙恕为太子少傅，开府苏威为太子少保，当亭县公贺若弼为楚州总管，新义县公韩擒虎为庐州总管，神武郡公窦毅为定州总管……

杨坚登基后，出现吉祥征兆。杨坚又下诏要崇尚简朴，各州郡不许进献犬马器玩鲜味；解除对山泽的禁令，允许贫民进山打柴打猎，下泽捕鱼捉虾。任命太子少保苏威兼任纳言、礼部尚书，其余官职不变。

为做好表率，笼络民心，杨坚不仅大赦天下囚犯，还将太常的乐工一起放出宫廷重做庶民，禁止上演杂乐百戏，全心全意地学习北周武帝宇文邕崇尚简朴、数年使北周强大起来的治国经验。

此时，北周鲜卑贵族建立的江山，已经完全转移到汉族人手中。鲜卑人虽然继续在隋朝以及后来的唐朝任职，但他们不再自称鲜卑族人，鲜卑族也随着杨坚建隋代周消失在历史长河中。